1943년 연합군의 이탈리아 수복을 취재 중이던 로버트 카파의 모습. 그의 동료 조지 로저 **George Rodger**가 촬영하였다.

헝가리 부다페스트 다뉴브강의 야경

© 김경호

노르망디 상륙작전 격전지 중의 하나인 오마하 해변
피로 얼룩졌던 그 곳은 이제는 한적하고 조용한 해변일 뿐이다.

ⓒ 김경훈

❶ 부다페스트 헝가리

태어나고
어린 시절을 보낸 곳

유대인 재단사 부부의 아들로 태어난 앙드레(훗날 카파)는 공산당과 접촉한 이유로 비밀경찰에게 연행되어 18살도 되기 전에 고국을 떠나기까지 부다페스트에서 성장했다. 로버트 카파를 기리기 위한 로버트 카파 사진 센터, 2차 대전 당시 학살당한 유대인들을 추모하기 위한 다뉴브강의 양철 구두 조형물, 반정부 운동가와 유대인들을 구금하고 고문하던 House of Terror가 부다페스트 시절의 카파의 삶과 그의 정체성이 형성된 계기를 엿볼 수 있는 곳들이다.

❷ 베를린 독일

처음으로 사진을 접하며
사진기자를 꿈꾸게 되는 곳

1930년대 독일은 광학기술과 인쇄기술이 발달하며 르포르타주 사진의 중심지가 되고 있었다. 이곳에서 카파는 사진을 접하고 포토저널리스트를 꿈꾸게 되었다. 히틀러의 집권과 함께 베를린을 떠났던 앙드레는 2차 세계대전에서 연합군이 승리한 뒤에야 다시 베를린을 찾아 가 볼 수 있었다. 독일기술박물관에서 라이카, 콘탁스 카메라 등과 사진 기술에 대해 둘러 볼 수 있으며, 토프그라피 데스 테러와 홀로코스트 메모리얼에서 나치의 만행과 유대인 학살에 대해 보고 느낄 수 있다.

❸ 파리 프랑스

평생의 연인 타로와 함께
로버트 카파를 창조하게 되는 곳

게르다 타로를 만난 앙드레는 이 곳에서 로버트 카파로 다시 태어나게 된다. 스페인 내전에서 목숨을 잃은 타로는 지금 파리의 묘지에 묻혀 있다. 파리를 제2의 고향으로 여긴 카파는 전쟁이 끝난 뒤 이곳을 거점으로 활동하였다. 카파와 게르다가 사랑과 꿈을 함께 나누었던 르 돔, 카파와 그들이 함께 살며 일했던 당시의 스튜디오가 남아 있으며, 게르다의 무덤도 방문할 수 있다.

❹ 노르망디 프랑스

카파의 전쟁사진가 경력의
화룡정점을 찍은 곳

지상 최대의 작전 노르망디 상륙작전에 종군했던 카파는 이곳에서 커리어의 정점을 맞이하였으며 세계 최고의 전쟁사진가로서의 입지를 공고히 하게 된다. 노르망디의 오마하 해변을 찾아 죽음을 무릅쓰고 전쟁을 취재했던 당시의 모습을 상상해 볼 수 있다.

❺ 뉴욕 미국

미국인 사진가 로버트 카파가 완성 되었던 곳,
그리고 그가 잠들어 있는 곳

전쟁이 끝난 뒤 세계적인 여배우 잉그리드 버그만과 사랑에 빠진 카파는 할리우드로 이주하게 된다. 또한 어머니와 남동생 코넬 카파가 머물고 있는 뉴욕을 거점으로 미국에서 새롭고 다양한 시도를 하게 된다. 코넬 카파가 설립을 주도한 ICP(International Center of Photography)는 오늘날 카파의 레거시를 지켜주는 본산이 되고 있다.

❼ 도쿄 일본

카파의 마지막 순간을 함께 한
카메라가 남아 있는 곳

일본 사진잡지의 초청으로 일본을 찾은 로버트 카파는 이곳에서 오래간만에 새로운 활력을 찾게 되나, 『라이프』지의 의뢰를 받아 인도차이나로 향하게 되고 비극적인 최후를 맞이하게 된다. 카파는 젊은 시절 일본과 많은 접점을 가졌으며 베트남에서 죽음의 순간 사용했던 카파의 카메라는 지금도 도쿄에 소장되어 있다.

일러두기

— 단행본, 잡지 등 책으로 간주할 수 있는 것은 겹낫표(『 』)로, 책의 일부나 단편소설,
  신문 등은 홑낫표(「 」)로, 미술, 음악, 연극 등의 작품명은 홑화살괄호(〈 〉)로 표기했다.
— 외래어 표기는 국립국어원 외래어표기법을 따랐으나, 관습적으로 굳은 표기는
  그대로 허용했다.

로버트 카파

×

김경훈

전쟁 속 인간의 얼굴을 기록한 남자

arte

1954년 베트남에서 지뢰를 밟아 사망할 당시 카파가 지니고 있던 니콘 카메라
폭발의 충격으로 그의 손에서 날아가 버린 카메라에는 당시의 상처가 그대로 남아 있다.

PROLOGUE 전쟁의 시대에 되돌아보는 전쟁사진가 로버트 카파   011

01   보헤미안 소년   018

02   유배의 땅, 기회의 땅 베를린   054

03   나비가 된 파리의 집시   098

04   기회의 땅, 슬픔의 땅 스페인   140

05   최고의 전쟁사진가   202

06   D-day의 오마하 해변   230

07   전쟁의 막바지   258

08   실업자가 된 전쟁사진가와 여배우   290

09   몸에 맞지 않은 옷을 입은 남자   314

10   그의 손에는 카메라가 쥐어 있었다   354

EPILOGUE 평화를 원했던 전쟁사진가   383

로버트 카파의 키워드   390
로버트 카파 생애의 결정적 장면   394
참고 문헌   402

전쟁의 시대에 되돌아보는
전쟁사진가 로버트 카파

지금 우리는 전쟁의 시대에 살고 있다. 우크라이나 전쟁은 끝날 기미가 보이지 않고 이스라엘-하마스 전쟁 역시 불안한 중동 정세에 따라 더욱 악화될 가능성도 적지 않다. 한때 세계화라는 미명하에 무역 전쟁, 경제 전쟁, 총구 없는 전쟁 같은 단어가 등장하며 다른 민족의 땅을 빼앗고 직접 통치하는 정치, 군사적 지배를 위한 전쟁을 하는 시대는 끝난 것 같았다. 하지만 지금 인류는 다시 총구를 겨누고 피를 흘리는 전쟁을 벌이고 있다.

이제는 반세기가 훨씬 지난 과거, 스페인 내전에서 시작하여 2차 세계대전까지 인류 역사상 유례가 없는 대규모의 파괴적인 전쟁의 한복판에 서 있던 남자가 있었다.

그의 정신은 '카파이즘'이란 말로 수많은 저널리스트들에게 귀감이 되어 왔고 그의 사진만큼이나 드라마틱했던 인생은 많은 사람들에게 영감을 주어 왔다. 나 역시 고등학교 시절 접하게 되었던 로버트 카파의 사진과 그의 인생 이야기가 지금 이십 년 넘게 일하고 있는 사진기자라는 업의 시작점이었다.

카파는 자신이 옳다고 믿는 좌파적 신념을 지지하기 위해 총 대신 카메라를 들고서 스페인 내전을 취재하고 세계적인 명성을 얻었으나 그곳에서 사랑하는 여인을 잃었다. 이후 보다 냉정한 포토저널리스트로 변신하였고 2차 세계대전 중 노르망디의 핏빛 바다에 몸을 던지고, 낙하산을 타고 군인들과 함께 적지에 뛰어 내리며 전쟁터의 한복판에서 서 있었다. 카파가 훌륭했던 것은 단순히 눈에 보이는 것에 카메라를 향하고 셔터를 눌러 사진 속에 기록했던 것을 넘어섰기 때문이다. 존 스타인벡이 이야기 한 것처럼 카파의 사진은 그의 정신 속에서 만들어졌고, 그의 카메라는 단순히 그것을 완성 시킬 뿐이었다. 카파의 사진에는 전쟁에서 싸우고 있는 군인들의 모습과 전쟁에 대한 뉴스만 담겨 있는 것이 아니라 전쟁 속에서 인류가 겪었던 고통, 공포, 파렴치함, 그리고 상실의 슬픔이 그대로 담겨져 있다.

그런데 카파의 사진들을 단편적으로 보는 것만으로는 그의 사진들이 보여주는 진정한 메시지를 제대로 읽어내는 것은 쉽지 않다. 카파의 사진이 주는 진정한 의미는 그의 사진과 그의 인생을 함께 읽을 때 비로소 제대로 이해할 수 있는 것이다.

무엇보다 카파는 전쟁이 얼마나 우리 인생의 많은 것을 파괴시키는지 몸소 보여준 것 같은 인생을 살았다. 그는 아침부터 술을 들이킨 뒤 전쟁터로 나아갔고 밤이 되면 살아남은 자들끼리 모여

포커판에서 거액을 배팅하며 하루하루를 살았다. 이러한 인생이 전쟁 중에는 영웅스러운 사진가의 호탕한 일상처럼 보였지만 전쟁이 끝난 뒤 그는 전쟁이 그에게 주었던 내면의 공포와 싸우며 살아야 했다. 그의 인생은 여전히 화려했지만 그는 현실에 적응하지 못했고, 평범하고 안락한 삶에 정착하지 못하고 방황하며 살았다. 그리고 점점 전쟁을 통해 이루어 놓은 모든 것을 잃어갈 때쯤, 다시는 전쟁을 취재하지 않겠다는 스스로의 결심을 깨고 인도차이나의 전쟁터로 향했다. 그리고 취재 도중 베트남의 시골마을에서 지뢰를 밟아 숨지면서 스스로가 전쟁의 희생자가 되었다.

처음 이 책의 집필을 제안 받았을 때부터 조명하고자 했던 것은 바로 전쟁이라는 가장 격정적이고 드라마틱한 무대에서 살았던 그의 사진과 인생을 함께 들여다보고 그의 사진이 오늘날 우리에게 주는 의미를 돌이켜 보자는 것이었다.

물론 헝가리의 부다페스트에서 시작하여 베트남의 작은 농촌 마을의 지뢰밭에서 삶을 마감할 때까지 그가 지나쳐 갔던 모든 곳을 쫓아가는 것은 처음부터 불가능한 일이었다. 2019년 집필을 처음 시작했을 때 세웠던 기행의 기획은 훨씬 규모가 크고 원대했지만 코로나 시기를 맞으며 점점 축소되었고, 포스트 코로나 시절이 와도 여전히 쉽지 않은 해외여행 탓에 결국은 처음 계획했던 곳 중 몇 곳은 포기해야 했다. 또한 뉴욕에서 촬영했던 사진은 하드 드라이브가 손상되며 모두 날아가 버리는 우여곡절을 겪기도 하였다. 여기에 여러 가지 사정도 더해져 이 책은 첫 집필을 시작한 지 거의 오년 만에 빛을 보게 된 것이다. 하지만 2024년은 그의 사후 70주년을 맞이하는 해이기도 하니 결국 이 책은 그 시기를 기다렸구나 하는 생각이 들기도 한다.

여행의 출발지 부다페스트

로버트 카파라는 인간의 길지도 짧지도 않았던 인생을 거꾸로 따라 올라가보면 어쩌면 그의 불꽃같은 인생은 그가 헝가리에서 태어날 때부터 점지 되었고, 십대 시절 고향과 가족을 등진 채 추방당하듯 떠나야 했던 것이 그의 인생의 방향을 결정하지 않았을까 하는 생각이 들게 된다.

그리고 카파의 고향 부다페스트를 찾아 이 기행을 시작해야 하는 또 다른 이유는 한 사람이 태어나고 자라 나름의 독특한 인격과 개성을 형성하는 데에는 그 땅의 풍토와 그 땅에 살고 있는 사람들의 기질이 크게 작용함을 알기 때문이다. 누구에게나 어린 시절 고향땅에서 만들어진 기억은 마음과 뇌의 저장 창고의 깊은 곳에 저장된 채 좀처럼 지워지지 않는 파편들이 되어 이리 저리 짜맞추어 지며 훗날 한 인물의 인생이라는 커다란 그림에서 쉽게 지워지지 않는 밑그림이 되기 때문이다.

그리고 이어지는 파리, 노르망디, 베를린, 뉴욕, 도쿄로 이어지는 기행에서도 그의 흔적을 찾아 그의 사진과 맞추어 보는 퍼즐 찾기는 계속되었다. 그리고 기행 동안 내 스마트폰 속에는 카파의 대표작들이 저장되어 있었다. 카파 사진의 배경이 되었던 곳을 찾아갈 때면 그의 사진을 오늘의 풍경 속에 넣어 그의 시간과 나의 시간의 접점을 기록해 보려고 했다. 그리고 내 스마트폰 속에는 알렉스 커쇼Alex Kershaw의 『피와 샴페인: 로버트 카파의 일생Blood and Champagne: The life of Robert Capa』이 저장되어 있었고 몇 년 동안 이 책을 읽고 또 읽으며 카파의 인생을 탐구해 볼 수 있었다. 그리고 비교적 우리와 가까운 시대를 살았고 언론매체를 통해 많은 활동을 했기에 그에 대한 수많은 자료들을 찾는 것은 그리 어렵지 않았고, 이러한 자료들과 그의 사진들을 꿰맞추어 보는 것은 마치 수수께끼 풀기 같은 즐거움을 선사해 주었다.

이렇게 수많은 자료들을 취합하며 카파의 인생의 여정을 따라가 본 뒤 느낀 점은 그 역시 전쟁으로 고통받았던 인간이라는 것이다. 그의 인생과 그의 사진을 단편적으로만 알고 있다면 그를 용맹한 남자였으며 진정한 기자 정신의 화신이라고 단정지었을지도 모르지만, 좀 더 깊이 있게 살펴보면 그의 인생은 결코 위인의 반열에는 올리지 못할 정도로 통속적이고 이기적이기까지 했다. 전쟁이 그에게 준 것은 지독한 상실과 슬픔의 트라우마였으며 이것은 그를 더욱 위험에 가깝게 다가가게 하고, 평범하고 행복한 삶에서 멀어지게 했던 것처럼 보인다. 결국 자신의 몸이 타버릴 것을 알면서도 불로 뛰어드는 불나방 같이 카파는 또 다시 전쟁터로 향하였고 그에게 남은 것은 지뢰를 밟아 폭발로 찢겨진 몸뚱아리와 그의 손에 끝까지 쥐어져 있던 카메라뿐이었다.

어쩌면 이것이 카파가 또 다른 전쟁의 시대를 살고 있는 우리에게 전해 수는 메시지일 것이나. 선생에서 우리는 과피와 슬픔 외에는 아무것도 얻지 못할 것이다. 전쟁터의 한복판에 있었던 카파의 일생이 그랬던 것처럼.

마지막으로 유럽여행 전문가이며 기행의 일정을 세우는데 많은 조언을 해 준 박성환 형, 힘든 기행의 유쾌한 길동무가 되어준 오랜 친구 조현, 꼼꼼히 원고를 읽고 귀중한 조언을 아끼지 않았던 정은아씨, 그리고 언제나처럼 퇴고 과정에서 내 책의 첫 번째 냉정한 독자이자 현명한 편집자가 되어준 오랜 친구 임학현에게 깊은 고마움을 표한다.

© 김경훈

로버트 카파의 창조자이자 인생의 연인, 게르다 타로의 묘지. 프랑스 파리에 위치해 있다.

01

ROBERT CAPA

보헤미안
소년

(사진가로 성공하기 위해서는) 재능이 있다는 것만으로는 충분
하지 않아. 또한 헝가리 사람이어야 해.

— 로버트 카파

인종의 섬의 이방인들

헝가리의 수도인 부다페스트를 찾으면 가장 눈에 띄는 것은 우
리의 한강처럼 도시의 한가운데를 관통한 채 유유히 흐르고 있는
다뉴브강이다. 부다페스트를 찾는 이들이라면 한 번쯤은 반드시
찾게 되는 부다성에서 내려다보면 다뉴브의 물길은 낮에는 도시
의 건축물과 어우러지고 밤에는 도시의 야경을 잔잔히 일렁이는
물결 위에 반사시키며 그 아름다움을 뽐낸다. 그리고 수많은 방문
객들은 그들의 손에 들려 있는 스마트폰을 꺼내 많은 사진을 찍으
며 부나페스트의 아름나움을 기록한다.

그런데 부다페스트의 상징과 같은 이 강의 시작이 유럽의 중간쯤에 위치한 알프스의 눈이 녹아 발원되었고, 독일에서 시작한 이 물줄기가 헝가리를 비롯하여 많은 나라를 거쳐 극동 지역에 인접한 흑해까지 흐른다는 사실을 아는 이들은 많지 않다.

이 강을 따라 인간들은 촌락을 이루고 문명을 일구었으며 사람들의 삶의 형태는 도시와 국가로 확장되고 발전되어 왔다. 기나긴 강의 물줄기를 따라 인간들은 서로 왕래하고 교역을 하였고 때로는 사랑을 나누고 때로는 미워하였고 정복과 파괴와 번영과 몰락을 되풀이하곤 하였다. 특히 '두너'강이라는 풍부한 수자원과 곡창지대인 대평원이 만나는 지금의 헝가리 지역은 이곳에 사는 사람들에게 풍족한 천혜의 자원을 선사해 주었다. 기나긴 역사의 시간 속에서 이 강과 평원은 수많은 이방인들을 끌어 모았으며 또한 이곳을 탐내는 수많은 이들의 침략을 받기도 하였다. 이러한 지정학적 조건으로 인해 다양한 민족이 침범과 정착을 되풀이하고 피를 섞어오면서 헝가리는 유럽에서 "인종의 섬"이라고 불릴 정도로 유럽 국가에서는 보기 드문 독특한 인종적 문화적 특징을 가지게 되었다. 헝가리의 특징 중 하나는 다른 유럽의 국가들보다 아시아의 DNA와 문화적 특징이 많이 스며들어 있다는 것이다. 헝가리는 아시아의 기마 유목 민족인 훈족이 세웠으며 13세기에는 몽골의 유럽 정복의 첫 관문이 되었던 곳이기도 하다. 이러한 역사를 거치며 헝가리는 아시아의 DNA가 서구의 핏줄과 문화 깊숙이 전파된 대표적인 유럽 국가 중의 하나가 되었다. 그래서인지 헝가리는 유럽의 여느 다른 나라보다 우리에게 훨씬 친근하게 다가오는 편이다. 우리와 같은 알타이어족에 속하는 헝가리어는 우리말과 어순이 같으며 이름을 표기할 때는 우리처럼 성을 먼저 쓰고 이름을 쓴다. 시간과 주소의 표기도 우리처럼 연월일과 국가, 도시, 거리명의 순서대로 표기한다. 아직도 적잖은 수의 헝가리의 아기들은 몽고반점을 가지고 태어나고 있다고 한다. 그들도 우리가 좋아하는 마늘과 고추 같은 매콤한 향신료를 좋아하며 아직도 헝가리의 시골에서는 우리나라의 금줄이나 부적처럼 고추를 실로 꿰어 매달아 액운을 쫓기 위한 부적으로 사용한다고 한다.

이러한 인종의 섬에 뿌리를 내린 또 다른 민족이 있었다. 바로 유대인들이다. 유다 왕국의 분열 이후 전 세계로 뿔뿔이 흩어진 유대인들 중 많은 유대인들은 유럽 대륙에 정착했다. 중앙유럽과 동유럽에 자리를 잡은 유럽의 유대인들은 아슈케나짐(독일 사람이라는 뜻)이라는 유대인 분파를 형성하였고, 다뉴브강을 따라 흩어져 유럽의 여러 도시와 국가에 정착하였다. 그리고 아슈케나짐 중 일부는 헝가리의 수도 부다페스트에 정착하였고 서민들과 상인들이 주로 살던 페스트 지역에 유대인 지구를 형성하였다.

신화 같은 탄생 이야기

다뉴브강은 부다페스트를 부다 지구와 페스트 지구로 나눈다. 부다 지구가 귀족과 부호들의 영역이었다면 페스트 지구는 서민들의 삶의 터전이었다. 부나 지구에서 다리 하나를 건너면 닿게

다뉴브강으로 나누어져 있는 부다 지구와 페스트지구
사진 오른쪽의 페스트 지구에 살던 유대인 소년 로버트 카파에게도 도나우강은 특별한 곳

©김경훈

이었다. 강변은 소년 로버트 카파에게는 놀이터였으며 좀 더 성숙한 뒤에는 아름다운 소녀를
도나우강의 다리 밑으로 데려가 키스를 나누며 풋사랑을 나누고는 했다.

되는 벨바로스Belvaros 지구는 페스트 지구의 번화가이자 상업 지구였다. 몇 세기에 걸쳐 보존되어 있는 유럽의 전통 건축양식이 여행객들의 발길을 끄는 페스트의 구시가지는 지금은 관광지가 되었지만 20세기 초 이곳은 부유한 유대인들을 위한 상점과 젊은 혁명가와 예술가들이 낭만과 예술과 혁명을 이야기하기 위해 모이는 카페가 즐비한 곳이었다.

1913년 10월 22일 의상실을 운영하던 유대인 재단사 부부에게서 한 사내아이가 태어났다. 그런데 이 아이는 자신의 평범하지 않은 앞날을 예고라도 하듯 태어나면서 남다른 세 가지 징조를 보여주었다. 그 첫 번째 징조는 아이가 태어났을 때 아이의 머리를 감싸고 있던 얇은 막이었다. 양막caul이라고 불리는 이 막은 태아를 보호해 주는 아주 얇은 막인데 대부분의 양막은 아기가 엄마의 자궁을 나오기 전에 자연적으로 벗겨진다. 하지만 8만 명 중의 한 명 정도는 이 막을 그대로 머리에 뒤집어쓴 채 세상으로 나오게 된다고 한다. 중세 시대 유럽에서는 이러한 희귀한 막을 가지고 태어난 아이들에게는 행운이 깃들어 있으며 이것을 아기가 위대해질 운명을 타고났다는 징조로 받아들였다고 한다.

이러한 양막은 신라의 건국 신화와도 관련이 있다. 알에서 태어났다는 박혁거세의 난생설화와 같이 양막에 둘러싸인 채 태어난 아이를 당시의 사람들은 기이한 탄생이라고 생각해 마치 알에서 태어난 것처럼 여겼다는 문화인류학자들의 주장도 있다. 이처럼 양막에 싸여 태어난 카파의 탄생은 결코 평범하지 않았던 것이다.

두 번째 특별한 징조는 아기의 머리카락이었다. 조산사가 아이

페스트 지역에서 바라본 석양
왕과 귀족들이 살던 부다 지역이 높이 솟은 첨탑과 성으로 이루어졌다면, 카파가 태어나고
자란 페스트 지역은 고풍스러운 유럽식 건물들이 도시의 스카이라인을 이루고 있는 곳이다.
ⓒ 김경훈

의 머리를 감싼 막을 벗기자 여느 갓난아기와는 달리 이 아기의 머리에는 이미 머리카락이 덥수룩하게 자라 있었다고 한다.

그리고 마지막 특별한 징조는 아기의 한쪽 손에는 한 개 더 많은 손가락이 있었다. 아기는 육손이었다. 이처럼 평범하지 않은 아이의 탄생에 아이의 엄마는 걱정하기는커녕 이 모든 것이 아이가 훗날 유명해질 것임을 예언해주는 징조라고 기뻐했다고 한다.

역사와 신화 속 영웅 설화의 내러티브에서 영웅은 결코 평범하지 않은 출생의 한 장면을 보여주며 그들의 앞날을 예고한다. 그리고 수많은 고난을 겪지만 언제나 좋은 스승과 동지들을 만나 문제를 해결하고 마지막으로 위대한 업적을 남기며 비범함을 보여준다. 하지만 결국 비극적인 최후를 맞이하면서 인간의 이름을 넘어 영웅의 이름으로 역사에 기록되는 것이 동서양을 막론한 고대 영웅들의 서사이다. 물론 알에서 태어나거나 늑대 젖을 먹으며 자라난 정도는 아니지만 평범하지 않았던 출생의 모습, 고난의 연속이었던 인생의 전반기, 그리고 헝가리 난민 출신의 청년을 로버트 카파라는 사진가로 새롭게 태어나게 만들어준 한 여성을 비롯한 수많은 동료 사진가들과의 조우, 세계 최고의 전쟁사진가라는 명성, 그리고 이국의 전쟁터에서 맞이한 비극적인 인생의 결말. 이러한 그의 인생을 따라가다 보면 영웅까지는 아니더라도 그리스 비극의 주인공에 견주어도 뒤지지 않는 그의 인생의 드라마틱함이 엿보인다. 하지만 이러한 그의 인생의 외피를 벗겨내고 그의 인생의 디테일을 하나하나 캐어나가다 보면 결국 카파에게서 발견되는 것은 연약한 인간의 얼굴이다. 때로는 전쟁터에서 극심한 공포에 떨기도 했으며, 전쟁터에서 그를 위로해 주던 도박과 술은 결국 그의 인생을 극단으로 소모하게 만들었으며, 때로는 성공을 위해 비열한 거짓말쟁이가 되는 것을 서슴지 않았다. 사랑하는 연인을 잃고 평생 그 빈자리를 채우지 못했으며 수많은 친구들에 둘러싸여 있었지만 그 내면은 깊은 외로움으로 몸부림치던 이 남자, 로버트 카파.

아이의 부모는 이처럼 특별한 징조를 가지고 태어난 아이에게 앙드레 에르노 프리드먼Endre Ernő Friedmann이라는 평범한 이름을 지어주며 아이의 행복을 빌었다.

같은 해 훗날 미국의 대통령이 되는 닉슨이 태어났으며, 중국의 지도자 시진핑의 아버지 시중쉰이 태어났다. 영화 〈바람과 함께 사라지다〉의 여자 배우 비비안 리와 프랑스의 소설가 알베르트 카뮈가 태어났으며 우리의 소설가 김동리, 화가 운보 김기창, 김환기 등이 모두 같은 해 태어났다.

이처럼 훗날 역사에 많은 흔적을 남긴 인물들이 지구상의 곳곳에 태어나고 있을 때 유럽에서는 1차 세계대전의 징조가 스멀스멀 고개를 들고 있었다. 아시아에서는 1910년 한일합방 뒤 일본이 조선에 대한 통치를 강화하면서 지난 수백 년간 중국을 중심으로 형성되어 있던 아시아의 역학관계가 재편성되는 격변의 시기가 이어지고 있었다.

아직 로버트 카파라는 인위적인 창조물이 세상에 출현하기 한참 전의 일이다.

보헤미안 소년

출생의 특별한 징조와 함께 태어난 아이는 매우 상반된 성격의 아버지와 어머니의 손길에서 자라나게 된다. 앙드레의 부모는 모두 유대인이었지만 둘 다 유대교의 교리를 충실히 따르는 종교색이 짙은 사람들은 아니었다. 지금은 루마니아의 영토가 되어있지만 당시에는 헝가리 땅이었던 트랜실베니아 지역에서 태어난 앙드레의 아버지 데죄 프리드먼Dezso Friedmann은 타고난 방랑객이자 한량이었다. 드라큘라의 전설과 온갖 미신과 신화가 팽배했던 트랜실베니아의 오지에서 태어난 데죄는 젊은 시절 도시로 도망쳐 나와 가짜 여권을 들고서 부다페스트, 런던, 파리 등지를 떠돌며 청춘을 보냈다고 한다. 그리고 1910년 앙드레의 어머니 율리아 헨리에타 베르코비츠Jullanna Henrietta Berkovits와 결혼했지만 그의 한량 기질은 죽을 때까지 고쳐지지 않았다. 어린 아들 앙드레에게 자신의 젊은 시절 방랑기를 재미있고 낭만적인 이야기로 포장하여 몇 시간이고 떠들어 대던 데죄는 앙드레에게는 친근한 아버지였지만 남편으로서는 빵점이었다. 도박에 중독되다시피 빠져 있던 그는 늦은 오후가 되면 부부가 함께 운영하는 의상실의 영업이 끝나기도 전에 한껏 차려입고서는 포커판으로 향하던 남자였다. 그에게 포커판은 행운이라는 밑천으로 최고의 모험을 맛볼 수 있는 치열한 전쟁터 같은 곳이었을지도 모른다. 수많은 격렬한 전투의 현장을 오갔으며 전쟁이 끝난 후에도 어느 한 곳에도 정착하지 못한 채 미국과 유럽을 오가며 살았던, 훗날 앙드레가 창조한 로버트 카파라는 사진가의 모습에는 어린 시절 그의 아버지 데죄가 그에게 심어준 방랑과 모험에 대한 로맨틱한 기대와 환상이 한몫했을지도 모른다. 그리고 도박에 대한 승부사적 집착 역시 아버지를 빼다 박았는지 그는 자신의 목숨을 걸고 전쟁을 취재하여 번 거액의 돈을 하룻밤의 포커판과 주말에 열리는 경마에서 모조리 날리기를 수없이 반복했다. 이처럼 데죄가 그의 아들 앙드레에게 과장과 허풍을 살짝 섞은 재미있는 이야기로 사람들을 끌어모으는 입담과 친화력, 그리고 훗날 그의 재산과 삶을 갉아먹었던 도박에 대한 탐닉을 물려준 것은 확실해 보인다.

이런 아버지와 달리 그의 어머니 율리아는 매우 성실한 인물이었다. 가난한 시골 출신이었던 율리아는 남편 데죄와는 달리 아이들에게 가난을 물려주고 싶지 않았기에 이른 아침부터 다음날 새벽까지 재봉틀을 돌리고 30~40명의 직원들을 진두지휘하며 옷을 지으며 의상실을 꾸려 나갔다. 성실함이 없이는 계속해서 할 수 없는 사진기자라는 직업을 죽는 그날까지 할 수 있었던 로버트 카파의 천성은 아마도 그의 어머니에게서 물려받았으리라. 이와 함께 그의 어머니가 그에게 전해준 것은 '사랑'이었다. 세 아들 중 둘째였던 앙드레는 율리아의 가장 사랑스러운 아들이었다. 또한 모계사회의 분위기가 강하게 남아있는 것이 특징인 헝가리의 여느 가족처럼 밖으로 도는 아버지와 달리 율리아와 앙드레의 형제들은 깊은 유대를 나누었고 앙드레는 성인이 되어서도 자신의 신변에 대한 시시콜콜한 이야기까지 적은 편지를 어머니와 주고받으며 살았다.

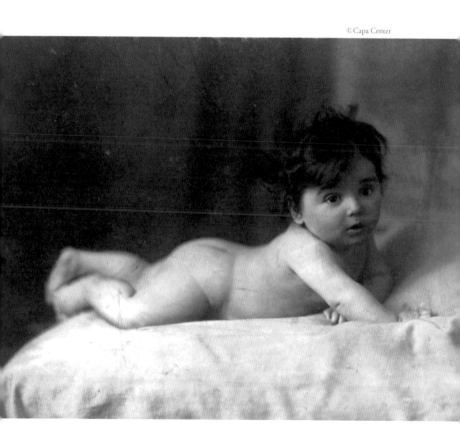

앙드레 프리드먼은 친구들에게서 앙드레의 줄임말인 반디라고 불렸다. 학교 성적은 하위권이었고 숙제도 안 해가는 날이 많았던 그는 그다지 주목받던 학생은 아니었다고 한다. 까무잡잡한 얼굴을 타고났고, 의상실 일과 도박에 바쁜 부모로 인해 초라한 행색이었던 반디는 잘사는 모범생 친구들의 부모들에게는 환영받지 못하곤 했다. 소년 앙드레는 학교가 끝난 뒤에는 비슷한 처지의 아이들과 페스트 지역의 유대인 지구의 뒷골목을 어슬렁거리며 불량스러운 짓을 하며 놀거나 여자아이들의 뒤꽁무니를 쫓아다녔다고 한다.

특히 까무잡잡한 피부, 짙은 눈썹과 두툼한 입술을 가진 소년 앙드레의 외모는 여느 유럽의 소년들과는 달랐으며 오히려 집시를 연상시키는 외모였다. 인도에서 기원한 집시(집시라는 단어가 역사적으로 이들 그룹을 비하하는 의미로 쓰였기에 롬Rom인이라 불리기도 하나 여기서는 집시로 통일)들은 다뉴브강을 따라, 도시를 따라 유랑을 반복하며 살아갔으며 유대인처럼 그들 역시 이방인으로서 인종의 섬 '헝가리'에 자리를 잡았다. 훗날 로버트 카파는 자신에게 집시의 피가 섞여 있다고 이야기하곤 했는데 정말로 그의 선조들 중 집시가 있었는지는 확인되지 않는다. 아마도 보헤미안의 기질이 농후했던 자신의 방랑벽을 빗대어 스스로를 그렇게 이야기 했을 것이다. 혹은 떠돌이 유랑 민족이라는 특징을 공유하고 있는 집시의 피가 유대인 프리드먼가의 가계도에 어떠한 공식적인 흔적도 남기지 않은 채 자연스럽게 카파의 핏속에 섞였을지도 모른다.

이처럼 집시를 연상시키는 소년 앙드레의 시커먼 얼굴과 짙은 눈썹은 성장과 함께 매력적으로 바뀌기 시작했고, 까무잡잡한 얼굴에 낭만적인 보헤미안 기질이 다분했던 소년 앙드레는 동네 소녀들에게 점점 인기를 끌었다. 사춘기가 되자 앙드레는 풋사랑의 상대가 되던 소녀들을 데리고 다뉴브강의 엘리자베스 교각의 어둠으로 데려가 키스를 나누고 사랑을 속삭였다. 친구들과 유대인 지구의 뒷골목을 쏘다녔으며 흘러가는 시간과 함께 점점 체격과 생각이 커나가기 시작했다. 그리고 그의 유년기가 끝나고 청소년기에 접어들며 그의 세계관은 엘리자베스의 교각과 페스트의 뒷골목을 넘어 더 큰 세상으로 확대되었다.

소년 앙드레가 때로는 따분한 학교의 교실 속에서, 때로는 페스트의 뒷골목에서 어른으로 성장을 하고 있는 동안 그의 조국 헝가리는 새로운 국제 질서의 재편 속에서 거듭된 혼란에 시달리고 있었나.

앙드레가 태어났을 당시 그의 조국 헝가리는 오스트리아-헝가리 제국이라는 거대한 제국의 일원이었다. 1차 세계대전에서 독일과 함께 동맹국을 결성하였던 오스트리아-헝가리 제국은 영국, 프랑스, 러시아를 주축으로 하는 연합국과 4년여에 걸친 전쟁을 벌였으며 역사는 연합국의 손을 들어 주었다. 거대한 강대국들의 힘의 충돌이었던 이 전쟁에서 무려 7천만이 넘는 군인들이 참전하였고 이 중 약 9백만 명의 군인들이 전사하였다. 그리고 패자가 되었던 오스트리아-헝가리 제국은 제국의 해체라는 가혹한 징벌 속에서 많은 영토를 잃으며 순식간에 유럽의 패배자로 전락하게 된 것이다. 그리고 이러한 제국의 해체가 시작되기도 전부터 1차

1차 세계대전 당시 전쟁에서의 승리를 독려하기 위해 제작된
오스트리아-헝가리 제국의 포스터들

세계대전의 패색이 짙어지고 있던 헝가리에는 극좌와 극우가 주도권을 놓고 다투며 혼란의 소용돌이가 불어 닥치고 있었다. 직장을 잃은 공장의 실업자들은 대규모 시위를 일으켰고, 농민들은 토지 개혁을 요구하며 폭력으로 지주들의 땅을 몰수하는 일도 서슴지 않았다. 다른 한쪽에서는 이처럼 밑에서부터 불어오는 개혁의 바람에 위기감을 느낀 구체제 우파 인사들은 이러한 모든 혼란의 배후 조종자로 볼셰비키 주의자들을 지목해 그들을 색출하기 위한 군대를 창설하면서 파시즘적인 지도체제를 향해 달려가고 있었다. 결국 1차 세계대전이 끝나기 직전 레닌주의자 벨라쿤이 공산주의 혁명을 일으켰으나 혁명은 133일 만에 일장춘몽으로 끝나버렸다. 그리고 그해 늦가을 반혁명 정부를 조직한 미크롤스 호르티Miklos Horthy가 정권을 잡으면서 헝가리에는 훗날 히틀러의 독일에 못지않은 파시스트 정권이 확립되었다. 이러한 정치적 혼란 속에서 1차 세계대전에서의 패배, 실패한 혁명의 후유증으로 헝가리의 경제는 커다란 타격을 입고 있었다. 살인적인 인플레이션이 이어졌고, 1921년의 국가 자본의 총량은 1910년도의 2% 정도로 떨어질 만큼 경제난은 심각해졌다. 국가 경제가 나락으로 떨어지자 극우 파시스트에게는 내부의 모든 문제를 뒤집어씌울 수 있는 희생양이 필요했는데 그것은 바로 유대인들과 좌파 공산주의자들이었다. 우익 세력들과 호르티 정권은 정권을 잡은 뒤 불과 두 달 반 사이에 5천 명의 좌익 인사를 처형하였으며 이들의 배후로 유대인들을 지목하였다. 이러한 사회 분위기는 유대인과 좌익에 대한 백색 테러로 이어지면서 반유대주의가 헝가리와 부다페스트 전역을 휩쓸었다. 그로 인해 대낮에 학교를 가던 유대인 학생들이 단지 유대인이라는 이유만으로 집단린치를 당하기도 하였는데, 학교에서 벌어지는 유대인과 비유대인 학생 간의 사소한 싸움은 언제나 '더럽고 냄새나는 유대인'이란 모욕적인 언사와 함께 유대인들에 대한 경멸로 끝났다. 심지어 앙드레는 고등학교 시절 교사로부터 '유대인들은 사회의 암과 같은 존재들'이란 이야기까지 들어야 했다. 앙드레와 그의 가족은 신앙심이 깊지 않은 유대인이었지만 외부로부터의 멸시와 차별 속에 거의 매일 자신들의 정체성이 유대인임을 확인하며 살아가야 했다. 이러한 시대 상황 속에서 피 끓는 십 대 유대인이었던 앙드레가 좌익 사상에 관심을 갖게 되고 좌파 혁명가들과 어울리는 것은 자연스러운 일이었을 것이다. 어쩌면 유대인으로서 그가 선택할 수 있는 이념의 길은 그를 자꾸 밀어내고 못살게 굴던 오른쪽이 아닌 왼쪽으로 빠지는 길밖에 없었을 것이다. 그는 사회주의자들의 정치 집회와 행진이 있을 때면 빠지지 않고 참석하였고 좌우 간의 충돌이 벌어지면 노련한 거리의 싸움꾼으로 변신하곤 하였다.

이러한 격동의 시기, 호기심 많던 유대인 소년이 그가 서 있는 사상의 지형도에서 왼쪽의 끝에 위치한 공산주의 사상에까지 관심을 갖게 되었다. 그리고 급기야 공산당 모집책과 접촉까지 하게 된다. 파시즘 정권 밑에서 공산당 접조직과 접촉한다는 것은 단순히 좌파의 거리 시위에 참석하는 것과는 차원이 다른 것이었다. 이것은 파시즘 정권에 직접적인 위협이 되는 반체제 혁명 행위였으며 결국 그의 이러한 무모한 시도는 비밀경찰에게 그대로 노출

©Public Domain

1938년 베를린을 방문한 호르티를 영접하고 있는 히틀러
헝가리의 독재자였던 호르티는 숱한 백색테러를 일으켜 권력을 잡았으며 정권을 잡은 뒤에
는 당시 독일의 떠오른 실력자였던 히틀러와 손을 잡고 철권통치를 하게 된다.

되었다. 어느 날 저녁 그의 집을 찾아온 경찰은 율리아의 애원에
도 불구하고 아직 십 대인 앙드레를 체포해 가버렸다. 그리고 수
많은 정치범들을 심문하는 작은 감방으로 끌려간 앙드레는 경찰
들에게 심한 구타를 당하게 된다. 당시 공산주의자들을 서슴지 않
고 처형하거나 강제 수용소로 보내곤 하던 호르티 정권에게 십 대
의 유대인 소년은 다루기 쉬운 먹잇감이었다. 하지만 심문 과정에
서 의식을 잃을 정도로 구타를 당했으나 다행히 앙드레는 처형을
면했고 강제 수용소로 보내지지도 않았으며 며칠 뒤에 그는 집으
로 돌아올 수 있었다. 그가 무사히 풀려난 이유는 아직도 정확히
밝혀지지 않았다. 앙드레의 가족들에 따르면 당시 경찰국의 고위
간부가 앙드레의 부모가 운영하던 의상실의 단골 고객이어서 그
런 연줄을 이용하여 카파를 빼낼 수 있었다고 한다. 그리고 그의
석방에는 풀려나는 즉시 헝가리를 떠난다는 조건이 붙어 있었다
는 것이다. 격변기 유럽에서 벌어진 좌파 사회주의와 파시즘의 대
립을 몸소 체험하고 파시즘의 국가적 폭력까지 경험한 앙드레에
게 조국 헝가리는 이제 더 이상 그가 머물 수 있는 곳이 아니었다.
1931년 7월 아직 열여덟도 안 된 유대인 소년 앙드레는 기차에 몸
을 싣고 부다페스트를 떠나게 된다.

몇 년 뒤 앙드레는 부다페스트의 가족들을 만나기 위해 한 차례
그의 고향에 잠시 돌아온 것 이외에는 2차 세계대전이 끝날 때까
지 그의 고향땅을 밟지 않았다.

유배되듯 떠나야 했던 고국 헝가리를 앙드레가 마지막으로 찾
은 것은 2차 세계대전이 끝나고 1948년 가을에 『홀리데이』라는

미국의 고급 여행 잡지의 취재를 위해서였다. 그가 '불에 타 무너져 버린 호텔과 파괴된 다리들의 행렬을 내려다보니 부다페스트는 이빨이 다 빠져 버린 미녀처럼 보였다.'라고 회상했을 정도로 한때 파리와 비견될 만큼 아름다웠던 부다페스트는 2차 세계대전의 상흔과 공산화를 거치면서 그 아름다움을 잃어버리고 있었다. 그가 소녀들과 풋사랑을 속삭였던 유럽에서 가장 긴 현수교였던 엘리자베스 다리는 폭격으로 부서져 해체를 기다리고 있었다.

만약 앙드레가 그 당시 고국을 떠나지 않았다면 그의 운명은 어떻게 되었을까? 좌익 사상에 대한 관심을 끊고 가업을 물려받아 재단사가 되어 조용히 사는 삶을 택했어도 그의 운명은 그다지 순탄치 않았을 것이다. 유대인이라는 지울 수도 없고 숨길 수도 없는 그의 굴레는 그에게 평범한 인생이라는 선택지를 고를 자유조차 주지 않았고 결국은 비극으로 끝났을 가능성이 더 높다. 이러한 그의 예견된 운명은 오늘날 다뉴브강에서 그 실마리를 쉽게 찾을 수 있다.

부다페스트의 아름다운 풍경을 만끽하기 위해 많은 이들이 찾는 국회 의사당 쪽 강변에는 양철로 만들어진 크고 작은 신발모형들이 마치 누군가가 벗어 놓은 듯이 강을 향해 쭈욱 늘어서 있는 것을 볼 수 있다. 1940년대 스타일로 만들어진 녹슨 60켤레의 양철 신발들은 제2차 세계대전 당시 이곳에서 다뉴브강을 피로 물들였던 유대인 학살의 기억이다. 1944년 3월 나치즘, 파시즘 그리고 반유대주의를 주장하다 불법 정당이 되어 지하에 숨어 있던 극우 정당 화살 십자당은 독일이 헝가리를 점령하자 나치 독일의 지원으로 정권을 장악하게 되었다. 히틀러의 추종자들인 화살 십자당은 나치의 상징인 하켄크로이츠가 아리아인 민족의 우월성과 순수성을 상징하듯 화살 십자가가 헝가리 민족의 순수성과 우월함을 상징한다고 믿었다.

그리고 그들은 나치가 그러했듯 유대인 학살을 자행하였다. 그들은 유대인들을 다뉴브강으로 끌고 왔고, 끌려온 유대인들은 처형의 순간이 다가오면 그들이 사랑했고 자랑스러워했던 다뉴브강을 바라보며 신발을 벗고서 강을 향해 서야 했다. 그리고 그들의 뒤에선 처형의 총알이 발사되었고, 그들은 벗어 놓은 신발만 남겨 놓은 채 다뉴브강으로 힘없이 떨어졌다. 핏빛으로 물든 다뉴브강을 바라보며 화살 십자당은 이렇게 이야기했다고 한다. "더러운 유대인들의 피로 대지를 적시지 않아 다행이다."

당시 유대인이라는 이유만으로 죽임을 당한 이들은 남녀노소를 가리지 않았고, 이날의 참상을 대변하듯 다양한 크기와 모양의 신발들이 양철로 제작되어 마치 죽음을 앞두고 벗어 놓은 듯 강변을 향해 늘어서 있다. 그리고 비바람 속에 부식되어 녹슨 이 양철 구두들 앞에는 이곳을 찾는 많은 이들이 양초를 켜 놓고 꽃과 유대인의 상징인 유다의 별을 놓아두며 희생자들을 추도하고 있다.

당시 운이 좋아 이러한 학살을 면한 유대인들에게는 계속 또 다른 고난이 기다리고 있었다.

높은 담으로 둘러친 게토ghetto에 갇혀 살던 유대인들은 나치의 유대인 절멸 계획에 호응하는 헝가리 정부에 의해 수용소로 보내져 또 다른 학살을 마주해야 했다.

©김경훈

다뉴브 강변의 양철 신발들

히틀러의 추종자들인 화살십자당은 유대인들을 다뉴브강에 끌고 와 처형한 뒤 강으로 던졌다. 그들의 죽음 뒤에 남은 것은 강변에 즐비하게 놓여진 구두뿐이었다고 한다. 당시의 유대인 학살을 모티브로 만들어진 설치 작업은 부다페스트의 관광 명소중의 하나이며, 많은 사람들이 이곳을 찾아 당시의 비극과 희생자들을 추모하고 있다.

그가 어린 시절을 보낸 유대인 지구에 살았던 많은 유대인들은
기차에 짐짝처럼 실려가 폴란드의 아우슈비츠에서 유대인 절멸
계획에 따라 목숨을 잃었다. 그가 다시 헝가리를 찾았을 때 부다
페스트 지역에 생존해 있던 유대인은 과거 인구의 20분의 1에 지
나지 않았다. 홀로코스트에서 살아남은 앙드레의 어린 시절 유대
인 친구는 극심한 공포에서 살아남았기 때문인지 급격히 노화된
모습을 하고 있어 그를 놀라게 하였다.

당시 헝가리에 살고 있던 유대인들이 겪었을 공포를 느껴볼 수
있는 공간은 House of Terror 박물관이다. 2차 세계대전 당시의 유
대인 학살과 공산 독재 정권 시절 자행되었던 인권 유린에 대한
반성의 공간인 이곳을 찾으면 가장 먼저 눈에 띄는 것은 건물의
외부와 안쪽의 벽에 촘촘히 박혀있는 희생자들의 사진이다. 역사
적인 인물에서부터 평범한 시민의 일원까지 다양했던 당시 희생
자들의 사진과 그들의 이름, 그리고 생몰 연도가 적힌 기록을 보
자면 당시 국가의 폭력이 된 파시즘의 광기 앞에서 너무나도 쉽게
사라져 갔음을 느낄 수 있다. 또한 이곳은 매우 감성적인 공간이
기도 하다. 전시물들의 영어로 된 설명은 충분하지 않지만 마치
당시의 공포를 체험해 보고 느끼라는 듯 이 공간은 낮고 어두운
느낌의 음악을 배경으로 생존자들의 때로는 담담하고 때로는 격
정적인 인터뷰가 박물관의 곳곳에서 재생되고 있었다.

마치 불쾌한 공포를 느껴보라는 듯한 아우라가 건물 전체를 감
싸며 관람자들을 따라다니며 흐르고 있는 이곳에서 가장 인상적
인 곳은 지하의 공간이있나. 과거 고문과 비밀공작을 행하던 비밀

© 김경훈

© 김경훈

지금도 보존되어 있는 유대인 게토 지역을 둘러싼 높은 담들

당시의 유대인 게토 지역을 둘러싼 담벽들은 아직도 일부가 남아 당시의 역사를 증언해 주고 있다. 게토 지역의 담벼락에 뚫린 구멍을 통해 안을 들여다 보면 당시 게토의 생활상을 보여주는 사진을 볼 수 있는 곳도 있다.

House of Terror 박물관의 외관

비밀 경찰의 사령부의 건물에 지어진 이 박물관은 반세기 이상 헝가리를 휘감았던 억압적인 정권에서 자행되었던 폭력과 공포를 느낄 수 있는 공간이다. 또한 당시의 사진 자료들과 프로파간다 포스터등이 함께 전시되어 당시의 상황을 가늠해 볼 수 있다.

ⓒ김정훈

ⓒ김정훈

©김경훈

박물관의 1층에는 희생자들의 얼굴 사진이 박물관 벽의 한면을 가득 채우고 있다. 이 사진들이 주는 메시지는 간단하면서 강렬하다. '당시는 누구나 희생자가 될 수 있었다. 우리 주변의 누구나, 심지어 당신까지.'

지하 취조실의 모습

코를 찌르는 듯한 습한 냄새에 컴컴한 공간. 곳곳에 재현된 당시의 고문기구의 모습 등은 으스스한 느낌이 들 정도였다. 경찰에 체포된 카파가 심문을 당하던 곳 역시 이곳과 별반 다르지 않았을 것이며, 10대의 카파가 겪기에는 쉽지 않은 고통이었을 것이다.

경찰의 사령부 건물에 지어진 이곳의 지하에는 당시 유대인과 반체제 인사들을 가두고 고문하던 공간이 그대로 남아있다. 퀴퀴한 곰팡이 냄새가 어둠 속에서 시각 대신 민감해진 후각을 강렬히 자극하는 이곳은 둘러보는 내내 관람자들을 불편하게 만들기도 한다. 어쩌면 소년 앙드레 역시 이와 비슷한 지하 공간에서 비밀경찰에게 구타를 당하며 극심한 공포 속에 며칠을 보냈을지도 모른다. 그리고 이곳을 휘감고 있는 불편한 공기보다 몇 배나 더한 공포가 당시 부다페스트에 살고 있는 유대인들을 괴롭혔을지도 모른다.

만약 그가 부다페스트를 반강제적으로 떠나지 않았다면 그는 반골 좌파 성향을 억누른 채 카메라를 손에 쥐는 대신 부모님의 뒤를 이어 재단사가 되었을지도 모른다. 부모님의 일을 도와 의상실에서 일하다 결혼하여 애를 낳고 결국은 젊은 나이에 숨진 그의 형과 같은 인생을 그도 반복했을지도 모른다. 혹은 2차 세계대전 당시 아우슈비츠의 가스실이나 도나우강의 강변에서 총살로 사라진 약 50만 명의 유대인 중 하나가 되었을지도 모른다. 어쩌면 그의 친구처럼 천신만고 끝에 목숨을 부지한 채 훗날 소련의 영향권 아래 공산주의 국가가 된 조국에서 조용히 삶을 마친 수많은 사람 중 한 명이 되었을지도 모른다.

조국을 떠나 독일로 가는 기차에 반강제적으로 오르며 앙드레의 인생의 궤도는 체제에 순응하는 조용한 삶을 살다가 사라져간 무명의 유대인이 아닌 드라마틱한 인생을 살아야 하는 롤러코스터의 삶으로 옮겨졌다. 이후 펼쳐지는 보헤미안 로버트 카파, 사진가 로버트 카파가 만들어지는 짧았지만 강렬했던 인생의 시작은 소년

© German Federal Archive

2차 세계대전 당시 유대인 절멸 계획에 따라 아우슈비츠에 도착한
헝가리 출신 유대인들의 모습

© Holocaust Museum

1944년 아우슈비츠에 도착하여 분류되고 있는 유대인들
사진의 오른쪽의 유대인들은 노동 캠프로 보내졌으며, 왼쪽의 유대인들은 가스실로 보내졌
다. 이 사진은 아유슈비츠 앨범이라고 불리우는 사진 중 일부로 당시 수용소를 관리하던 독
일군 친위대가 기록용으로 촬영한 사진들의 일부이다. 본국에서 추방되어 폴란드의 아우슈
비츠-비르케나우 강제 수용소로 추방된 유대인들의 이송, 도착, 선별, 그리고 죽음에 이르는
과정이 기록된 중요한 역사적 자료로 독일 패망 뒤 발견되어 2차 세계대전의 전범 재판의 증
거물로 쓰이기도 하였다.

앙드레가 고향과 가족을 떠남으로써 그 첫발을 내딛게 되었다.

아직 사진과의 진지한 조우도 이루어지지 않았던 부다페스트 시절의 앙드레. 하지만 이곳에서 그는 훗날 그가 세계적인 명성을 얻게 되는 시작점인 스페인 내전으로 그를 안내하는 좌파 사회주의 사상에 눈을 뜨게 되었으며 훗날 로버트 카파라는 전설적인 사진기자가 보여주었던 그의 특징적인 '기질' 역시 부다페스트에서 완성되었다고 볼 수 있다.

한편 그를 추방했던 조국 헝가리는 로버트 카파를 어떻게 기억하고 있을까? 언젠가 헝가리의 사진기자 동료에게 로버트 카파를 어떻게 생각하냐고 물은 적이 있다. 그리고 자랑스러운 표정을 지으며 튀어나온 그녀의 대답은 "우리들은 모두 카파의 손자들 Grandchildren이지."였다. 헝가리의 사진기자들에게 로버트 카파는 민족적인 자존심이자 자랑과 같은 존재처럼 보였다.

그녀의 이야기에 따르면 대부분의 헝가리 사진가들은 로버트 카파를 자랑스러워하며 그녀의 지인 중에는 주말이면 벼룩시장을 돌아다니며 카파의 사진이 게재되었던 오래된 신문과 잡지를 찾아 수집하는 사진기자도 있을 정도라고 한다.

앙드레 케르테츠, 모홀리 나기와 같은 사진사에 길이 남는 수많은 사진가들이 헝가리 출신이지만 많은 헝가리 사람들은 로버트 카파를 헝가리를 대표하는 사진가로 손꼽는 것을 주저하지 않는다. 아마도 그 이유는 신문과 잡지와 같은 매스 미디어를 통해 그의 사진을 선보였던 보도사진가로서의 대중성과 한 편의 영화와도 같았던 드라마틱한 삶이 한몫을 했으리라.

로버트 카파에 대한 헝가리 사람들의 존경과 사랑을 한눈에 느낄 수 있는 곳은 부다페스트의 로버트 카파 현대사진센터Robert Capa Contemporary Photography Center(이하 카파 센터)이다. 부다페스트의 국제공항에 내려 로비에 비치되어 있는 시내 지도를 펼쳐보면 지도에서 발견할 수 있는 것은 낯익은 카파의 사진과 함께 보이는 카파 센터의 소개이다.

　이름에서 알 수 있듯이 로버트 카파의 사진과 업적을 기념하는 이곳은 로버트 카파의 사진전과 함께 다양한 작가들의 사진들이 전시되고 있는 곳이다.

　한때는 그를 쫓아 보냈고, 수십 년이 지난 후에는 그를 추억하고 기념하고 있는 그의 조국 헝가리. 이러한 조국에 카파는 어떤 감정을 가졌을까? 훌륭한 사진가가 되기 위해서는 헝가리인이어야 한다고 자랑스럽게 이야기하기도 했던 그는 미국 국적을 취득한 이후에는 미국인이자 보헤미안으로서 미국과 프랑스를 오가며 살았다. 물론 여기에는 동서냉전으로 인해 소련의 위성국가로 전락한 공산주의 국가 헝가리를 오가는 것이 현실적으로 힘든 이유도 있었을 것이다. 그리고 고향을 그리워하는 것이 인간의 본능이듯 그 역시 때로는 자신이 자라난 고향 부다페스트를 사무치게 그리워한 날이 있었을지도 모른다. 그의 속마음은 알 길이 없으나, 분명한 것은 로버트 카파의 시작은 부다페스트였으며, 유대인이자 보헤미안인 그의 정체성이 헝가리에서부터 만들어졌다는 것이다. 그리고 여느 영웅담의 시작처럼 고향에서의 추방이 훗날 위대한 사진가가 탄생하는 시작점이 되었다는 것이다.

카파 센터에 진열되어 있는 로버트 카파 관련 서적들과 전시장 입구의 모습

2023년 여름부터 이곳에서는 로버트 카파 사진의 상설 전시가 열리고 있다.

부다페스트 시내 지도의 한켠에 커다랗게 소개되고 있는 카파 센터
헝가리가 로버트 카파를 얼마나 자랑스러워하는지 짐작할 수 있다.

©김경훈

보헤미안 소년

로버트 카파의 유대인 사진가 커넥션

에리히 잘로만, 앙드레 케르테츠, 알프레드 스티글리츠, 알프레드 아이젠슈테트, 마가렛 버크 화이트, 로버트 카파……

　1920년대 독일의 르포르타주 사진부터 포토저널리즘 전성기라 할 수 있는 1950~ 60년대의 미국 『라이프』지의 전설적인 사진가들을 열거해 보면 한가지 공통점이 발견된다. 그것은 바로 대부분이 유대인이라는 것이다. 바이마르 공화국 시절의 독일에서 르포르타주 사진이 성장하는 데 가장 큰 역할을 한 것은 유대인 사진가들이었으며, 나치의 박해를 피해 미국으로 이주한 이들은 헨리 루스가 창간한 『라이프』지의 핵심 멤버로 활동하며 포토저널리즘의 전성기를 이끌었다. 『라이프』지의 창간호는 사진기자들뿐만 아니라 편집자의 대부분 역시 유대인이었다. 이처럼 유대인이 사진의 역사에서 차지하는 비중은 재즈의 발전에서 흑인들이 차지하는 역할만큼이나 중요하다는 말이 있을 정도이다. 미국의 사진가이자 평론가 윌리엄 마이즈는William Meyers는 유대인들의 새로운 기술을 도입하고 활용하는 데 몰두하는 민족적 특성을 그 이유로 꼽고 있다. 19세기 말에 발명된 사진술과 20세기 비약적으로 발전하던 미디어 산업이라는 새로운 기술과 환경은 유대인들의 관심을 끌기에 충분했다. 또한 유대인들이 많은 영향력을 가지고 있는 영화 산업과 마찬가지로 새롭게 만들어진 사진 산업과 언론 산업은 당시 차별받던 유대인들에게도 자유롭게 개방되어 있었기 때문에 유대인들이 사진가라는 직업을 택하는 것을 용이하게 해주었다고 분석한다. 또한 형식적이거나 추상적인 예술 장르보다는 사회를 탐구하는 예술에 끌리는 유대인의 성향도 한몫했다고 분석한다. 특히 사진의 비언어적인 특성은 히틀러의 박해를 피해 미국으로 이주를 해야 했던 유대인 사진가들에게 완벽하지 않은 영어 구사력을 사진이 대신해 줄 수 있었기 때문인 것도 그 이유로 뽑았다.

　로버트 카파는 파리에서 만난 앙드레 케르테츠에게 많은 것을 배웠다. 앙드레 게르테츠는 카파에게 멘토와 같은 역할을 해주었으며 훗날 앙드레의 사진 스타일에 지대한 영향을 끼치게 된 사람이다. 케르테츠는 35mm 카메라를 이용한 사진가들 중 선구자적인 인물이었다. 그는 순간적으로 중요한 순간을 포착해 낼 수 있는 35mm 카메라의 장점을 제대로 간파하고 있었으며 이를 통해 새로운 사진의 표현 양식을 연 사람이었다. 그는 살아있는 날것 그대로의 순간을 사진이 기록하고 새로운 미학을 창조할 수 있음을 그의 사진을 통해 몸소 보여주었으며 카파뿐 아니라 앙리 카르티에 브레송, 브라사이 등의 멘토가 되었다.

사진을 하는 유대인이라는 동질감은 이국 생활에서 쉽게 친구를 만드는 것을 도와주었고, 함께 성장하도록 했다. 카파를 처음 사진의 길로 안내해 준 것 역시 같은 고향 출신의 유대인 친구였으며 훗날 카파의 가장 가까운 절친이자 〈매그넘〉을 함께 창립하게 되는 데이비드 시모어 역시 유대인이었다.

카파가 남긴 '재능이 있다는 것만으로는 충분하지 않아.', '또한 헝가리 사람이어야 해.'라는 말은 어쩌면 유대계 헝가리 사람이라는 말로 이해하는 것이 더 정확한지도 모른다. 그리고 21세기의 오늘날도 세계적인 명성의 사진가들 상당수는 아직도 유대인이 적지 않다.

© André Kertész

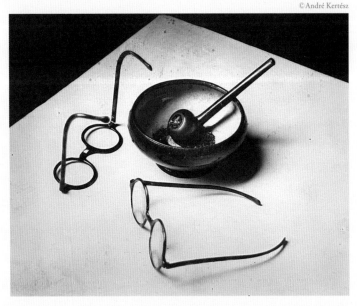

다큐멘터리, 정물, 누드 등 장르를 넘나들며 다양한 실험적 작품들을 남긴 케르테츠의 대표작 중의 하나로 1920년대 파리에서 교류하던 예술가 몬드리안의 담배 파이프와 안경을 소재로 찍은 사진이다.

02

ROBERT CAPA

유배의 땅, 기회의 땅
베를린

당신이 자신을 예술가라고 여긴다면 아무것도 보도할 수 없을 거야. 자신을 사진기자라고 여긴다면, 당신이 원하는 것은 무엇이든 할 수 있지.

— 로버트 카파

유배의 땅, 베를린

1931년 7월 앙드레는 기차를 타고서 부다페스트를 떠났다. 공산당 세포조직책과의 짧은 만남으로 인해 조국에서 추방당한, 아직 18살도 되지 않은 어린 청년 앙드레가 향했던 곳은 독일의 수도 베를린이었다. 그가 수많은 유럽의 도시 중에서 베를린을 자신의 목적지로 정한 것에는 몇 가지 이유가 있었다. 그중 하나는 부다페스트에서 어린 시절부터 알고 지내던 오랜 소꿉친구 에바가 당시 베를린에서 유학 중이었기 때문이다. 앙드레보나 세 살 위였

던 에바 베쉬아Eva Besnyö(1910~2003)는 카파의 어린 시절 풋사랑이
자 친구이며 그를 사진의 길로 인도해 준 인물이기도 했다. 당시
두 사람은 헝가리의 혼란한 정치 상황 속에서 10대 시절을 함께
보내면서 반파시스트주의와 좌파 사상에 공감하고 있었다. 하지
만 앙드레가 반파시스트 데모의 행동대가 되어 길거리의 투석전
에 참여하는 것을 자신의 투쟁방식으로 삼은 것과는 달리 부유한
은행가의 딸이었던 에바는 카메라를 들고서 노동자와 농민들의
삶을 다큐멘터리 사진으로 기록하는 길을 자신의 투쟁방식으로
삼았다. 다큐멘터리와 포토저널리즘 사진이 태동기를 넘어 전성
기로 향해 가던 당시의 여느 사진가들처럼 그녀 역시 사진은 진실
을 기록하여 보여줄 수 있으며 이러한 사진의 능력이 사회를 변화
시킬 수 있는 힘이 될 수 있다고 믿었다. 그래서 그녀는 당시 유럽
에서 사진 문화의 중심이 되고 있던 베를린으로 유학을 떠났던 것
이다. 훗날 네덜란드를 대표하는 다큐멘터리 사진가 중 한 명으로
명성을 남긴 에바는 카파가 베를린을 택한 것은 자신이 그곳에 있
었기 때문이라고 주변에 이야기하곤 하였다. 고국에서 강제로 떠
나야 했던 17살의 소년에게 유럽의 여러 나라 중 자신과 가까운
관계의 사람이 있는 곳을 선택하는 것은 자연스러운 결정이었을
것이다. 하지만 당시 베를린으로 모여든 많은 유럽의 보헤미안들
처럼 앙드레가 베를린행을 결정한 가장 큰 이유는 당시 독일이 한
때 가장 개방적인 국가 중 하나로 뽑히던 바이마르 공화국이었기
때문일 것이다. 1918년 독일군 수병들의 반란으로 11월 혁명이
일어나며 당시 독일 황제였던 빌헬름 2세는 네덜란드로 망명하였

고, 이듬해 독일의 정치가들은 독일 중부 도시인 바이마르에서 민주적인 헌법을 만들며 독일은 바이마르 공화국 시대에 접어들어 있었다. 바이마르 시대에는 정치적인 안정과 함께 1차 세계대전의 패전으로 피폐해졌던 독일의 경제와 국제관계가 개선되었고, 대도시에는 대중문화가 번성하며 '황금의 20년대'를 맞이하고 있었다. 바이마르 공화국의 황금기는 매우 짧았고 20년대 말부터 이미 쇠퇴를 시작하고 있었으나 헝가리와 베를린의 지리적 근접성과 당시 국제도시로서의 베를린의 입지를 생각해 보면 카파가 베를린을 택한 것은 어쩌면 당연한 선택이었을지도 모른다.

하지만 부다페스트를 떠나 베를린으로 향하는 여정은 그에게 쉬운 일은 아니었다.

1929년 세계 대공황의 여파와 혼란스러운 부다페스트의 사회적 혼돈은 자연스레 그의 부모의 의상실에도 경제적인 타격을 주었고 이러한 와중에도 그의 아버지의 도박벽은 고쳐지지 않고 있었기 때문이다. 하지만 영리했던 앙드레는 당시 헝가리의 유대인 공동체가 재능 있는 학생들을 선발하여 해외 유학을 지원해 주는 제도를 시행한다는 것을 알아내고 이를 신청하여 선발될 수 있었다. 하지만 이러한 지원만으로는 여비를 마련하는 것이 충분치 않았기 때문에 그는 유대인들의 네트워크를 이용하여 여기저기를 전전하며 숙식을 해결하고 프라하, 비엔나, 드레스덴을 거쳐 마침내 베를린에 올 수 있었다. 지금은 12시간 남짓이면 부다페스트에서 기차로 다다를 수 있는 베를린이지만 당시 카파가 베를린에 닿기까지는 두 달 가까운 시간이 걸렸다.

독일 바이마르 공화국의 초대 총리 필리프 샤이데만이 1918년 11월 9일 의사당의 발코니에서 공화국의 선포를 알리고 있다.

베를린에 도착한 앙드레는 독일 정치학 대학Deutsche Hochschule für Politik에 등록하여 정치학 공부를 시작하였다. 좌익 사회운동에 관심을 가지고 있었고 유대인에 대한 차별과 박해의 직접적인 피해자였던 그에게 정치학은, 어쩌면 그의 뜨거운 피를 분출할 수 있는 이론적인 토대를 배울 수 있는 적합한 선택이었을 것이다. 하지만 공부는 그의 뜻대로 되지 않았다. 부다페스트에서 거리의 데모대들과 어울리며 몸으로 정치와 사상을 배웠으며, 돌과 화염병을 던지며 이론을 실천해 오던 그에게 강의실에서의 이론 수업은 지루한 시간이었다. 또한 독일어가 유창하지 않았던 그에게 현학적인 언어의 정치학 수업을 들으며 강의실에 앉아 있는 것 역시 고역이었다. 또 다른 문제는 경제적인 빈곤이었다. 의상실 경영이 어려워진 그의 어머니는 독일의 앙드레에게 충분한 생활비와 학비를 송금해 줄 수가 없었다. 결국 베를린에서의 첫 겨울이 찾아왔을 때 앙드레는 하숙집 주인의 개밥 안에 들어 있던 고기를 훔쳐 먹을 정도로 궁핍하게 살았고, 결국 밀린 하숙비를 내지 못해 하숙집을 도망치듯 나와야 했다.

해가 바뀌어 1932년이 되었고, 생활고에 시달리던 앙드레는 보다 현실적으로 자신의 미래를 고민해야 했다. 그리고 좀처럼 늘지 않는 그의 독일어 구사 능력은 글을 쓰는 기자가 되겠다는 계획에 커다란 장애물이 되고 있었다. 훗날 그는 영어, 프랑스어, 독일어, 스페인어, 헝가리어 등 7개 국어를 구사한다고 주변에 이야기하곤 했지만 그의 외국어는 우리의 콩글리쉬같이 자신만의 독특한 억양과 문법으로 이야기하는 것이 특성이었다고 한다. 예를 들어 그가 구사하는 영어는 친구들에게 English가 아닌 Capanese라고 불릴 만큼 가끔씩은 이해할 수 없는 언어의 뒤섞임과 억센 헝가리식 액센트를 가지고 있었지만 대신 그는 쉬운 단어를 골라 문장을 만들고 여기에 자신만의 독특한 유머, 스토리텔링을 섞어 이야기했기 때문에 의사소통에는 전혀 문제가 없었다고 한다. 하지만 이런 언어 능력으로는 어린 외국 청년이 독일에서 글을 주 무기로 하는 기자가 된다는 것은 거의 불가능한 것처럼 보였다. 이처럼 가난이라는 당장의 고민과 직업이라는 미래의 걱정으로 불안해하던 그에게 흥미롭게 다가온 것은 당시 베를린 언론계의 새로운 직종으로 떠오르고 있는 사진에 관련된 직종이었다.

르포르타주 사진

당시의 베를린은 훗날 포토저널리즘Photojournalism의 초석이 되었던 르포르타주 사진Reportage Photography*의 중심지였다. 이전의 언론매체 사진들이 연출된 형태로 카메라 앞에서 포즈를 취하는 사진들이 대부분이었다면, 당시 독일의 사진가들은 움직임과 동작이 생생하게 살아 있는 장면을 포착하여 훗날 포토저널리즘으로

---

* 르포르타주는 프랑스어로 탐방을 의미하며 허구가 아닌 사실에 관한 보고라는 뜻이다. 현지에서 직접 취재한 기사와 기록문학을 의미하기도 한다. 당시 독일에서는 여러 장의 사진들을 기사와 함께 게재하는 그래픽잡지가 유행하면서 이러한 사진들이 르포르타주 사진이라고 불리었다.

발전되는 르포르타주 사진의 기틀을 만들어 가며 새로운 시도와 실험을 계속하고 있었다. 독일이 이러한 새로운 형태의 저널리즘의 본고장이 될 수 있었던 데에는 라이카 카메라로 대표되는 독일의 광학 기술과 당시 세계 최고 수준이었던 인쇄 기술의 발달이 그 바탕이 되었다.

당시 독일의 이러한 선도적인 기술 수준을 지금도 한눈에 볼 수 있는 곳은 베를린에 위치한 독일기술박물관Deutsches Technikmuseum이다. 베를린의 남쪽 지역인 크로이츠베르크Kreuzberg에 위치한 이곳은 인쇄술, 방송, 컴퓨터, 선박, 발효기술, 교통수단 등 독일이 보유하고 있는 여러 가지 세계적인 기술의 역사를 다양한 실물 자료와 함께 전시하고 있는 수천 평 규모의 방대한 전시관이다. 이곳에서는 사진술 발명의 단초가 되었던 석판화의 실물부터 시작하여 20세기 초 신문의 인쇄 방식 등 책에서 글과 문장으로만 보아왔던 기술들을 직접 눈으로 볼 수 있다.

이곳에서 무엇보다 인상적인 것은 로버트 카파라는 사진가가 탄생할 수 있는 기술적 배경이 되었던, 라이카로 대표되는 독일의 광학 기술에 대한 전시이다. 독일의 광학 기술은 중세 길드의 숙련된 기술이 전수와 진화를 거듭한 것이 그 시작이었고 지금도 전 세계 광학 기술계의 일인자로 자리매김하고 있다. 그리고 가장 대표적인 기업이 바로 라이카이다.

지금도 명품 카메라 브랜드로 그 위치를 확고히 하며 사진에 관심 있는 사람이라면 누구나 한 번쯤 손에 넣고 싶어 하는 라이카 카메라는 19세기 말 낭대 최고 수준의 현미경을 만들던 광학 회사

독일 기술 박물관 전시 모습

사진, 영화, 인쇄, 교통수단등 독일의 다양한 과학기술의 역사를 다루고 있는 독일 기술 박물관. 건물의 외부에 전시된 것은 1948~49년 당시 소련이 베를린으로 향하는 모든 육상 운송로를 차단했던 베를린 봉쇄 당시 연합군이 펼쳤던 대규모 항공 물자 수송 작전인 베를린 작전에 사용되었던 비행기이다. 이에 대한 감사를 표시하기 위해 전시된 이 비행기의 의미에서 볼 수 있듯이 이 박물관은 기술의 성과가 전쟁과 인간다운 삶이라는 인류의 양 극단의 양상에 미치는 영향을 보여주고 있다.

였던 옵티셰스 인스티투트Optisches Institut가 그 시작이다. 이곳의 연구원이었던 에른스트 라이츠Ernest Leitz는 훗날 이 회사를 인수하여 자신의 이름을 딴 에른스트 라이츠Ernest Leitz라는 회사를 만들었고 'Leica'라는 회사명은 라이츠사의 카메라라는 의미에서 Leitz와 Camera의 앞 글자를 따서 탄생한 이름이다. 1910년대 이 회사의 기술 개발 책임자였던 기계공학자 오스카 바르낙Oskar Barnack은 당시 급속한 성장을 하고 있던 영화 산업에서 사용하는 영화 촬영용 필름 카메라의 기술 개발 책임자로 일하고 있었다. 당시 사진 분야에서는 박스처럼 생긴 무거운 대형 카메라에 한 장 한 장 필름을 넣어가며 촬영하는 것이 일반적이었다. 하지만 일 초에 수십 장의 사진을 촬영하고 이를 영사하여 움직이는 화면을 보여주는 영화에서는 35mm 롤필름을 사용하고 있었다. 풍경 사진 촬영하길 좋아했던 오스카는 35mm 영화용 롤필름을 사용할 수 있는 작은 카메라의 개발에 관심을 가지게 되었다. 여기에는 평소 지병인 천식으로 인해 병약했던 그가 크고 무거운 대형 카메라를 가지고 취미인 풍경 사진을 촬영하는 것이 쉽지 않았던 것도 큰 이유가 되었다. 그의 주도하에 1914년 우르 라이카Ur-Leica라는 최초의 소형 카메라가 개발되었고 1925년 첫 양산 모델이 시장에 선보이게 되었다. 우리에게도 잘 알려진 코닥이 세계 최초로 35mm 필름을 이용한 카메라를 먼저 개발하였지만, 이 카메라는 여전히 컸으며 전문가들보다는 아마추어 사진 애호가들에 걸맞은 저가용 보급형 카메라였다. 그러나 가볍고 간편하게 휴대할 수 있으며 눈높이에서 뷰파인디로 피사체를 보고서 촬영할 수 있는 라이카의 소형 카메라에는 독일의 광학 기술로 만든 렌즈가 장착되었다. 그리고 여기에 휴대와 장전이 쉬운 롤필름을 장전하여 촬영을 하게 되면서 사진기자들은 더 이상 촬영할 때마다 한 장 한 장씩 필름을 교환할 필요가 없어졌다. 매우 작아 휴대하기 좋았던 카메라 바디 덕에 사진가들은 라이카 카메라를 어디에나 가지고 갈 수 있었으며 쉽게 앵글과 프레임을 바꾸는 것이 가능했다. 커다란 박스처럼 생겼던 기존의 카메라들은 삼각대 위에 올려놓거나 두 손으로 카메라가 흔들리지 않게 단단히 움켜쥐어야 했기 때문에 대부분 허리 높이에서 찍어야 했지만 가볍고 한 손으로도 휴대할 수 있었던 라이카 카메라는 다양한 각도와 눈높이로 프레임에 변화를 줄 수 있는 획기적인 장점이 있었다. 그리고 오늘날도 세계 최고 수준으로 인정받고 있는 라이카의 렌즈는 사용이 복잡하고 무거운 인공조명 없이도 자연광만으로 자연스러운 사진을 포착하는 것도 가능하게 만들었다. 피사체의 움직임을 기록하는 셔터는 1000분의 1초까지 찍을 수 있어 보다 생동감 있게 움직임을 기록할 수 있었다. 따라서 사진기자들은 더욱 쉽고 간편하게 역동적이면서 사실적인 날것 그대로의 '생生'의 순간을 사진으로 기록할 수 있게 되었고 그들의 표현 양식은 대형 카메라를 사용하던 그 이전의 보도사진들과 사뭇 달랐다. 그리고 당시 급성장하던 독일의 언론계는 이러한 기술 발전에 따른 표현 양식을 재빠르게 흡수하여 변화를 꾀하였는데, 그것은 바로 글이 아닌 사진이 주인공이 되는 잡지의 창간이었다.

1920년대 중반까지 대부분의 미국과 유럽의 언론들은 사진을

박물관에 전시된 오스카 바르낙의 모습과 초창기 라이카의 광고

카메라를 손에 쥐고 있는 여성의 모습을 이용한 광고에서 짐작할 수 있듯 손바닥만 한 작은
사이즈의 카메라의 등장은 사진가들에게 기동성이라는 새로운 무기를 선물해 주었다.

ⓒ김경훈

1920년대 전후 미국의 사진기자들의 모습

지면에 직접 사용하지 않고 사진을 기초로 한 일러스트레이션을 판화로 제작하여 게재해 왔었다. 왜냐하면 당시의 인쇄 기술의 해상력으로는 사진을 지면에 게재하는 것이 쉽지 않기 때문이다. 하지만 1920년대 중반의 독일에서는 다른 유럽의 여느 국가보다도 인쇄 기술이 발달하면서 제법 볼만한 화질의 사진을 종이에 인쇄하는 것까지 가능해지고 있었다. 그리고 바이마르 공화국이 점점 쇠퇴해 가면서 벌어지는 정치적인 혼란기에 독일 국민들은 더욱더 뉴스에 관심을 가지게 되었고 이는 자연스럽게 언론 산업의 발전으로 이어졌다. 사회 문제에 관심이 높아진 독자들은 더 이상 글로만 구성되어 있는 뉴스에는 갈증을 느끼기 시작했다. 그들은 글로 전달되는 이야기 주인공들의 얼굴과 그 뉴스의 현장을 생생한 이미지로 보고 싶어했다. 이와 같은 독자들의 욕구가 드높아지며 새로운 수요가 창출되는 가운데 카메라, 필름, 인쇄술의 기술 향상이라는 삼박자가 합쳐져 신문의 지면에 게재되는 사진들의 양이 점점 늘어나게 되었다. 그리고 그 질과 내용도 더욱더 향상되었으며 이제 언론 매체 속의 사진은 지면 속 글의 보조 매체가 아니라 독립된 매체이자 스스로 이야기를 전달하는 내러티브로서 그 역할을 할 수 있게 되었다. 뉴스에서 정보를 전달하는 도구로서 지면 속의 사진은 글text과 동등한 역할을 할 수 있게 되었으며, 잡지사는 생생하고 좋은 사진을 독자들에게 전달하기 위해 능력 있는 사진가들을 고용하기 시작하였고 신문사의 편집국에는 그들의 사진을 편집할 수 있는 포토 에디터가 필요하게 되었다. 미디어 산업의 발전이 그 이전에는 존재하지 않던 직종인 사진기자와 포토 에디터(사진 편집자)라는 새로운 직종을 탄생시켰다.

포토 에디터들에 의해 좋은 사진이 선정되고 여러 장의 사진들이 가장 효과적인 내러티브를 보일 수 있는 레이아웃 작업을 거쳐 언론 지상에 게재되었다. 그리고 각각의 사진에는 사진을 설명하는 사진기사(캡션)가 달렸고, 사진과 캡션이 결합된 형태는 훗날 미국의 역사가이자 저널리즘 학자인 프랑크 루터 모트Frank Luther Mott에 의해 사진과 저널리즘이 접목되었다는 의미의 포토저널리즘으로 불리게 된다. 훗날 『라이프Life』 잡지의 창간으로 그 꽃을 피우게 되는 포토저널리즘의 시작은 이처럼 독일이었다. 1938년 독일의 철학자 하이데거는 "근대의 가장 중요한 사건은 사진을 통해서 세계를 볼 수 있게 된 것이다(The fundamental event of the modern age is the conquest of the world as picture)."라고 하였다. 이것은 그가 1930년대 독일에서 본격적으로 발이되고 꽃을 피우고 있던 포토저널리즘과 이를 수용한 언론 매체의 급속한 발전을 직접 목도하였기에 가능한 것이었다.

망명자 청년 앙드레도 이런 시대의 변화에 혜택을 받은 행운아였다. 이렇게 급변했던 시대를 한자리에서 체감 할 수 있는 것이 바로 독일 기술 박물관이었다. 특히나 인쇄기술과 광학기술에 대한 전시 코너는 그동안 책에서 글로만 배워왔던 많은 것들의 실물을 볼 수 있었다. 카메라의 모태가 되었으며 르네상스 시대의 화가들이 사실적인 밑그림을 그리는 비밀스러운 도구였던 카메라 옵스큐라를 직접 시연해 볼 수 있으며, 시대와 기술의 발전에 따른 다양한 카메라와 관련 기술들이 짜임새 있게 전시되어 있는 것

독일 기술 박물관에는 카메라 옵스큐라부터 오늘날의 디지털 카메라까지 다양한 자료들이
실물로 전시되어 있다.

이 특징인 곳이다. 특히 뉴스 사진Press Photography에 대한 별도 섹션이 마련되어 있어 기술의 진보가 사진가들과 대중의 세상을 보는 방식에 어떠한 영향을 끼쳤는지 한눈에 볼 수 있어 매우 유익한 공간이다.

특히 카파가 애용하였던 독일의 카메라 브랜드인 라이카와 콘탁스의 시대별 다양한 모델들이 전시되어 있어 시선을 끄는 곳이다.

다크룸 보이Darkroom boy

이러한 시대의 변화 속에서 앙드레는 사진에 막연한 관심을 갖게 되었다. 그러니 당시 고가였던 카메라를 사는 것도, 사진을 촬영하기 위한 필름과 인화지를 구입하는 것도 그에게는 언감생심이었다. 이러한 앙드레에게 에바는 〈데포트Dephot〉라는 유명한 사진 에이전시의 일자리를 소개해주었다.

1924년 설립된 〈데포트〉는 Photo and Press Agency로서 당시 급격히 성장하고 있던 신문과 잡지에 보도사진을 제공하는 통신사였다. 당시 독일 사진계의 거장 중 한 명인 시몬 구트먼Simon Guttmann과 알프레드 막스Alfred Mark가 설립한 이 회사는 히틀러에 의해 1933년 회사가 강제로 문을 닫을 때까지 독일뿐 아니라 유럽의 보도사진의 발전과 번성에 큰 기여를 했고 수많은 사진가들이 이곳을 거쳐 갔다.

〈데포트〉에서 앙드레가 처음 시작한 일은 카메라를 손에 쥐고 사진을 촬영하는 일이 아니고 암실 조수가 되어 허드렛일을 하는 것이었다. 그는 암실 조수가 되어 필름의 현상과 인화를 위한 현상액과 정착액을 준비하고 인화된 사진을 말리는 잡일을 하며 어깨 너머로 사진을 배울 수 있었다.

다크룸 보이Darkroom boy라고 불리던 이 직종은 포토저널리즘에 대한 교육 기관이 제대로 자리잡지 못했던 그 시절 사진기자가 되기 위한 첫걸음이었다. 훗날 유명한 보도사진가로 이름을 날리게 되는 보도사진들 중에는 이러한 다크룸 보이로 보도사진계와 인연을 맺은 이들이 적지 않다. 훗날 로버트 카파가 취재한 노르망디 상륙작전의 필름을 현상하다 큰 사고를 친 두 명의 다크룸 보이 중 한 명인 래리 버로우즈Larry Burrows는 훗날 베트남 전쟁 보도사진가로 세계적인 명성을 얻기도 하였다. 이처럼 대학에서 정식으로 포토저널리즘에 대해 가르치는 학과가 활성화되기 전까지 다크룸 보이는 사진을 배우고 사진기자가 되기 위한 디딤돌이 되어 왔다. 외국뿐 아니라 우리나라에서도 암실맨(암실+man을 조합한 일본식 영어)이라고 불리던 이 직종은 필자가 사진기자 일을 시작한 90년대 말만 해도 아직 현장에 그 흔적이 남아있었고 몇 년 전에는 마지막 암실맨 출신의 사진기자가 은퇴를 하며 암실맨 출신 사진기자의 마지막을 고하기도 하였다. 다크룸 보이들은 고참 사진기자 선배들이 촬영해온 사진들을 현상하고 인화하는 것을 도와주며 암실 테크닉을 배웠다. 어두운 암실에서 선배 사진기자들로부터 현상과 인화 방법을 배우고 그들의 일을 도와주며 제법

MUSSOLINI

팰릭스만의 대표작중의 하나인 무솔리니의 하루

독일 잡지사의 의뢰로 1931년에 취재한 이 사진들은 하루동안 무솔리니에 밀착하여 그의 일상을 기록한 사진들이다. 특히 베네치아 궁전의 집무실의 무솔리니의 모습을 일부러 멀리서 찍어 그를 의도적으로 작게 보이게 만들어 사진을 통해 사진가의 의도를 표현한 이 사진은 포토저널리즘이 단순한 사실적인 기록을 넘어 사진을 통해 메시지를 전달할 수 있으며, 여러장의 사진을 함께 구성하여 이야기의 전달력을 높일 수 능력이 있다는 것을 보여주는 포토저널리즘의 초기 명작중의 하나로 꼽힌다. 로버트 카파는 이러한 포토저널리즘의 초창기의 저명한 사진가들과 함께 일하고 배우며 훗날 세계적인 사진가로 성장할 수 있었던 것이다.

'똑똑하다'고 인정받으면, 카메라 촬영 기술과 취재 요령까지 사진기자의 일을 하나하나 배워나가는 일종의 도제 시스템이 진행되었다. 특히 암실에서 경험 많은 선배들의 사진을 현상 인화하며 다양한 사진을 많이 볼 수 있었기에 좋은 사진에 대한 안목을 기를 수 있었고, 이러한 좋은 사진을 볼 수 있는 눈은 자신들의 사진이 저절로 향상되는 방향으로 이어지게 되었다. 앙드레는 제법 사진기자가 되기 위한 좋은 출발을 할 수 있었던 것이다.

한편 앙드레는 〈데포트〉에서 언론사 특유의 역동적이고 빠른 속도감 있는 일에 매료되었다. 비록 학교에서는 독일어도 어눌한 열등생이었지만 실생활에서의 영민함을 본능적으로 타고 난 눈치 빠른 소년 앙드레는 제법 일을 잘했던지 암실 조수 일을 벗어나 사진기자들의 취재업무를 분배하고 관리하는 편집자의 업무를 보조하는 일까지 하게 되었다. 뉴스의 경중에 따라 사진기자들에게 적절한 취재업무를 분배해주는 편집자Assignment editor의 일을 보조하는 일을 하면서 앙드레는 자연스럽게 취재해야 할 뉴스의 경중을 가늠하는 안목을 배울 수 있었을 것이다.

그리고 그해 여름이 되어 앙드레는 다니던 대학을 완전히 그만두고 보다 적극적으로 〈데포트〉의 일을 시작하게 된다. 드디어 자신이 원하는 일을 발견하게 되자, 자신의 꿈을 위해 전격적으로 뛰어들게 된 것이다.

사진기자 앙드레

본격적으로 〈데포트〉에 합류한 그에게 주어진 일은 당시 〈데포트〉의 가장 잘나가는 사진기자였던 펠릭스 만이 베를린의 일상을 기록하는 취재를 돕는 촬영 보조의 일이었다. 당시 그의 가장 중요한 업무는 펠릭스 만이 필름을 다 쓰면 재빨리 그의 카메라에 새로운 필름을 채우는 일이었다. 그리고 이 일을 하면서 카파는 당시 〈데포트〉의 사진가들이 애용하던 라이카 카메라를 접하게 되었다. 라이카에 매료된 카파는 가끔 사무실에서 라이카를 빌려와 라이카 카메라의 신기술과 장점들을 최대한 활용하는 방법을 익혔다. 카메라도 필름도 값비싸던 그 시절 앙드레는 아마도 필름이 들어 있지 않은 카메라의 공셔터를 누르며 사진 찍는 연습을 했을 것이다. 디지털 카메라와 스마트폰 속의 카메라에 익숙한 오늘의 독자들에게는 낯선 모습이겠지만 과거 필름을 사용하던 시절에는 사진 한 장을 찍는 비용은 만만치 않았다. 불과 수십 년 전까지만 해도 카메라는 고가품으로 가족의 재산 목록에 들어갔으며, 오늘날처럼 무한대에 가깝게 재사용할 수 있는 메모리 카드에 사진을 저장하는 것이 아니라 사진 한 장을 찍기 위해서는 필름값, 현상 비용, 인화 비용 등이 들었기 때문이다.

라이카와 마찬가지로 독일의 대표적인 카메라 브랜드이자 훗날 로버트 카파가 애용하게 된 콘탁스 카메라의 1936년의 광고를 보면 렌즈를 포함한 카메라 1대의 가격이 371달러이다. 당시 인기 있던 중형차 뷰익이 700달러임을 감안하면 매우 고가였음을 짐작할 수 있다. 또한 미국과 유럽의 일반 노동자들의 월급이 100~120달러 정도였음을 감안하면 이러한 고가의 카메라를 가지고 일을 해야 하는 사진가라는 직업은 앙드레와 같은 가난뱅이 망명자가 꿈꾸기에는 쉽지 않은 직업임에는 틀림없다.

이러한 경제적 어려움 속에서도 로버트 카파가 사진기자에 대한 꿈을 포기하지 않은 이유는 당시 베를린의 사회 정황도 큰 몫을 했다. 1932년 독일의 정치지형도는 그야말로 혼란의 한가운데 있었다. 1차 세계대전의 패전 이후 설립된 바이마르 공화국은 당시로서는 가장 현대적이고 이상적이며 자유와 인권을 보장하는 '바이마르헌법'을 내세웠다. 언론과 집회의 자유, 정당 결성의 자유, 검열로부터의 자유, 사찰의 금지 등을 내세운 바이마르 공화국 헌법은 민주주의를 위한 여러 가지 조항이 포함된 선진적인 법률이었으나 이러한 '자유의 보장'은 민주주의를 파괴하고자 하는 세력에게 악용되고 있었다. 바로 히틀러의 나치당은 이러한 바이마르 공화국의 헌법에 따라 보호를 받고 있었으며 이러한 법의 보호 속에서 그 세력을 늘리는 아이러니의 본보기가 되고 있었던 것이다. 특히 1차 세계대전 패전 후 베르사이유 체제하에서 막대한 배상금을 청구받고 영토마저 빼앗긴 독일 역시 세계적인 대공황을 빗겨 나가지는 못했다. 극심한 인플레와 정치적 혼란을 틈타 세력을 불린 히틀러의 나치당은 민족주의 우파로 자신들을 포장하였고 1932년 의회의 다수당이 되는 데 성공하였다. 그리고 역설적으로 이것은 법이란 테두리 안에서 나치의 활동을 보장해 주었던 바이마르 공화국의 몰락을 불러일으켰다. 한편 이러한 정치 지

1927년 대중 연설에 앞서 제스처와 포즈를 연습중인 히틀러 (상)
1928년 나치당의 집회에 참석한 히틀러와 나치 당원들 (하)
두 사진 모두 히틀러의 최측근이였던 전속 사진사 하이리히 호프만Heinrich Hoffmann에 의
해 촬영되었다. 대중연설과 사진은 히틀러와 나치의 대표적인 프로파간다의 무기였으며 바
이마르 공화국의 혼란기에 히틀러가 합법적으로 정권을 차지하는데 커다란 역할을 하였다.

형의 변화에 대한 반동으로 독일의 공산주의 세력은 보다 급진적인 방향으로 흐르게 되었고 베를린은 점점 앙드레의 조국 헝가리처럼 좌익과 우익이 싸움을 벌이는 두 정치 세력 간의 전쟁터가되었다. 그리고 이것은 보다 많은 사람들이 사진으로서 그 혼란을기록하고자 하는 이유가 되기도 하였고 앙드레 역시 그중의 한 명이었다.

아주 추운 겨울날 저녁이면 다음날 행진이 예정되어 있는 나치당 당원들이 빙판에 미끄러지기를 빌며 친구와 함께 길바닥에 몰래 물을 뿌리던 앙드레에게 사진은 보다 효율적인 투쟁의 수단처럼 보였을 것이다. 그리고 그 역시 카메라를 들고 거리에 나가 거리에서 벌어지던 독일의 정치적 소용돌이를 사진으로 남겼다. 카메라로 기록해야 할 이야기가 넘치고 있는 거리. 그 거리에 살고있던 뜨거운 마음의 청년이 카메라를 손에서 놓지 않으려는 것은어쩌면 당연한 일이었다.

그리고 1932년, 이처럼 열정에 차 있으며 사진기자가 되기 위한 꿈에 부풀어 있던 앙드레를 눈여겨보았던 〈데포트〉의 편집자구트만은 그에게 처음으로 중요한 임무를 맡겼다. 그것은 러시아혁명의 풍운아 레온 트로츠키의 정치 연설을 촬영하는 일이었다.

러시아 10월 혁명의 주인공으로 소련의 건설에 큰 공을 세웠던트로츠키는 레닌의 후계자로 거론될 정도의 거물 정치인이었으나 스탈린과의 권력 투쟁에서 패한 뒤 자신이 건국한 나라에서 추방당하여 망명지를 떠돌고 있었다. 그리고 트로츠키는 덴마크의수노 코펜하겐의 대중 집회에서 연설할 예정이었고 그의 연설을 촬영하는 것이 앙드레의 첫 번째 취재였다. 코펜하겐의 대형 경기장에서 열린 정치 집회에서 라이카로 촬영한 그의 사진 속에서 트로츠키는 두 손으로 격정적인 손짓을 하며 연설하고 있다. 그리고 이 사진은 독일의 진보 성향의 유명 잡지 『슈피겔』지에 앙드레의 바이라인을 달고 그대로 실리게 되었다. 앙드레는 거물 정치인을 취재하며 사진기자로서 신고식을 하게 된 것이다.

사진기자로 처음으로 그 이름을 활자에 남기게 된 앙드레의 트로츠키의 사진은 전쟁사진가로 명성을 얻기 전 그의 초기작으로 잘 알려진 사진이기도 하다. 이 사진에서도 볼 수 있듯 그의 사진에서는 피사체가 되는 인물의 격정에 찬 제스처를 날 것 자체의 싱싱함 그대로 포착해 낸 특유의 스타일을 맛볼 수 있다. 스타일리시한 프레이밍보다는 직관으로, 한 인물이 그 순간 뿜어내는 아우라를 포착해 내는 로버트 카파의 사진이 최초로 지면잉에서 빛을 보게 된 것이다.

난민이었던 가난뱅이 청년 앙드레를 공식적인 사진기자로 데뷔시킨 이 사진은 모든 사진기자에게 그렇듯 그에게 특별한 의미를 가졌을 것이다. 사진기자에게 첫 바이라인의 사진은 어쩌면 첫사랑의 연인에 대한 기억만큼 중요하기 때문이다.

이 사진에 대한 후일담으로 후에 앙드레는 매우 재미있는 회고를 남겼다.

"신문들은 트로츠키가 코펜하겐에서 연설할 것이라고 보도했지. 이 뉴스에 나의 보스들은 매우 흥분했으나 그들이 주위를 둘러보았을 때, 쓸 만한 사진기자들은 다른 뉴스를 취재하기 위해

러시아 혁명의 역사에 대해 강연하고 있는 레온 트로츠키

1932년 11월 27일 덴마크에서 촬영된 이 사진은 독일『슈피겔』지에 게재되며 앙드레의 사진 기자로서의 데뷔작이 되었다.

© Robert Capa

유배의 땅, 기회의 땅 베를린

모두 밖에 나가 있었고 나만 남아 있었던 거야. 그들이 나에게 던진 한마디는 'Go(가라)'였어.

내 여정은 처음부터 코미디였다구. (난민이었던) 나는 기한이 지난 여권만 가지고 있었고 비자도 없었지만 회사는 나에게 일등석 티켓을 사주었고 나는 고관대작처럼 멋진 여행을 할 수 있었지. 국경을 넘을 무렵 차장이 여권과 비자를 검사하러 왔을 때 나는 여권과 비자 대신 식당의 메뉴판에서 빼 온 메뉴를 여러 가지 서류들을 함께 내민 뒤 속사포처럼 아무 말이건 지껄여 역무원의 정신을 빼놓아서 위기를 모면했어.

현장에 도착해 보니 전 세계에서 온 많은 사진기자들이 커다란 박스형 카메라를 들고 트로츠키의 연설을 찍기 위해 기다리고 있더군. 하지만 사진에 찍히는 것을 원하지 않던 트로츠키로 인해 아무도 연단에 다가가 좋은 사진을 찍지 못하고 있었지. 나는 작은 라이카 카메라를 주머니에 숨기고 현장의 일꾼들이 연단을 향해 다가갈 때 그들의 무리에 슬쩍 껴서 연단에 접근한 뒤 사진을 찍을 수 있었단 말이지."

제법 그럴듯해 보이는 이러한 그의 무용담에는 조금은 허풍이 섞였을 것으로 보인다. 좌우의 이념 대립이 심화되고 있던 당시의 유럽에서 볼셰비키 혁명의 주역이었지만 결국은 추방된 비운의 이념가 트로츠키의 스톡홀롬 연설은 갑자기 알려진 뉴스가 아니라 이미 오래전부터 예정되어 있던 정치적 이벤트였다. 훗날 『10월 혁명을 옹호하며』라는 책으로 출간되기도 했던 그 날의 연설 내용은 러시아 혁명 후 스탈린과의 권력 다툼에서는 밀려났지만 여전히 자신의 정치 노선을 고수하고 있는 트로츠키의 견해가 그대로 드러난 매우 기념비적인 연설이었다. 따라서 뉴스의 흐름을 민첩히 읽고 언론사들이 필요로 하는 사진을 취재하여 제공해야 하는 통신사인 〈데포트〉가 이러한 뉴스도 모른 채 자신들의 사진기자들을 모조리 다른 곳에 취재 보냈을 가능성은 거의 없었을 것이다. 오히려 특유의 영리함과 사진에 대한 열망으로 에디터들의 눈에 들어왔던 카파에게 주어진 계획된 기회였을 것이다. 또한 당시 카파는 트로츠키가 연설한 회장의 출입권을 가지고 있었으므로 굳이 인부들 속에 숨어 들어갈 필요가 없었다. 물론 수많은 역사의 현장을 기록하게 되는 사진기자들에게 과거에 대한 약간의 과장 섞인 회고담은 흔한 일이다. 한 장의 좋은 사진을 찍기 위해 기다리는 기나긴 시간, 혹은 하루의 일이 끝난 뒤 함께 하는 식사나 회식 시간이 되면 '사진기자들의 수다'는 시작되곤 한다. 백악관의 경호원들을 다룬 영화 〈사선에서 *In the Line of Fire*〉에서 베테랑 경호원을 연기했던 클린트 이스트우드가 동료 경호원 역의 르네 루소와 사랑을 나누면서 경호원 일로 생긴 자신들 몸속 흉터를 서로 하나하나 자랑하듯 보여주면서 옷을 하나하나 벗듯 사진기자들 역시 곧잘 자신들의 경험담 '배틀'을 하곤 한다. 특히 고참들의 10년, 20년 전의 이야기로 넘어가게 되면 마치 자신들의 공력을 다투듯 서로 자신들이 그동안 취재했던 중요한 취재의 경험담을 이야기하게 되고 기억은 시간과 함께 스스로 각색과 과장과 윤색이 되기 마련이다. 약간의 과장이 섞이면 어떠랴. 신문에 보도하는 것이 아닌 친한 동료들과 소비하는 '잡담'일 뿐인데! 항상 진실을 전달해야 하는 기자로서의 '가드'를 풀어 놓는 순간 이미 수많은 시간이 지나버린 그날의 일들은 어느덧 스스로 윤색이 되거나 과장되어 버리는 것이다. 이것에 덧붙여 허풍에 가까운 이야기를 들려주기 좋아하던 아버지의 DNA 역시 물려받은 앙드레에게 이러한 허풍과 과장의 '스토리텔링'쯤이야!

물론 앙드레의 트로츠키 사진이 그의 초기 대표작으로 뽑히는 이유는 그의 화려한 무용담 때문은 아니다. 보다 중요한 것은 그가 무거운 박스형 카메라를 가지고 사진을 찍던 여느 사진기자들과는 달리 휴대가 간편하고 기동성 있는 라이카 카메라의 이점을 이용하여 연단의 바로 앞까지 접근해 생동감 있는 트로츠키의 이미지를 포착해 낸 데 있다. 처음으로 중요한 취재를 맡게 되는 사진기자 초년생에게는 언제나 두 가지 선택이 주어진다. 하나는 선배들이 채온 방식대로 똑같이 하여 속칭 '면피'용 사진을 찍는 것. 흔히 말하는 '안전빵' 사진을 찍어 리스크를 최소화하고 그동안 신문 잡지 등의 지면에 자주 게재되어 왔던 사진을 찍는 것이다. 이런 방법을 택하면 최소한 그날의 마감용 사진 한 장은 확실히 건질 수 있다. 칭찬받을 가능성은 없지만 마감에 실패하여 욕먹을 가능성도 낮다.

또 하나의 선택은 타성에 젖지 않은 새로운 시각으로 대상에 접근하는 것. 계획대로 잘 될 경우에는 지금까지 보아왔던 사진과는 다른 색다른 사진을 찍어 단박에 주목을 받을 수 있다. 하지만 제대로 일이 풀리지 않을 경우 지면에 쓸 사진을 한 장도 건질 수 없다. 게다가 당시의 앙드레처럼 프리랜서 사진기자에게는 그야말로 하이 리스크 하이 리턴인 것이다. 하지만 태생적으로 승부사 기질이 있었음을 시사하듯 로버트 카파는 그의 첫 취재부터 리스크를 택했으며, 35mm 카메라의 장점을 최대한 이용하여 이처럼 생동감 있는 사진을 촬영할 수 있었던 것이다. 그리고 카파의 이러한 무용담에 색깔을 더해주듯 코펜하겐에서의 연설은 트로츠키의 마지막 대중 연설이 되었고 1940년 그는 멕시코에서 스탈린의 자객에게 암살되었다. 그리고 마침 멕시코에서 선거를 취재하고 있던 카파는 객지에서 불구의 객이 된 트로츠키의 비보를 듣고 장례식을 취재하며 사진으로 맺은 그와의 인연을 끝내게 되었다. 그런데 카파의 드라마는 여기서 끝이 아니었다. 당시 선거의 취재를 위해 카파가 머물렀던 멕시코의 숙소는 호텔 몬테조hotel Montejo였다. 이곳에 몇 달간 머물던 카파는 꽤 이상한 손님과 조우하고는 했다. 여러 번 로비에서 마주쳐도 가벼운 눈인사조차 한 번도 하지 않아, 타고난 친화력 소유자인 카파조차 말 한마디 나누지 못한 기분 나쁜 사내가 있었다. 이 남자의 이름은 라몬 메르카데르, 바로 스탈린이 트로츠키를 암살하기 위해 보낸 자객이었다. 메르카데르는 꽤 많은 시간과 공을 들여 트로츠키의 여비서에게 먼저 접근한 뒤 트로츠키의 사무실에서 면담 기회를 잡을 수가 있었고, 트로츠키와의 만남의 자리에서 등산용 피켈을 이용하여 트로츠키를 암살하였다. 이쯤 되면 카파의 세계는 우연과 드라마가 점철된 인생이었음이 분명하다.

사진 한 장이 인생을 바꿀 수는 없지만

한편 이처럼 성공적인 데뷔를 했지만 트로츠키의 사진은 작은 성공이었을 뿐 궁핍하고 고된 기자 초년생 앙드레의 인생에는 아직 별이 들지 않았다.

많은 사람들은 말한다. 사진 한 장이 세상을 바꾸어 놓을 수 있다고. 하지만 사진 한 장이 그 사진을 촬영한 사진기자의 삶을 바꾸어 놓은 것은 아니었다.

하지만 그 시절 그가 베를린에서 사진기자를 시작했다는 것은 그에게는 어찌 보면 또 다른 행운이었다. 그것은 바로 라이카라는 카메라와 조우하고 휴대하기 간편한 이 작은 카메라가 주는 사진의 새로운 문법을 익힐 수 있었다는 것에 있다. 사진이 발명되고 수십 년 동안 카메라는 여전히 무겁고 거추장스러우며 현상과 인화를 위해 많은 준비를 해야 하는 복잡한 도구였다. 한때 코닥 제국을 이루었던 코닥의 창업자 이스트먼이 1900년대 초 브라우니 카메라라는 여성과 아이들도 손에 들고 사용할 수 있는 카메라를 만들면서 비로소 카메라는 누구나 휴대할 수 있는 도구가 되었다. 그리고 1920년대와 1930년대를 거치면서 독일의 라이카와 콘탁스에 의해서 가볍고 사용하기 편하면서도 훌륭한 품질의 사진을 만들 수 있는 오늘날의 카메라의 전형이 만들어졌다. 그리고 이러한 카메라들은 셔터를 누른 뒤 와인딩을 한 번 하면 1초도 안 되는 순간에 다음 사진을 찍을 수 있었다. 가벼운 카메라를 들고서 앵글과 프레임도 얼마든지 쉽게 바꿀 수 있었기에 당시 거리에서 일어나는 역동적이고 때로는 폭력적이기도 했던 정치적 집회를 사진으로 남기는데 적합한 카메라였다. 그는 기존의 무거운 중대형 카메라를 사용하던 타성에 젖어 있지 않았기에 기성 사진가들보다 훨씬 더 빠르게 그리고 새로운 방식으로 자신만의 사진 스타일을 만들어 나갈 수 있었을지도 모른다.

사진기를 손에 쥔 카파에게 사진이 준 또 다른 장점은 전 세계 누구와도 사진으로 소통할 수 있는 Univresial Language라는 사진만의 특징이었다. 현지어가 능통하지 않았던 카파와 같은 이민자에게 사진은 그 나라 언어를 잘 몰라도 할 수 있는 직업이기도 했다.

하지만 야구 경기에서 신인 선수가 데뷔 경기의 첫 타석에서 만루 홈런을 친 뒤 한 시즌 내내 후속타가 없다면 그 선수의 이름은 대중에게 각인되지 못하는 것처럼 사진기자 역시 한 장의 사진으로는 그 누구에게도 기억되지 않는다. 그리고 그때나 지금이나, 사진 한 장의 가격은 한 사람의 인생을 단박에 바꾸어 놓을 수 있을 만큼 비싸지는 않다. 그리고 카파의 궁핍한 생활은 여전히 이어지고 있었고, 아직 정식 사진기자로 인정받지도 못하고 있었다.

생활고 때문이었을까, 이 무렵 앙드레는 배우로도 데뷔하게 되었다. 실사 영화가 아닌 당시 새로운 매체로 인기를 끌던 포토 노블Photo Novel이었으니 배우라는 표현보다는 사진 모델이라는 표현이 맞을 수도 있다. 당시의 포토 노블은 오늘날의 웹툰과 비슷한 장르였다. 인쇄술과 사진술의 발달이 만들어낸 신 장르였던 포토 노블은 사진과 함께 구성된 소설이었다. 글의 흐름에 따라 연기하는 배우들의 사진과 함께 글을 게재하거나 심지어는 사진 속에 말

풍선을 그려 넣기도 하였다. 아직 영화를 보기 위해서는 영화관까지 행차해야 했던 시절, 사람들은 어디에서나 시각적 이야기를 볼 수 있기를 원했고, 손안에 들고 어디에나 휴대할 수 있는 잡지를 위해 탄생한 새로운 콘텐츠가 바로 포토 노블이었다. 지금은 사라진 장르가 되었고, 오늘날의 시각으로 보면 유치하지만 우리가 잘 알고 있는 전설의 여배우 소피아 로렌 역시 이탈리아에 있던 시절에는 포토 노블에 곧잘 출연하곤 했다. 앙드레가 출연했던 포토 노블은 부메랑을 이용해 살인범의 살인 사건을 푸는 느와르 형식의 내용이었고, 앙드레의 역할은 멋있는 주인공이 아닌, 살인자 역할이었다. 그리고 이렇게 살인자의 역할을 하고 받은 돈으로 그는 전당포에서 맡겨둔 그의 라이카 카메라를 되찾을 수 있었다고 한다.

해결책 없는 가난 속에서 돈이 떨어지면 헝가리 출신 망명자들이 자주 모이는 카페에 가서 공짜 커피와 요깃거리를 얻어먹곤 하던 카파는 히틀러의 나치당이 정권을 잡은 뒤 베를린의 공기가 심상치 않음을 느낄 수 있었다. 곤봉을 찬 나치 돌격대는 시내 곳곳을 활보하고 있었고 그의 소꿉친구 에바를 비롯한 많은 헝가리인들이 이미 베를린을 떠난 뒤였다. 하지만 또 다른 파시스트인 호티가 정권을 잡고 있는 그의 고국 헝가리 역시 비슷한 상황이었기에 그는 베를린에 남기를 택했다. 하지만 상황은 점점 그의 기대와는 다르게 흘러갔다. 때로는 공원과 남의 집 앞에서 노숙을 하며 살아가는 그에게 히틀러를 수상으로 추대한 독일의 나치 혁명은 눈앞에 다가온 위협이 되고 있었고, 카파 역시 그의 파인더 속

포토 노블에서 부메랑을 이용한 살인자 역할을 한 앙드레

프랑스의 잡지 『뷔』지에 게재된 당시의 지면이다.

에 나치당의 상징인 하켄크로이츠가 점점 더 자주 등장함을 느끼고 있었다.

그리고 카파의 예감은 적중했다. 강한 독일의 재건과 아리안족의 순수성을 강조하며 독일의 자존심 회복을 부르짖는 것으로 권좌에 오른 히틀러는 유대인, 공산주의자, 동성연애자를 바이마르 공화국에 침투한 바이러스 같은 존재로 보고 박멸을 약속하였다. 그리고 독일 의회의 상징인 국회 의사당에 방화 사건이 발생하였다. 훗날 이 방화 사건은 정신 이상자의 소행으로 알려졌으나 이를 공산주의자들의 계획된 방화로 몰고 간 히틀러는 이를 이용해 수천 명의 공산당, 사회민주당 당원, 좌익 지식인들을 체포한 뒤 선거에서 승리하여 권력을 공고히 할 수 있었다.

그리고 곧 베를린과 독일의 흑역사는 시작되었고 앙드레의 인생은 또다시 새로운 격랑에 휘몰리려고 하고 있었다.

사진기자 로버트 카파를 탄생시킨 베를린에서 반세기 이상이 지난 오늘에도 당시 독일을 넘어 세계를 전쟁과 침략의 광기로 몰아넣었던 나치 독일의 흔적을 찾는 것은 어렵지 않다. 하지만 과거사에 대한 교육과 반성이 독일인들이 그 흔적을 남겨둔 목적이다. 지금도 독일에서는 나치나 아돌프 히틀러에 대한 우호적인 발언 그리고 나치 휘장이었던 하켄크로이츠를 공공장소에서 내보이는 것이 법적으로 금지되어 있다. 한때 그들이 저질렀던 역사와 사회에 대한 범죄의 트라우마가 아직도 독일 사회에 존재함을 느낄 수 있는데, 다시는 그러한 역사가 되풀이되면 안 된다는 독일 사회의 강한 의지를 보여주는 곳이 바로 토프그라피 데스 테러

Topographie Des Terros라고 불리는 박물관이다. '테러의 지형학'이란 이름보다는 많은 사람들에게 '나치 박물관'이라고 불리는 이곳은 한 마디로 2차 세계대전 당시 나치의 만행에 대한 성찰의 장소이다. 토프그라피 데스 테러는 히틀러의 국가사회주의당이 권력을 잡은 1933년부터 1945년까지 12년이란 시간 동안 나치 독일이 유럽 곳곳에서 저지른 만행을 생생한 사진과 흑백 영상에 담아서 전시하고 있는 곳이다. 앙드레, 훗날의 카파가 본격적으로 사진기자 일을 시작한 1933년부터 그가 전쟁사진가로서 최고의 전성기를 누렸던 1945년까지의 기간은 이러한 나치 독일의 역사와 정확히 겹친다.

이 전시장은 원래 나치의 비밀경찰인 게슈타포와 히틀러의 친위대인 SS(Schutzstaffel)의 본부가 있던 나치의 심장부였지만 이제는 그들의 만행을 기록하기 위한 장소가 되어 있다. 이곳에 전시된 것은 독일군의 만행뿐만이 아니다. 사진과 영상에는 마치 광신도처럼 히틀러의 말 한마디에 열광하고 있는 당시 대중들의 모습도 자세히 묘사되어 있다. 당황스럽게도 나치 박물관에는 히틀러에 관한 이야기가 거의 없다. 정작 '주연'은 없고, '조연'들의 이야기로 가득 채워져 있는 것이다. 히틀러 대신 SS의 책임자였던 힘러와 게슈타포의 창설자 괴링, 유대인 학살의 주역인 아이히만, 선전장관 괴벨스 등 그의 측근들과 그들에게 선동당한 대중들의 모습이 상세히 소개되고 있다.

물론, 히틀러의 반인륜적 범죄를 '세탁하려는' 의도는 아닐 것이다. 그를 앞세우게 되면, 모든 책임은 그에게 있고 나머지는 그

토프그라피 데스 테러Topographie Des Terros의 모습

저 그의 명령을 따르는 수족에 불과해 죄를 묻기 어렵다는 '단순명료한' 논리가 횡행할 수 있음을 우려한 듯하다. 패전 후 해외로 도피했다가 1962년 붙잡혀 처형당한 아이히만의 행적을 유난히 강조하고 있는 것에서 잘 알 수 있듯 이곳이 주는 메시지는 당시 독일인 모두가 저질렀던 '악의 평범성'*에 대한 반성과 참회를 촉구하는 것이다. 그리고 무엇보다 강렬한 것은 무미건조함이 주는 힘이다. 사실만으로 나열해 놓은 대부분이 사진과 그 설명인 이곳의 전시물들을 보고 읽고 있노라면 자신들의 잘못된 역사의 연대기를 그 어떤 변명도 없이 담담히 고백하는 가해자의 진정성이 보여지는 곳이다.

이곳과 함께 베를린에서 놓치지 말고 방문해야 하는 곳은 사람들이 홀로코스트 메모리얼이라고 불리우는 공간이다.

Memorial to be the Murdered Jews of Europe이라는 정식 명칭이 시사하듯 이곳은 나치 독일에 의해 유럽에서 학살당한 유대인들을 기리는 추모 공간이다. 미국을 대표하는 현대 건축가 피터 아이젠만이 설계한 이곳은 아무런 표식 없는 수천 개의 입방체의 기둥이 반복적으로 나열되어 있는 특이한 공간이기도 하다. 1989년 베를린 장벽이 무너지고 통일이 된 뒤 베를린은 통일독일의 수도가 되었다. 그리고 통일 독일이라는 새로운 국가의 정체성의 시작으로 독일은 나치 독일의 과오에 대한 반성을 골랐다. 그리고 공모를 거쳐 선정된 피터 아이젠만의 이 커다란 기념비의 공간이 들어선

* 한나 아렌트의 저서 『악의 평범성』.

토프그라피 데스 테러에서 나치의 만행에 대한 전시물을 둘러 보고 있는 관람객들

곳은 독일 연방정부 청사의 코앞이며 과거 17세기 독일 프로이센 왕국의 영광의 상징인 브란덴부르크문에서도 멀지 않은 곳이다. 이러한 입지에서 알 수 있듯이 독일이라는 국가의 국민들이 국제 사회에 보여주는 과거사에 대한 사죄는 보여주기 위한 시늉이 아닌 진정성이 느껴지기도 한다. 우리가 과거사에 대한 진실된 사죄를 요구하는 일본이 도쿄의 중심인 긴자나 황궁 앞에 이러한 공간을 설치하는 것을 오늘날 상상도 못할 때 왜 독일이 더 이상 과거사 문제에 있어서 자유로울 수 있는지, 왜 국제 사회가 독일의 사과를 진정성 있게 받아 들어주어 왔는지를 느낄 수 있는 공간이기도 하다. 미니멀리즘적으로 설계된 이 공간은 그 어떤 이야기도 억지로 전달하려고 하는 것 같지 않다. 대신 미로처럼 배치된 입방체 사이의 1미터 되지 않는 통로를 걷다 보면 느껴지는 것은 각기 다른 높이로 솟아 있는 입방체로부터 느껴지는 답답함이다. 오직 한 사람만 걸을 수 있게 만들어진 이 길을 걸으며 생각과 명상에 잠기게 만들었다는 건축가의 의도를 보면 이 구조물이 말해주는 것은 유대인 학살은 우리가 '유대인'이라고 부르는 객체화된 존재들에게 벌어진 폭력과 학살이 아닌 우리 인류에게 벌어진 폭력이었음을 보여준다. 또한 우리 개개인의 삶이 나치 독일이라는 파시즘에 의해 어떻게 파괴되고 억압받았는지를 직접 느껴보라고 이야기 하는 것 같다.

그리고 그러한 역사는 또다시 반복되고 바로 이 길을 걷고 있는 나에게 발생할 수 있다고 말하고 있는 것 같기도 하다. 미로와 같은 입방체를 걸으며 느끼는 고립감 역시 철저하게 의도된 건축가의 의도처럼 보이기도 한다.

이처럼 카파의 베를린 시절은 보이지 않는 공포가 그의 주변을 점점 에워싸고 있었다.

나치와 히틀러의 손에 떨어진 독일의 미래는 어두운 불안감과 혼란스러움이 가득했으며 그동안 보이지 않던 위험은 점점 실체가 명확해지기 시작했다. 이에 위기감을 느낀 많은 예술가와 지식인들은 독일을 떠나는 기차에 몸을 실었다. 다가오는 미래에 대한 불안감 때문에 아인슈타인, 토마스 만, 브레히트, 칸딘스키 등이 이렇게 한때 독일을 떠났고 아직 전혀 세상의 관심을 받지 못하고 있던 가난한 청년 앙드레 역시 유대인 단체의 지원을 받아 독일을 떠나 오스트리아의 빈으로 향했다. 하지만 그가 잠시 머물던 오스트리아에도 엥겔베르트 돌퓌스가 독재 정권을 수립하자 앙드레는 결국 다시 헝가리로 향한다.

1933년 6월 고향집 부다페스트로 돌아왔으나 형 라슬로와 부모님이 함께 운영하고 있던 의상실의 운영으로는 가족들의 생계조차 잇기 어려운 상황이었다.

사진에 관한 일을 하고 싶던 앙드레는 여행사에서 유적지를 촬영하는 사진사 일을 했으나 이미 독일의 베를린이란 더 큰 무대에서 사진기자의 꿈을 꾸던 그는 결코 부다페스트에서 사진사 일에 만족할 수 없었다. 그에게는 보다 자유롭고 넓은 세상이 필요했다. 하지만 유대인에, 가난뱅이에, 사회주의자인 그가 갈 곳은 많지 않았다. 그의 친구들 중 운이 좋은 친구들은 미국으로 향할 수 있었다. 하지만 미국은 유대인 이민자의 수가 급격히 늘어나는 것

홀로코스트 메모리얼

나치 독일에 의한 홀로코스트와 그 피해자들을 잊지 않기 위해 건립된 이 곳을 찾는 많은 이들은 미로 같은 구조물을 걸으며 개인적인 생각과 명상에 잠기게 된다. 어느 방문객이 희생자들을 추모하기 위해 놓은 꽃 한송이가 보였다.

을 막기 위해 유대인 이민자에 대한 쿼터제를 실행하고 있었기에 앙드레에게 미국행은 언감생심이었다. 결국 그는 베를린을 떠난 많은 유대인들처럼 히틀러의 나치 독일로부터 도피처가 된 파리로 향하게 된다.

베를린에서 사진기자로서의 앙드레가 그 씨앗이었다면 드디어 그 씨앗이 '로버트 카파'라는 꽃으로 피어나게 되는 곳은 파리였다.

한편 카파가 베를린을 떠난 직후 나치는 유대인에 대한 차별법을 새롭게 시행하였다. 유대인은 공무원이나 법률에 관련된 일을 더 이상 할 수 없었다. 유대인 교수와 학생들은 더 이상 대학을 다닐 수 없고 유대인 배우들은 영화에 출연할 수 없었다. 홀로코스트의 서막이 카파가 떠난 베를린에서 시작되고 있었다.

포토저널리즘과 『라이프』

앙드레가 베를린에서 사진기자로 첫발을 내딛고 있을 무렵 가장 영향력 있는 잡지는 『베를리너 일러스트레이트 자이퉁*Berliner Illusrtrite Zeitung*』이었다. 이 잡지는 표지에 사진을 쓰며 사람들의 눈길을 끌기 시작했는데 당시 새로운 매체였던 사진을 효과적인 콘텐츠로 사용하였기 때문이다. 한 장의 사진이 아닌 여러 장의 사진으로 이야기를 구성하는 포토 에세이*Photo essay*의 선구자격이었던 이 잡지는 사진기자의 카메라가 독자의 눈을 대신하여 정치인의 사생활부터 전쟁까지 다양한 사회의 모습을 기록하여 보도했다. 1928년 유럽에서 가장 큰 출판물로 성장한 이 잡지는 매주 2백만 부가 인쇄될 정도로 큰 성공을 거두었으며 이러한 성공은 유럽 각국과 미국에서도 비슷한 류의 잡지들이 간행되어 대성공을 이루는 본보기가 되었다. 그리고 이 시대부터 잡지를 통해 대중들에게 알려진 사진가들이 유명한 대접을 받기 시작했다. 이처럼 독일에서 그 씨앗이 맺어진 포토저널리즘과 잡지 산업은 히틀러의 등장으로 위협을 느끼게 되자 유명한 잡지 편집인, 사진기자들이 대거 미국으로 이주하며 미국에서 그 꽃을 피우게 된다. 포토저널리즘 잡지의 대표적인 매체인 『라이프*Life*』 잡지의 탄생과 전성기에는 이처럼 히틀러의 나치즘을 피해 미국으로 이주한 독일계 인력들이 큰 역할을 하였다. 그리고 무엇보다 『라이프』 잡지를 전성기의 반열에 올려놓은 역사적인 사건은 2차 세계대전일 것이다. 아직 TV가 보급되기 전이었던 1940년대 미국인들은 『라이프』를 통해 로버트 카파와 같은 사진기자들의 사진을 보며 안방에서 전쟁을 느낄 수 있었다. 그리고 독실한 기독교인이자 공화당 당원이었던 『라이프』지의 창업자 헨리 루스의 시각이 그대로 투영됨으로써 2차 세계대전에서의 미군과 연합군을 마치 성전에 나선 십자군 같은 시각으로 보도했다. 히틀러에 의해 독일을 떠나야 했던 수많은 인재들(그중의 대다수는 유대인들이기도 했다)이 결국 히틀러에게 대항하는 가장 큰 프로파간다 매체의 일원이 되었다.

로버트 카파의 사진이 표지에 게재된
1945년 5월 10일 자 『라이프』

나비가 된
파리의 집시

쉬운 일은 아니야, 하지만 현실을 바라 봐야해. 비록 현실이 우리를 아프게 하더라도.

— 로버트 카파

센강도 잔인했다

베를린을 뒤로한 앙드레가 어린 시절부터 단짝이자 함께 사진가에 대한 꿈을 꾸고 있던 치키 마이즈Csiki Weisz와 함께 프랑스의 파리에 도착했을 때 앙드레는 베를린에서처럼 난민의 행색이었다. 갓 스무 살이 된 앙드레의 긴 머리는 헝클어져 있었고 긴 기차여행에 지쳐 매우 초라한 행색을 하고 있었다. 하지만 그의 어깨에는 라이카 카메라가 둘러메여 있었다.

앙드레가 가지고 있는 물건들 중 유일하게 값나가는 물건인 이 카메라는 앙드레에게 가장 중요한, 어쩌면 유일한 성제석인 수난

이기도 했다. 앙드레는 파리로 오기 전 잠시 돌아가 머물렀던 고향 헝가리에서 이 카메라를 이용하여 관광지의 엽서 사진과 보이스카우트의 잼버리 행사 등을 촬영하며 프랑스로 가기 위한 경비를 벌 수 있었다. 파리에서는 경제적으로 쪼들릴 때마다 카메라를 전당포에 맡기고 받은 돈으로 생활비를 위한 급전을 해결해 주는 담보가 되어 주고는 했다.

많은 기대를 꿈꾸며 도착한 파리 생활의 시작은 그다지 화려하지 않았다. 카파에 대한 유명한 전기인 『피와 샴페인』을 쓴 알렉스 커쇼가 카파의 파리 생활을 묘사한 챕터의 시작을 '파리도 베를린만큼이나 잔인했다'고 표현 했던 것처럼 말이다.

그의 경제적 어려움은 전혀 나아지지 않았고 그의 삶은 궁핍한 난민의 삶 그것이었다. 당시 파리에는 정치적인 이유로 파리를 찾은 난민들이 넘쳐나고 있었다. 더구나 1차 세계대전에서 독일과 전쟁을 치렀던 프랑스 사람들에게 카파처럼 독일어를 사용하는 난민들은 초대받지 않은 손님이었다. 내쫓지는 않으나 환영도 하지 않는 그런 어정쩡한 반응이 독일에서 건너온 망명자들에 대한 당시 프랑스인들의 반응이었다. 1차 세계대전과 대공황의 여파 속에서 유럽의 여느 다른 나라들처럼 프랑스에서도 내국인들에게 돌아갈 일자리가 부족했다. 그러니 카파와 같은 이민자에게 제대로 된 일자리는 돌아올 가능성은 거의 없었다.

싸구려 호텔들을 전전하던 앙드레는 호텔비를 치르지 못해 몰래 도망쳐 나오기 일쑤였고 그의 유일한 재산이었던 라이카 카메라는 한 달에 3주 정도는 전당포에 맡겨져 급전을 해결해 주는 해

파리에서 경제적으로 힘든 시절을 보내던 1933년경의 사진과 센 강

아직 사람들에게 로버트 카파라고 알려지기 이전의 사진이며 우리가 기억하고 있는 포마드로 머리를 넘기고 멋지게 치장한 로버트 카파가 되기 전 곤궁한 삶을 살던 앙드레의 사진이다.

©김경훈

결사가 되어야 했다.

　돈도 마땅한 직업도 없던 앙드레는 센강에서 낚시를 해서 잡은 물고기로 저녁거리를 해결하곤 했으며 침대 하나가 겨우 들어갈 만한 방을 처지가 비슷한 친구들과 공유하며 살아야 했다. 우리의 산업화 시절, 지방에서 올라온 가난한 공장의 공원들이 살았을 법한 크기의 쪽방에서 카파는 가끔 허드렛일을 하며 살아가고 있었다. 트로츠키의 사진으로 사진가로서 성공적인 데뷔를 하였지만 아직 경험도 부족하고 프랑스말도 잘 못하는 젊은 청년이 언론사의 취재 의뢰를 받는 것은 쉽지 않았다.

　하지만 이전에 독일에서 느꼈던 히틀러의 나치즘이 그에게 주었던 미래에 대한 공포와 잠시 돌아갔던 헝가리에서 절감한 무미건조한 인생을 생각해 보면 파리는 앙드레에게 정신적인 자유와 즐거움을 선사해 주었다. 파리에는 정치적 자유가 넘쳐 나고 있었고 파시즘을 피해 이곳을 찾은 수많은 젊은 예술가들과 교류하며 쉽게 친구가 될 수 있었다. 당시 카파가 이러한 자유를 만끽하고 새로운 친구들을 만나기 위해 찾은 곳은 몽파르나스의 카페이다.

몽파르나스의 보헤미안

　지금도 파리를 찾는 사람들이면 꼭 들러보고 싶은 관광지로 유명한 이곳은 파리의 '카페 문화'를 꽃피운 곳으로 잘 알려져 있다. 빅토르 위고의 『레미제라블』 속 가난한 사람들의 팍팍한 삶의 이야기들을 몽파르나스 사람들 이야기에서 따왔다고 할 정도로 빈민가였다. 1차 세계대전 이후 지하철역이 새롭게 생기면서 유동인구가 늘어나기 시작했고, 당시 상대적으로 저렴한 아파트와 싸구려 호텔을 찾아 예술가들이 모여들기 시작하면서 유명해졌다고 한다. 몽파르나스의 카페에서 모딜리아니는 손님들의 초상화를 그려주며 돈을 벌었고 헤밍웨이는 악마의 술이라고 불리던 값싼 압생트를 시켜 놓고서 카페의 테이블 위에서 글을 쓰곤 했다. 피카소, 장 콕토, 샤갈, 마르셀 뒤샹, 살바도르 달리, 헨리 밀러 등 수없이 많은 작가, 화가, 시인, 사상가들이 몽파르나스의 카페를 찾아 우정을 나누고 밤새 이어지는 토론과 이야기로 파리의 카페 문화를 꽃 피웠다. 미래의 성공을 꿈꾸는 사진가, 작가, 화가, 배우, 정치가 지망생들 역시 개방된 장소인 이곳의 카페에 모여들어 비슷한 관심을 가진 사람들끼리 무리지어 같은 테이블을 차지하거나 때로는 아무런 구분 없이 서로 섞여 이야기꽃을 피우고 교류하기 시작했다. 그들 대부분은 파시즘을 피해 혹은 경제적 문제로 인해 독일 혹은 중부 유럽으로부터 온 사람들이었고, 대부분은 사회주의 혹은 반파시즘적인 사상적 배경을 가지고 있었다. 이러한 공통점이 그들에게 유대감을 갖게 해주었으며 서로서로 교류와 네트워크를 넓히며 친분 관계를 다지도록 도와주었다. 르 돔 카페 Cafe Le Dome는 이러한 전형적인 카페 중의 하나였으며 지금도 그대로 남아있다. 1898년 문을 연 이곳은 처음에는 평범한 카페에 지나지 않았으나 1차 세계대전과 2차 세계대전 사이에 많은 예술가들이 찾으며 명소로 탈바꿈하게 되었디. 이곳에 모인 예술가를

VENTE À EMPORTER
Fruits de mer & Crustacés

© 김경훈

© 김경훈

오늘날도 파리를 찾으면 르 돔 카페를 쉽게 찾아 갈 수 있으며 앙드레가 즐겨 찾던 그 시절의
모습에서 크게 변하지 않은 모습이다.

은 서로의 근황을 묻고 때로는 가십을 나누었으며 딜러를 만나 자신들의 예술품을 팔기도 했다. 특히 요즘 시세로 1달러에 으깬 감자를 곁들인 소시지 요리가 대표 메뉴였던 르 돔은 배고픈 예술가들에게 안락한 부엌이자 식당이었다. 물론 지금은 미슐랭 가이드에 등재될 정도로 유명한 해산물 요리와 고풍스러운 인테리어로 유명하며 더 이상 그 당시와 같은 예술가들의 집합소는 아니지만 말이다. 술과 사람을 좋아하는 앙드레에게 몽파르나스의 르 돔 카페는 많은 것을 해결 할 수 있는 완벽한 장소였다. 자기보다 조금은 형편이 나은 사람을 만나면 공짜로 커피와 요기를 해결할 수 있는 식당이었고, 카페의 메모지에 어머니에게 보내는 편지를 쓸수 있는 서재이기도 했다. 또한 사진가와 언론사의 편집자들이 교류하며 새로운 일거리를 알아볼 수 있는 사무실이기도 했다. 무엇보다 카페 르 돔에서 앙드레가 거둔 가장 큰 수확은 훗날 사진계의 거장이 되는 젊은 사진가들과 교류하며 평생의 친구를 사귈 수있었다는 데 있다.

사진계 삼총사의 만남

그가 카페 르 돔에서 친분을 발전시킨 사진계의 지인들 중에 그의 인생과 사진에서 중요한 두 친구가 있었다. 한 명은 폴란드 출신의 유대인 사진가 데이비드 '심' 시모어David Seymour(그는 친구들에게 '심Chim'이라는 애칭으로 불리었다)였다. 버스 정류장에서 우연히 만난 앙드레와 데이비드는 앙드레가 카메라를 어깨에 메고 있던 데이비드에게 말을 걸며 교류를 시작하였고, 동유럽 출신의 유대인이란 점을 공유한 둘은 곧 가까운 친구가 되었다. 하지만 그 둘은 공통점보다는 차이점이 더 많았다. 두꺼운 안경을 끼고 고수머리와 유대인 특유의 외모를 가지고 있는 심은 매력적인 집시풍의 외모를 가진 카파와 외모부터 달랐다. 심은 아버지가 매우 유명한 출판업자였으며 그의 가족은 유대교의 전통과 종교를 중요시하고 있었다. 언제나 시끌벅적하게 사람들에게 둘러싸이기를 좋아하는 앙드레와는 달리 프랑스의 명문 소르본 대학에서 물리학을 공부하던 심은 주로 심각한 표정으로 조용히 카페에 앉아 있곤 해서 주변 사람들로부터 수학자나 체스 플레이어 같다는 이야기를 듣고는 했다. 하지만 사진에 대한 뜨거운 열정과 유럽의 파시스트들의 반유대주의에 대한 저항정신이라는 공통점을 공유하고 있던 둘은 만남 직후 의기투합하게 된 것이다. 그리고 심은 앙드레에게 또 다른 프랑스인 사진가를 소개시켜 주었다. 프랑스의 유복한 명문가 출신인 앙리 카르티에 브레송Henri Cartier-Bresson이었다. 이때부터 만들어진 그들의 우정은 훗날 카파가 만든 사진가들의 협동조합이자 에이전시인 〈매그넘〉의 탄생으로 이어지게 되었다. 그리고 이들 세 명이 훗날 세상에 보여준 사진의 스타일과 미학은 후세의 사진가들에게 교과서적인 본보기가 되었다.

심은 훗날 로버트 카파와 앙리 카르티에 브레송의 명성에 가려진 측면도 있지만 사진에 있어서도 비즈니스와 인간관계에 있어서도 이 둘에게는 없어서는 안 되는 존재였다. 심을 소개하는 가장 알맞은 표현은 어느 유대인계 신문에서 그를 재조명하는 기사를 게재하며 헤드라인에서 사용한 "사진계의 잊혀진 영웅Forgotten Hero"일 것이다. 원래 가업으로 내려오는 출판사업을 물려받을 예정이었던 그는 사진을 접하게 되면서 사진이 주는 힘과 즐거움에 매료되었다. 그리고 소르본 대학을 다니던 30년대의 파리에서 좌파의 인민전선Popular Front 운동을 사진으로 기록하며 사진기자의 길로 들어서게 되었다. 그는 훗날 카파와 함께 스페인 내전을 함께 취재했고, 카파와 마찬가지로 2차 세계대전, 2차 세계대전 후 유럽의 전후 재건의 모습과 이스라엘의 탄생, 그리고 중동 전쟁 등 세계사의 굵직한 흐름을 쫓아다니며 사진이라는 언어로 세상을 기록하고 세상에 전달했다. 카파의 업적 중 하나로 손꼽히는 〈매그넘〉의 창설과 운영 역시 실질적인 창업자이자 운영자는 심이었다. 그들의 관계를 잘 아는 앙리 카르티에 브레송은 훗날 언론과의 인터뷰에서 "(매그넘을 함께할 때) 심이 모든 것을 다 했습니다. 심은 돈을 벌어 오고 카파는 돈을 쓰러 다녔지요."라고 웃으며 과거를 회상했을 정도였다. 시끌벅적한 카파가 주위의 관심을 끌고 다닐 때 사색가 스타일의 심은 언제나 뒤에서 그것을 지켜보고 조용히 사색하고 결단하는 스타일이었다. 사진의 스타일에 있어서도 카파가 전장의 최전선에서 벌어지는 '액션'을 사진 속에 담았다면 심은 이보다 한발 뒤로 물러나 전쟁이 일어나게 된 원인과 이유, 그리고 그 속에서 살아가고 있는 사람들의 모습을 담는 것을 좋아했다. 그의 대표작 중의 하나가 전쟁고아들의 사진을 통해 선생의 고통을 알렸던 *The Children of Europe*이라는 사실에서 알 수 있듯이, 카파의 사진이 전쟁의 모습을 직관적으로 담았다면 심의 사진은 전쟁이 남겨 놓은 비극, 슬픔, 사랑, 아픔 등 인간의 삶에 대해 분석적이고 사색적이었다. 그리고 그의 사진들을 보면 항상 따뜻한 시선을 가지고 세상을 보고 있다는 것이 저절로 느껴졌다.

항상 진지하고 예의 바르게 사람을 대했던 그는 전쟁 이후 할리우드의 수많은 유명인들의 솔직하고 자연스러운 모습을 사진에 담아 유명해지기도 했다. 그는 사진을 촬영할 때에도 그의 조용하고 신뢰감 있는 인품으로 상대방에게 먼저 신뢰를 얻은 뒤 그들의 보다 자연스러운 모습을 사진으로 담는 것으로 유명했다. 평범한 사람들을 사진 속에 담을 때도 그는 그들에게 조심스럽게 접근하여 교감하며 따뜻한 시선으로 그들을 사진 속에 담고는 하였다. 사진으로 파시즘에 대항하고자 했던 그는 2차 세계대전 당시 미군에서 정보장교로 일하며 사진을 분석하는 일을 담당했으며 파리의 해방과 함께 유럽으로 돌아왔을 때 그가 발견한 것은 나치의 홀로코스트에서 그의 부모가 모두 사망했다는 사실이었다. 그리고 그 역시 1956년 이집트의 수에즈에서 중동 전쟁을 취재하던 중 이집트군이 발사한 기관총에 맞아 세상을 떠났다.

앙리 카르티에 브레송은 부유한 가문 출신이었으며 고급 사립학교와 케임브리지에서 공부한 지적인 인물이었다. 불교에 심취하였고, 2차 세계대전 당시에는 레지스탕스로 참가하여 투쟁하던 중 독일군에 포로로 잡힌 뒤 위험을 무릅쓰고 탈출을 감행하기도 했던 그는 평생을 아나키스트의 신념을 지키며 살아갔다. 기하학적으로 완성된 그의 작품 세계는 '결정적 순간'으로 특징되며 그

© David Seymour

2차 세계대전으로 인해 장애를 가지게 된 전쟁고아들이 뛰어 노는 모습, 1949년, 이탈리아

© public domain

취재 현장에서의 데이비드 시모어의 모습

는 사진계를 뛰어넘어 20세기의 대표적인 예술가 중의 한 명으로 추앙받고 있다. 한편 카파와의 오랜 친교는 그에게 많은 영향을 주었다. 특히 그에게 '초현실주의'가 아닌 '포토저널리즘'을 하도록 권유하고 훗날 〈매그넘〉에서 중국과 인도와 같은 극동 지방을 맡긴 것은 카파였다. 오늘날 브레송의 대표작으로 널리 알려진 사진들 대부분은 당시 그가 〈매그넘〉에서 보도사진가로서 촬영했던 사진들이다.

또한 그의 사진집을 미국에서 발간하며 미국판의 제목을『결정적 순간The Decisive Moment』으로 지음으로써 훗날 브레송의 트레이드마크가 되게 한 것도 카파였다.

이렇게 셋은 마치 삼국지의 유비, 관우, 장비가 복숭아나무 밑에서 도원결의를 하였듯이, 르 돔 카페의 커피와 크로와상을 앞에 두고 시국에 대해 논하고, 사진에 대해 이야기를 주고 받으며 우정을 키워나갔다.

이렇듯 파리에서 앙드레는 많은 사진가, 예술가들과 교류하며 네트워크를 만들어 나갔고, 절반은 예술가이며 절반은 저널리스트여야 하는 보도사진가로서의 토대를 닦아나갔다. 당시의 파리는 사진의 세계수도World Capital of photography라고 불릴 정도로 사진문화의 중심지였으니 파리에서의 생활이 앙드레의 인생과 커리어에서 새로운 전기가 된 것은 너무나도 자명한 것이었다. 훗날 그는 파리를 자신의 제2의 고향으로 여겼으며 파리가 나치 독일로부터 해방되었을 때는 그곳에서 태어나고 자란 프랑스인만큼 감격에 차 있었다. 훗날 그는 미국의 시민권을 획득하여 미국인이 되었지만 파리는 그의 생애 마지막까지 그가 국제적으로 일을 해 나가는 데 있어서 중요한 거점의 역할을 해주었다. 그리고 앙드레는 헝가리 출신의 선배 사진가들과의 교유를 통해 보다 깊이 있는 사진을 배우고 자신만의 스타일을 점점 확립해 나갈 수 있었다.

프랑스에서 앙드레는 점점 더 사진에 대한 자신만의 '근육'을 키워 나갈 수 있었다. 그리고 프랑스어가 신통치 않았던 앙드레에게 사진은 언어의 장벽을 뛰어넘어 세상 누구와도 소통할 수 있는 언어이기도 했다. 이렇게 몽파르나스의 르 돔 카페에 진을 치고 하루하루를 보내며 사진에 관계된 일거리를 찾고 있던 카파에게 드디어 작은 일거리가 생기게 된다.

독일의 데포트 시절부터 직장 상사로서 앙드레를 눈여겨보아 왔던 시몬 구트만은 파리를 방문한 길에 앙드레를 수소문하여 찾아와서 그에게 사진 촬영의 일거리를 넘겨준 것이다. 당시 이미 중견 사진가로 이름을 알리고 있던 시몬 구트만이 파리에서 일부러 헝가리 사람들을 수소문하여 앙드레를 찾아온 것을 보면 그는 이미 앙드레의 막 피어나기 시작하는 재능을 알아보았을지도 모른다. 그리고 어쩌면 뛰어난 재능이 있음에도 가난과 망명자의 신분이라는 굴레 속에서 재능을 펼치지 못하고 있는 앙드레에 대한 연민이 있었을 지도 모른다. 시몬 구트만이 앙드레에게 넘겨준 일거리는 신문보도용 사진이 아닌 스위스 생명 보험 회사의 광고 포스터에 들어갈 홍보사진이었다. 광고의 시안은 아름답고 젊은, 파란 눈과 짧은 금발의 독일풍 미녀를 공원에서 촬영하는 것이었다. 그리고 생활비를 벌기 위한 작은 일거리라고 생각했던 이 일은 앙드레에게 운명 같은 만남을 선사하였다.

사진이 맺어준 만남

오래간만에 맡은 사진 촬영 의뢰에 신이 난 앙드레는 한 달에 삼 주는 전당포에 맡겨두어야 했던 카메라를 찾은 뒤 광고 포스터에 어울리는 여성 모델을 찾아 파리의 카페를 돌아다녔다. 그리고 마침내 그 사진의 콘셉트에 딱 어울릴만한 스위스 출신의 아름다운 여성 루스 케르프Ruth Cerf를 찾아내게 된다. 낡은 옷을 걸친 부랑자 행색이었던 카파는 자신의 목에 걸린 라이카 카메라와 자신이 이전에 찍었던 사진을 보여주며 루스에게 자신이 사진가라고 소개 한 뒤 자신의 모델이 되어 달라고 부탁했다. 낯선 남자로부터 불쑥 요청받은 모델 제의가 루스 케르프는 썩 내키지 않았지만 카파의 끈질긴 부탁에 승낙을 하게 되었다. 여기에는 행색은 초라하지만 매력적인 미소를 짓는 잘생긴 남자, 그리고 그의 목에 걸려 있던 당시로서는 고가였던 라이카 카메라가 큰 역할을 했을 것이다.

그리고 촬영을 약속한 날, 부랑자에 가까워 보이는 처음 본 남자와 단둘이 만나 사진을 찍는 다는 것이 못 미더웠던 루스는 자신의 룸메이트를 동행자로 데려갔다.

그 동행자가 바로 앙드레의 인생에 깊은 흔적을 남기고 그의 마음속에 평생의 연인으로 남게 되는 게르다 타로이다.

150센티미터의 자그마한 키에 빨간색 머리와 초록색 눈동자를 가진 게르다 타로의 본명은 게르다 포호릴레스였다. 당시 할리우드의 유명 여배우였던 그레타 가르보Greta Garbo를 연상시키는 외모의 그녀는 독일 슈투르가르트의 학구적인 집안에서 성장했다. 상업 학교에서 타이프라이팅을 배우며 비서가 되는 공부를 해서 당시의 시대에 맞는 평범한 여성으로서의 삶을 살도록 은연중에 강요받던 여성 중 하나였다. 학교를 마친 뒤 집안이 원하는 평범한 사업가와 약혼을 한 타로의 인생은 러시아에서 온 의대생 게오르그 카비트케스와 사랑에 빠지면서 일대 전환점을 맞게 되었다. 게오르그를 통해 러시아 혁명과 볼셰비즘을 접하게 된 타로는 자신의 오빠들과 함께 독일에서 공산당 조직의 열성 당원이 되었다. 어느 날 그녀의 오빠들은 어느 백화점의 지붕에서 나치에 반대하는 유인물을 배포한 뒤 도주하였다. 그러자 경찰은 이들을 체포하고자 그녀의 가족에게 압력을 가하기 위해 타로를 대신 체포했다. 감옥에 수감되어 몇 주를 지내는 동안 그녀는 비슷한 처지의 수감자들과 교류하고, 미국의 재즈송을 부르며 시간을 보냈다고 한다. 그리고 벽을 두드리며 옆 방의 동료들과 소통을 하기도 했던 그녀는 수사관들 앞에서는 눈물을 흘리며 그들의 마음을 움직여 석방 날짜를 줄이려고도 했을 만큼 주어진 환경에 잘 적응하는 활발하면서도 영리한 여성이기도 했다. 그리고 감옥에서 석방된 뒤에 그녀는 여느 유대 젊은이들과 마찬가지로 독일에 더 이상 있는 것은 위험하다는 것을 깨닫고 파리로 향했던 것이다. 파리에서 그녀는 자신과 같은 정치적 망명자들을 후원하는 공산당 조직의 도움을 받게 되었고, 이 조직에서 일하는 루스 케르프를 만나 함께 살고 있었다. 한편 주변의 증언에 따르면 게르다 타로는 공산당에 속해 있기는 했지만 당시 소련으로부터 직접적인 지령을 받아 행동하던 공산당 조직에는 그다지 내켜 하지 않았다고 하니 그녀의 성향은 공산당이라기보다는 사회적 문제에 관심이 많던 좌파라는 표현이 더 적합했을 것이다.

이 날의 촬영을 계기로 타로와 앙드레는 가깝게 지낼 수 있었지만 처음부터 불꽃 튀는 사랑이 있었던 것은 아니다.

타로는 처음에는 카파를 친구로 대했다. 하지만 그녀는 앙드레가 가지고 있는 재능을 알아차렸고, 앙드레라는 보석을 어떻게 다듬어야 할지 알았다. 파리의 유력 사진 에이전시인 알리앙스 포토 에이전시의 사장 마리아 아이스너Maria Eisener의 어시스턴트로 일하고 있던 타로는 앙드레가 능력 있는 사진가로 안착할 수 있는 보다 현실적인 방법을 생각해냈다. 그녀는 앙드레의 후줄근한 이민자 청년의 외모를 다듬어 그의 매력적인 모습이 멋진 사진가의 외양으로 빛날 수 있도록 도와주었다. 타로는 앙드레에게 잡지사의 편집자에게 어떻게 자신의 사진에 대해 프레젠테이션하고 보여주어야 사진을 보다 좋은 가격에 팔 수 있는지에 대해서 알려주고, 앙드레가 사진으로 보여주고 싶은 많은 스토리의 구상에 대해 의견을 주었다. 타로는 아직 사진을 잘 찍을지도 몰랐고, 사진가도 아니었지만 사진 비즈니스에 대해서는 카파보다는 한수 위였던 것이다. 앙드레는 이러한 타로에게 점점 의존적이 되었고 둘은 점점 더 가까운 사이가 되었다.

그리고 얼마 뒤 앙드레는 구스만이 그에게 준 또 다른 사진 취재 일거리 덕분에 스페인으로 출장을 가게 되었다. 동유럽 출신의 카파에게 유럽의 서쪽 끝에 위치한 스페인의 이국적인 풍광과 풍습은 매력적인 사진의 소재였다. 플라멩코 댄스, 투우사들, 막 걸음마를 뗀 스페인의 공화주의 정부, 성주간 행사. 그리고 이방인인 앙드레를 따뜻하게 환영하며 함께 술잔을 기울여 주던 스페인 사람들을 사진으로 기록하며 그는 자신이 얼마나 사진가의 직업을 사랑하는지 알게 되었다. 그리고 타로라는 여성을 얼마나 사랑하는지도 깨닫게 되었고, 타로에게 이 같은 내용을 적어 편지를 보내 사랑을 고백하게 되었다.

그리고 일을 마친 뒤 파리로 돌아온 앙드레는 스페인 취재로 번 돈으로 그해 여름 타로와 다른 친구들과 함께 프랑스 남부의 마르그리트섬으로 여름 휴가를 간다.

두 사람은 이곳에서 환상적인 두 달간의 여름을 보내게 되었다. 모든 걱정거리는 이곳에서 현실이 아니었다. 유대인임을 걱정할 필요도 없었고, 밀린 집세는 물론이고 증명서를 걱정해야 하는 난민도 아니었다. 지중해의 바닷가에서 캠핑을 하며 저녁에는 캠프파이어를 하고 모닥불에 맛있는 음식을 만들어 먹으며 하루하루를 보냈다. 그리고 둘이 파리로 돌아올 때쯤 이제 둘 사이의 관계는 더 이상 앙드레의 짝사랑이 아니었다. 둘은 모두 뜨거운 사랑에 빠졌다.

둘이 사랑에 빠진 것은 시대가 만들어준 운명이기도 했다. 1933년 히틀러가 합법적으로 선거를 통해 권력을 장악하면서 독일에서 나치 돌격대는 유대인들과 정치적 정적들을 폭력으로 몰

1935년 르 돔 카페에서 촬영된 사진 속의 앙드레와 타로와 르 돔 카페의 현재의 모습

그 둘은 사진 속의 테이블 중 하나에 앉아 있었을 것이다. 앙드레와 타로는 함께 살던 아파트에서 가까운 르 돔 카페를 자주 찾았다. 그들의 친구 프레드 스테인Fred Stein이 촬영한 이 사진은 둘이 함께 촬영되어 현재까지 남아 있는 두 장의 사진 중 하나이며 앙드레와 타로의 관계를 보여주는 대표적인 사진들 중의 하나이다.

©김경훈

아내고 있었다. 그리고 미국과 영국의 우파 정당들은 유대인들과 공산주의자들을 마치 사회를 좀먹는 질병처럼 취급했다. 러시아 혁명 뒤 노동자의 천국이 된 줄 알고 있던 러시아에서는 스탈린의 공산당이 우크라이나인들에게서 식량을 착취하면서 수많은 사람들이 기근 속에 숨지고 있다는 믿을 수 없는 소문이 유럽에 떠돌고 있었다. 이러한 상황 속에서 좌파 성향의 유대인 남녀에게 주어진 선택은 그다지 많지 않았다. 한때 유일한 탈출구처럼 보였던 미국으로의 이민은 유대인 이민자의 수를 조절하는 할당제를 실시하고 있었기에 돈도 연줄도 없는 파리의 유대인 난민들에게는 거의 불가능처럼 보였다. 그래서 그들은 그나마 사정이 나았던 파리에 남아야 했으며, 서로가 서로를 의지하고 도와줄 수 있는 공통점이 있는 사람들과 친구를 맺고 연인이 되어 살아가야 했던 것이다.

파리로 돌아온 둘은 함께 에펠탑 근처의 집을 얻어 함께 살기 시작했고 앙드레는 당시 이러한 새로운 출발에 매우 만족했던 것으로 보인다.

파리 시절, 그는 곧잘 자신의 어머니에게 르 돔 카페의 메모지에 편지를 써서 편지를 보냈으며 지금도 남아있는 당시의 편지들은 카파의 생애를 알아보는 데 귀중한 자료가 되고 있기도 하다. 그의 편지에는 대부분 그가 경제적으로 매우 어려움을 겪고 있으며 직업을 구하기 위해 안간힘을 쓰고 있다는 내용이 대부분이었다. 하지만 이즈음 그가 어머니 율리아에게 보낸 편지에서 자신이 머리를 미국 사람처럼(아메리칸 스타일) 이발했고, 넥타이를 매고 있으며 구두는 광이 나며 규칙적으로 일을 하고 있다고 이야기했다. 그리고 보헤미안 같은 인생도 끝이라고 이야기했다. 이런 모습을 어머니가 보면 좋아할 것이라고 덧붙이며 신문사들과 좋은 관계를 가지고 있는 타로와 함께 살고 있으며 타로가 자신을 많이 돕고 있다고 썼다. 하지만 경제적 문제는 여전히 심각하다고 적었다.

이처럼 앙드레에게 타로는 없어서는 안 될 중요한 존재였고 그둘은 서로 사랑했으나 서로를 위해 희생하는 지고지순한 순애보적인 사랑은 결코 아니었다. 타로를 만난 뒤에도 앙드레는 술과 노름에 곧잘 몰두하곤 했으며 타로의 눈에 앙드레는 여전히 '여자를 좋아하는 건달'처럼 보였다. 타로 역시 그녀의 짧은 인생 동안 많은 남성들과 관계를 가졌으며 그녀와 앙드레를 이어준 루스 케르프의 증언에 따르면 타로는 언제나 '돈 많은 남자'들을 좋아했다고 한다.

이러한 이 둘을 이어주는 교차점이자 둘 사이의 균형을 맞추어주는 것은 사진이었다. 사진 에이전시에서 어시스턴스로 일하는 타로는 사진 비즈니스에 대해서는 잘 알았지만 사진에 대해서는 잘 알지 못했다. 사진기자 초년병 앙드레는 사진에 대해서는 잘 알았지만 사진 비즈니스에는 서툴렀다. 앙드레는 타로에게 카메라의 사용법과 현상 등 사진에 대한 모든 것을 가르쳐 주었다. 그리고 타로는 앙드레가 보다 성공적인 사진가가 될 수 있는 방법을 연구하기 시작했다. 앙드레의 사진에 대한 재능을 높이 평가했던 타로는 앙드레의 재능과 매력을 이용하여 그를 성공시킬 방법을 찾으려 하였다. 그리고 가난을 핑계로 방종한 생활 속에서 엉망으로 망가진 그의 생활을 하나둘 뜯어고치며 그를 가난뱅이 보헤미안의 삶에서 끌어올리려고 하였으며 이런 그녀를 앙드레는 '보스'라고 부르며 전적인 신뢰를 나타내었다. 스위스의 전문학교에서 교육을 받고, 프랑스어와 독일어를 구사하고, 약간의 스페인어와 함께 영어도 공부하고 있던 타로는 타이프라이터도 다룰 수 있었던 당시로서는 인텔리 여성이었다. 그리고 주변 사람들로부터 '매우 야망이 강하며', '유명해지고 싶어 하는 것 같다'라는 평가를 받던 그녀에게 앙드레는 어쩌면 그녀의 손에 주어진 거칠지만 잘 다듬으면 깊은 광채를 낼 수 있는 보석 같은 존재였는지도 모른다. 그리고 남자 형제 사이에서 자란 앙드레는 어쩌면 자신을 어머니처럼 챙겨주기 시작하는 타로에게 어머니이자 비즈니스의 매니저 같은 면을 보았을지도 모른다. 어쨌든 이때까지는 재능과 가능성만이 돋보이던 사진가 앙드레라는 원석은 게르다 타로의 손을 통해 진정한 사진가로 변신하게 된다. 이것이 사진가 로버트 카파의 탄생이다.

카파의 탄생

지금부터 독자들은 매우 헷갈리는 주어의 변화를 겪게 될 것이다. 이제부터 이 책의 주인공의 이름은 더 이상 앙드레 프리드먼이 아니다. 로버트 카파이다.

그럼 로버트 카파 탄생의 이야기로 돌아가 보자.

생동감 있던 보도사진을 선도했던 독일의 많은 사진가들은 나치를 피해 파리에 자리를 잡았다. 이들 이외에도 유럽의 사진의 수도 파리에는 이미 쟁쟁한 사진가들이 포진하고 있었다. 이러한 사진 시장에서 이제 막 암실 기사 수준을 벗어나 사진기자 일을 시작한 카파에게 일거리를 줄 곳은 많지 않았다. 비즈니스 수완이 좋던 게르다 타로를 통해 앙드레는 자신의 사진을 조금씩 사진 에이전시에 팔거나 일본 마이니치 신문사에서 발행하는 월간지의 파트타임 사진 편집자의 일을 맡아 하기도 하였지만 일은 충분치 않았다. 이러한 앙드레의 사정과는 달리 당시의 드라마틱한 정치 환경으로 인해 많은 미디어들은 독자들의 욕구를 충족시키기 위해 보다 더 많은 사진을 필요로 하면서 파리의 보도사진 시장은 점점 커지고 있었다. 당시의 대중들은 잡지에서 볼 수 있는 현장감 있는 사진들에 열광하고 있었다. TV의 대중화는 상상할 수도 없던 당시, 잡지는 사진으로 가득 찼으며, 그 사진든은 대중든이 다양한 욕구를 충족시켜 주어야만 했다. 정치에 관련된 것뿐만 아니라, 사회의 다양한 크고 작은 뉴스들로 채워져 있었다. 패션쇼의 소개, 영화배우의 가십 등 모든 뉴스에서 사람들은 해당 뉴스의 시각적인 증거물인 사진을 통해서 실제로 일어났던 뉴스 현장을 대리 체험하고 알고 느끼고 소비하고자 했다. 이처럼 잡지를 사진으로 가득 채우기 위해서 더 많은 사진기자들이 필요했던 것이다.

아직 언론사 소속의 사진기자Staff Photojournalist 시스템이 정착되기 전이었던 당시에 언론사들은 사진 에이전시를 통하거나 프리랜서 사진가로부터 필요한 사진을 구입하는 것이 일반적이었지만 이곳에 앙드레 프리드먼이 비집고 들어갈 곳은 많지 않았고 설사 일이 주어지더라도 인지도가 거의 없는 그에게 주어지는 사진 원고료는 언제나 적었다.

이러한 현실을 간파한 타로는 새로운 사업 아이디어를 생각해 내게 된다. 그것은 바로 제대로 된 회사를 차린 뒤 앙드레의 사진을 유명한 사진기자의 사진으로 속여서 더 비싼 값의 원고료를 받아내는 것이었다. 이러한 아이디어를 가지고 실리콘 밸리의 수많은 창업자들이 차고에서 PC를 가져다 놓고서 스타트업을 시작하듯 타로와 카파는 사무실 겸 숙소로 사용할 수 있는 파리의 작은 아파트에서 카메라와 암실 장비와 타자기를 가져다 놓으며 사업을 시작했다.

그리고 이 회사에는 암실 기사인 앙드레. 비서이자 영업 업무를 맡은 게르다 타로. 그리고 미국에서 온 유명한 사진가 로버트 카파 씨가 근무하고 있었다.

"미국에서 온 사진가 로버트 카파. 이름만큼이나 세련된 사진을 촬영하시는 이분은 무척 바쁘시답니다. 언제나 파리의 취재 현장에서 사진으로 특종을 잡아내시느라 바쁘시지요. 그러니 그분을 만나시기는 쉽지 않습니다. 하지만 걱정 마세요. 로버트 카파 씨가 촬영한 사진은 유능한 암실 기사 앙드레가 언제나 완벽하게 현상 인화를 한답니다. 그리고 바쁘신 로버트 카파 씨를 대신해 앙드레 군이 사진을 배달해 드리고 사진 원고에 대한 충실한 설명도 해드릴 겁니다. 그는 로버트 카파 씨의 수족 같은 사람으로 카파 씨가 촬영한 사진들에 대해서는 카파 씨만큼 잘 알고 있거든요. 사업에 대한 연락은 저 타로에게 주세요. 불어와 독일어 그리고 스페인어도 할 수 있는 제가 여러분들게 언제든지 응대해 드립니다. 그리고 모든 사진에는 저 타로가 깔끔하게 타이핑한 충실한 캡션이 첨부되어 있습니다."

당시의 앙드레와 타로의 사업은 위와 같은 상상이 가능한 시스템으로 구성되었다.

그런데 로버트 카파는 누구일까?

물론 로버트 카파는 존재하지 않는 인물이었다. 타로의 주도로 만들어낸 가공의 인물로서 사진 원고료를 더 받아내기 위한 거짓말이었던 것이다. 물론 이렇게 거짓으로 시작된 가공의 인물이 나중에는 앙드레의 자아와 완벽히 일체화 되어 앙드레가 로버트 카파가 되지만 말이다. 타로와 앙드레가 이러한 가공의 사진가의 이름을 로버트 카파라 지은 이유에는 여러 가지 설이 있었다.

기피기 세계펴으로 유명한 사진가가 된 뒤 1947년 미국의 라디오에 출연한 카파는 당시 자신이 찍은 사진을 두 배 되는 가격으로 팔기 위해 유명한 미국인 사진기자 행세를 했고, 미국 사람 이름처럼 들리는 로버트 카파를 생각해 냈다고 본인이 직접 토로한 적이 있다. 또한 영화광이었던 카파가 당시의 유명한 할리우드의 감독이었던 프랭크 카프라의 이름에서 카파를 따왔다는 이야기도 있다.

또한 어린 시절 헝가리에서 상어를 뜻하는 헝가리어인 '반디'라고 불렸던 앙드레는 Bandi에서 발음을 따온 밥Bob으로 불렸고, Bob은 영어 이름 Robert의 애칭이므로 Bandi → Bob → Robert가 탄생되었다는 이야기도 있는데 이것 역시 그럴듯하게 들린다. 어쩌면 이러한 여러 가지 이유 모두가 복합적으로 작용했을지도 모른다. 이처럼 사기에 가까운 거짓말이 그 시작이었지만 카파는 이러한 새로운 이름과 이것이 가져다준 변화에 대해서 무척이나 만족했던 것 같다. 그는 카파라는 이름을 지은 뒤 그의 어머니에게 보낸 편지에서 이렇게 썼다.

"어떤 사람들은 내가 다시 태어났다고 할지도 몰라요. 그런데 이번에는 누구에게도 출산의 고통을 주지 않았어요."

비슷한 시기 게르다 타로 역시 자신의 유대인 이름이었던 Gerta Pohorylle에서 Gerta의 t를 영어 발음에 가까운 d로 바꾼 뒤 전형적인 유대인 성인 Pohorylle를 타로로 바꾸게 된다. 그런데 재미있는 사실은 타로는 영어식 이름이 아닌 일본의 예술가 오카모토 타로岡本太郎의 이름에서 따온 것이다.

일본에서 근현대 미술의 거장으로 일컬어지는 오카모토 타로는 1911년생으로 카파(1913년생)와 게르다 타로(1910년생)와는 비슷한 동년배였으며 18살부터 프랑스 파리에서 유학하고 있었다. 그리고 30년대 파리에서 카파와 게르다 타로와 교류했다. 게르다 타로가 이렇게 유럽에 살고 있던 일본인 예술가의 이름을 차용한 데에는 로버트 카파와 일본인 예술가와의 교유가 한몫했을 것이다. 당시 군국주의 국가였던 일본의 예술가들 중에는 억압받는 도쿄의 공기에서 벗어나 자유로운 공기 속에서 새로운 예술 사조를 맛보기 위해 유럽을 찾는 이들이 많았다. 특히 1933년 프랑스 정착 초기 오갈 곳이 없던 로버트 카파는 일본인 예술가 친구였던 가와소에 히로시川添浩史와 이노우에 세이치井上精一의 파리 아파트에 신세를 지기도 했으며 그 둘에게 돈을 빌려 라이카 카메라를 사기도 하였다. 훗날 문화교류 프로듀서로 활동하여 일본 예술가에 많은 영향력을 가지기도 했던 카와조에 히로시는 당시 일본 귀족 가문의 서자로 유복한 가정 형편 덕에 로버트 카파에게 이러한 물질적인 도움을 주는 것도 가능했던 것이다.

이들의 친교는 훗날 2차 세계대전 이후 세계적으로 유명해진 로버트 카파의 일본 방문과 카파의 저서 『카파의 손은 떨리고 있었다』의 일본 출간 등으로 이어지며 지금도 이어지고 있는 일본에서의 카파의 유명세에 한몫을 하고 있다. 일본인들이 일본의 사진 문화의 자랑으로 여기는 도쿄도 사진미술관의 외벽에는 카파의 노르망디 상륙작전 사진이 상설 전시되고 있으며, 카파에 대한 연구가 가장 활발한 곳은 미국 다음에 일본이라는 이야기가 있을 정도이다.

한편 타로가 유대인식 이름을 버리며 새로운 이름을 찾을 때 보편적인 유럽이나 미국의 이름이 아닌 일본인 예술가 친구였던 오카모도 타로의 이름을 따온 정확한 이유는 무엇일까? 이에 대해 오카모토 타로 본인은 그 이유를 모르겠다고 생전에 밝힌 바 있는데, 그가 남긴 기록에 따르면 훗날 죽음을 맞이한 게르다 타로의 비보를 가판대의 신문 1면을 보고 접한 오카모토 타로는 그날 그녀의 죽음을 추모하며 독한 술을 연거푸 마셨댔다고 하니 둘이 매우 가까운 사이였던 것은 분명한 것 같다.

아마도 타로는 당시 아직 신비로운 존재였던 아시아에 대한 동경으로, 혹은 유럽인에게는 그 뿌리를 짐작하기 쉽지 않은 타로라

©김경훈

도쿄 사진박물관의 카파의 사진

1995년 개관한 도쿄 사진박물관은 사진과 영상만을 전문 테마로 하는 전시장이다. 도쿄도가 설립한 이 박물관은 3만 4천 점 이상의 컬렉션을 가지고 있으며 연간 200회 이상의 전시회가 열리는 일본 사진 문화의 중심지이다. 2016년 리뉴얼 오픈을 하며 건물 외벽에 카파의 노르망디 상륙작전 당시의 사진을 일본의 대표적인 우에다 쇼우지, 프랑스의 로베르 드와노 사진과 함께 초대형으로 제작하여 건물의 외벽에 상설 전시하고 있어, 박물관을 찾는 누구나 카파의 사진을 감상할 수 있다.

는 이름이 주는 무국적성에 이를 택했을지도 모른다.

이 둘이 이처럼 이름을 바꾸게 된 또 다른 이유는 단순히 비즈니스 때문이 아닌 점점 심해지고 있는 유럽에서의 반유대주의 정서 때문이기도 했다. 독일 뿐 아니라 파리에서도 반유대주의 정서는 확산되고 있었고, 새로운 도시에서의 새로운 시작과 그들의 안전을 위해서도 그들은 유대인 뿌리와 결별 내지는 최소한 그것을 숨겨야 했기 때문이다.

로버트 카파와 게르다 타로는 이렇게 탄생했다. 1936년 5월의 일이다.

이렇듯 로버트 카파와 게르다 타로라는 새로운 이름이 탄생하면서 그 둘은 마치 모든 것을 리셋한 듯 새로운 시작을 하게 된다. 앙드레는 말쑥한 코트와 모자까지 쓰며 자신이 창조해낸 인물, 부유한 세계적인 명성의 몸값 비싼 사진가 로버트 카파의 외양에 더욱 가까워져 갔다. 하지만 초창기의 로버트 카파는 앙드레와 타로가 함께 한 몸으로 결합되어 있는 자웅동체와 같은 캐릭터였다. 앙드레에게 처음으로 라이카 카메라의 조작법과 현상법을 배운 타로는 곧 수준급의 사진 실력을 가지게 되었으며 초창기 로버트 카파의 이름으로 촬영되고 발표된 사진에는 타로가 촬영한 사진 역시 다수 포함되어 있다. 초창기의 사진들 중에는 현재까지도 누가 진짜 그 사진의 주인공인지 확인 할 수 없는 사진들도 많이 있다.

한편 타로의 사업 아이디어는 적중하여 당시 그들의 창조물 로버트 카파는 당시 사진 한 장당 150프랑의 원고료를 받았는데 이

도쿄의 타로 뮤지엄에 전시되고 있는 오카모토 타로의 등신상과 그의 작품들

일본 만화 20세기 소년의 주요한 모티브로 등장하는 1970년 오사카 엑스포의 상징물인 태양의 탑. 우리에게 친숙한 이 예술작품은 오카모토 타로의 대표작이다. 전위 미술 운동의 대표주자였던 타로는 파리에서의 활동 뒤 일본으로 돌아와 생을 마감할 때까지 도쿄에서 살았으며 그가 살았던 집과 아틀리에는 현재 오카모토 타로 기념관이 되어 일반에게 공개되고 있다. 오카모토 타로 역시 사진에 많은 관심을 가지고 있었으며 1950~60년대에 걸쳐 약 2만 컷 이상의 사진을 촬영한 것으로 알 수 있다. 파리에 살고 있는 외국인, 사진에 대한 관심 등의 공통점이 게르다 타로와 오카모토 타로를 가깝게 만들어 주었는지도 모른다.

© 김경훈

것은 당시 일반적인 사진 원고료의 세 배에 달하는 가격이었고 일거리 역시 대폭 늘어나게 되었다.

이 시절의 두 사람의 자취를 엿볼 수 있는 곳은 파리 37번가Paris 37 rue Froideevaux이다. 앙드레와 타로가 자주 찾던 카페 골목인 몽파르나스에서 멀지 않은 이곳의 아파트는 '로버트 카파'의 탄생지라고 부를 만하며 아직도 그 모습을 그대로 지키고 있다.

35년 정도만 되면 재건축을 못해서 난리인 우리와는 달리 이 아파트는 지금도 온전히 남아 그 자리를 지키고 있으며 이 건물의 2층은 평생 떠돌며 호텔방을 전전하던 로버트 카파가 그의 생애 유일하게 방을 빌려 살며 정착했던 곳이기도 하다. 1919년도에 세워진 이 건물은 작은 주방과 샤워실을 갖춘 곳으로 이곳의 2층에서 카파와 타로가 함께 살고 일하며 자랑스럽게 '아틀리에'라고 부르던 곳이다. 이곳에서 살기 시작한 지 3년이 채 되지 않아 언론매체로부터 '최고의 전쟁사진가the greatest war photographer in the world'라는 호칭을 받게 되었으니 옛날 분들 말대로라면 풍수가 좋은 곳인지도 모르겠다.

헝가리의 난민 청년이 세계 최고의 전쟁사진가라는 칭호를 얻는 성장의 과정이 아직도 그대로 남아있는 이 집의 벽은 고스란히 기억하고 있을지도 모른다. 당시 주변에는 훗날 세계적인 예술가가 되는 이들이 살고 있었으며 앙리 카르티에 브레송, 데이비드 심 시모어 등도 카파의 아틀리에를 자주 찾던 멤버들이었다.

한편 이 집은 1939년 카파가 파리를 떠난 뒤 그의 오랜 친구이자 사진가인 타시 치나니Taci Czigany가 인수하여 그가 사망하는

1980년대 초까지 사용하였다. 그리고 그의 사후에 고물상들이 많은 물건을 가져갔는데 거기에는 그동안 남아있던 카파의 사진, 카파가 사용하던 물건, 온갖 서류들 등도 포함되어 있었다고 한다. 다행히 그러한 것들 중 일부는 나중에 되찾게 되어 카파와 타로를 기억할 수 있는 소중한 유물이 되었다.

한편 이 무렵 카파의 가족들은 커다란 변화를 겪게 된다. 아버지의 노름빚으로 인해 결국 부모님이 운영하던 의상실은 파산했으며 그의 어머니 율리아는 남편과 헤어진 뒤 친척들이 살고 있는 뉴욕으로 거처를 옮기게 된다. 그리고 그의 아버지는 아내와 헤어진 뒤 마지막으로 포커 게임을 하고 스스로 목숨을 끊은 것으로 알려져 있다.

부모를 도와 의상실을 하던 형 역시 아내와 어린 딸을 남기고 병으로 세상을 떠나게 되었다.

한편 막냇동생 코넬은 의사가 될 계획을 가지고 형이 있는 파리로 이주했으며 공부하는 틈틈이 형을 도와 사진을 배우고 현상을 돕게 된다. 당시 심과 브레송의 사진까지 현상하기도 했던 코넬 역시 훗날 유명한 사진가가 되어 〈매그넘〉에 합류했으며 뉴욕에 국제사진센터International Center of Photography를 설립하고 뉴욕주립대학교의 사진학과의 교수가 되었다.

카파가 탄생하고 카파의 가족들이 이러한 변화를 겪는 동안 카파를 둘러싼 유럽은 더욱 커다란 변화의 소용돌이에 있었다. 하지만 이러한 변화의 소용돌이는 이제 난민 청년 앙드레에게 불안한 미래를 선사하지 않았고, 오히려 새롭게 데어난 로비드 가파의 보

현장 사진, 로버트 카파와 타로의 모습

우리와는 달리 주택 수명이 수백 년에 달하며 계속해서 고쳐 쓰는 유럽의 문화 덕분에 카파와 타로가 아뜰리에로 사용하던 파리 37번가의 건물은 아직도 그대로 남아있었다. 이곳에 살며 둘은 사랑을 나누었고, 이곳을 사무실 삼아 카파는 사진을 현상하고 인화하며 일을 하였고, 타로는 능숙한 타이프 라이팅으로 카파와 자신의 사진에 사진 캡션을 달았다.

© 김경훈

도사진계에서의 성공적인 안착을 도왔다.

당시 프랑스에서는 노동자 운동이 활발하게 이루어지면서 1934년 공산당과 사회당 그리고 급진당 사이에 인민전선the Popular Front이라는 진보 연합전선을 형성했다.

당시 유럽은 모든 이념의 각축장과 같았다. 적색혁명에 성공한 소련(소비에트 연맹Soviet Union)은 혁명과 공산주의를 전 세계에 전파시키고자 했다. 소련은 좌파와 공산주의의 이념의 차이는 접어두고 모두 인민전선에 합류해서 혁명에 참여할 것을 독려하고 있었다.

이와 동시에 독일의 히틀러와 이탈리아의 무솔리니로 대표되는 파시즘에 유럽이 어두운 그림자를 드리우자 이에 대한 반작용으로 프랑스에서는 자유와 인민 그리고 노동자에 대한 권리에 대한 의식 역시 높아지면서 이러한 사상을 대표하는 신문 잡지 시장 역시 독자층을 넓혀 나가고 있었다.

이러한 시대상 속에서 카파와 타로는 인민전선에 참여하며 그들의 이념적 편향성은 점점 짙어지고 있었다. 부다페스트에서 돌을 쥐고 있던 카파의 손에 이제는 카메라가 들려 있었고, 주말이 되면 거의 매주 벌어지고 있는 노동자들의 시위를 취재하기 위해 카파는 거리로 나갔다. 때로는 타로도 동행하였으며 이들이 촬영한 사진들은 대표적인 진보 성향의 친인민전선 잡지인 『뷔Vu』 같은 당시의 대표적인 좌파 언론에 주로 실렸다.

이름 없는 사진기자로 일거리가 없었던 앙드레에게는 자신의 실력을 쌓을 방법도, 실력을 보여줄 방법도 없었지만 '로버트 카파'라는 자웅동체의 인물로 새롭게 창조됨으로써 앙드레는 더욱더 많은 취재의 기회를 얻을 수 있었다. 이것은 많은 경험을 그에게 선사했고 이 과정을 통해 그는 더욱 사진기자로서의 실력을 향상시킬 수 있었다.

당시 몇몇 언론사의 편집장들은 로버트 카파가 두 젊은 남녀가 만들어낸 가공의 인물인 줄 눈치챘다고 한다. 왜냐하면 모든 사진가들은 자신들의 스타일이 있기 마련이고, 예리한 눈을 가진 편집자들은 사진을 보면서 사진가의 독특한 스타일을 가려낼 안목 정도는 가지고 있었기 때문이다. 또한 똑같은 현장에서 취재한 사진을 타로가 로버트 카파라는 이름으로 판매한 뒤에도 앙드레는 같은 현장에서 촬영된 비슷한 사진을 앙드레의 이름으로 팔려고 했으니 로버트 카파의 진짜 정체를 눈치채는 것은 결코 어렵지 않은 일이었다. 하지만 당시 미디어 시장은 폭발적으로 성장하고 있었고 지면에 보도되어 독자들에게 호응을 얻을 수 있는 사진을 구하기 위해서라면 그 사진가의 정체가 사진값이 다소 비싼 미국인 사진가 로버트 카파이건 헝가리의 망명자 청년이건 중요치 않았기에 그들은 이 두 젊은이의 '어설픈 사기 행각'에 그다지 신경 쓰지 않았던 것 같다.

당시 카파는 타로가 창조해준 이러한 삶에 너무나도 만족했다. 카파는 자신의 멘토였던 사진가 앙드레 케르테츠에게 '내 인생에서 이렇게 행복했던 적은 없었어요'라며 오직 죽음만이 자신과 타로를 갈라놓을 것이라고 이야기하곤 했다고 한다.

번데기가 탈피를 하여 아름다운 나비가 되듯 난민 청년 앙드레

© Robert Capa

1936년 파리에서 카파가 촬영한
시위에 참여하고 있는 자유주의 인민전선 연합 정부 지지자들의 모습
초창기의 카파는 자신과 게르다가 이념적으로 지지했던 좌파와 진보적 성향의 언론을 무대
로 활동하였다.

는 게르다 타로의 도움으로 사진가 로버트 카파로 다시 태어나고 있었던 것이다.

전쟁의 기운

이렇게 로버트 카파라는 창조물이 점점 사진가로서 뼈와 근육을 얻어 가고 있을 즈음 유럽에서는 전쟁의 그림자가 점점 짙어지고 있었다. 그리고 1935년 10월 3일 이탈리아의 무솔리니가 아비시니아를 침공했다.

오늘날의 에티오피아인 아비시니아는 당시 독립된 제국이었으며, 19세기부터 벌어졌던 유럽 열강들의 아프리카 식민지 쟁탈전에서도 군건히 독립을 지킨 역사적 자존심이 강한 흑인 왕국이었다. 더구나 이탈리아는 19세기 말 에티오피아를 침략하기 위해 벌였던 1차 이탈리아-에티오피아 전쟁에서 궤멸에 가까운 패배를 맛보며 아프리카에서 최초로 패배를 당한 유럽 국가라는 창피한 타이틀까지도 가지고 있었지만 1차 세계대전 이후의 패배감과 침체된 경제와 산업을 다시 일으키기 위한 외부요인이 필요했다. 이에 무솔리니의 파시스트 정권은 에티오피아를 이러한 야욕의 희생물로 삼은 것이다. 1차 세계대전 이후 유럽 질서의 한 축을 담당해 왔던 국제 연맹의 주도국인 영국과 프랑스가 이러한 이탈리아의 침략에 대해 어정쩡한 태도를 취하면서 '끔찍한 대량 살육의 전쟁이 다시 일어나는 것을 막고 평화를 수호하기 위해 국제 연맹을 창설'했던 유럽의 대의와 1차 세계대전 이후 유럽을 지배해 왔던 국제질서는 균열이 시작되었다.

그리고 카파가 프랑스 혁명 기념일인 7월 14일 바스티유 데이의 뜨거운 열기를 사진에 담은 며칠 뒤인 7월 19일에 스페인의 전쟁 영웅이자 아프리카의 스페인 주둔 군대를 장악하고 있던 프랑코가 스페인의 인민전선 정부에 대한 봉기를 일으킨다.

이는 스페인이 독재적인 왕정을 끝내고 국내외의 기대 속에 민주주의 정부를 탄생시킨 지 5년이 될 무렵이었다. 당시 스페인에서는 자유주의, 사회주의 그리고 공산당을 아우르며 연합한 인민전선이 자본가, 군인, 그리고 카톨릭 세력을 대변하는 우익을 물리치고 총선에 승리하며 정치와 사회의 개혁을 추구하려고 하였으나 우익들의 거센 반발에 부딪히게 되었다. 이렇게 시작된 쿠데타는 이튿날부터 스페인 전역으로 퍼져 나갔으나 이를 주도한 수뇌부의 의도와는 달리 군부 세력이 전국을 장악하는데 실패하면서 스페인의 국토는 공화 진영과 우익 반란군 지역으로 양분된다. 그리고 그 어느 쪽도 상대를 힘으로 제압할 수 있는 군사적 우위를 점유하지 못한 상태에서 양쪽은 자신들과 이념적으로 교감하고 공유하는 유럽의 인접국에 군사적 지원을 요청하게 되었다. 당시 스페인 내부에 형성된 이념의 대립 구도는 유럽 전체에 퍼져있는 이념의 양분兩分과 비슷했기 때문이다. 이러한 지원 요청에 히틀러가 이끌던 독일과 무솔리니의 이탈리아는 신속하고 적극적인 지원을 표명하며 전투기와 다양한 전쟁물자 등 막대한 군사력을 지원했다. 그들에게 있어 스페인에 파시스트 성향의 정부가 수

립되는 것은 지중해에서 프랑스와 영국에 우위를 점함으로 얻게 되는 이익을 받을 수 있으리라 판단했고 스페인에 매장되어 있는 풍부한 철과 구리는 그들의 재무장에 필요한 유용한 자원이기 때문이었다. 특히 독일은 신무기와 군사 작전의 실험장으로 스페인 내전을 이용하고 싶어 했다. 스페인 내전 도중 독일은 약 1만 6천여 명의 독일군을 지원하였으며 이 병력 중에는 프랑코 진영에 제공권의 우위를 가져다주었던 '콘도르 군단'도 포함되어 있었다. 훗날 피카소의 그림 〈게르니카〉의 모티브가 되었던 게르니카에 있었던 비무장 시민들을 상대로 한 무자비한 융단 폭격과 급강하 폭격 같은 새로운 전투 기술이 스페인 내전에서 실험되었다. 2차 세계대전에서 군사령관으로 활약한 독일의 군사 지도자들은 스페인 내전에서 실전 경험을 쌓았으며 2차 세계대전 당시 나치 독일군이 수뇌부였던 공군 총사령관 괴링Herman Goring은 스페인 내전의 개입 동기가 자신의 공군 전력을 실험해 보기 위함이었다고 제2차 세계대전 종전 후의 뉘른베르크 전범 재판에서 진술하기도 했다. 이탈리아 역시 '검은 셔츠'라고 불리는 파시스트 당원을 포함하여 약 8만 명의 병력을 보냈으며 독일이 프랑코의 반란군 정부에 지원한 금액의 두 배에 달하는 전쟁 지원금을 지원하여 좌파 사회주의의 불길이 인접국인 자신들의 나라로 오는 것을 차단하려고 했다.

하지만 영국, 프랑스를 위시하여 미국, 소련 등의 강대국들은 불간섭을 표명하였다. 이러한 불간섭에는 당시의 복잡한 국제 역학관계와 스페인 내전에서 우익 세력이 되어 좌파 공화주의 정부와 대립하고 있는 가톨릭교회 때문에 자국의 가톨릭 유권자들의 눈치를 봐야 하는 상황도 한가지 이유가 되었다. 이렇듯 정부 차원의 지원이 지지부진하자 전 세계 50여 개국에서 최소 삼만 오천 명 이상의 의용군이 국제 여단으로 공화정부를 지원하기 위해 참전했다. 국제적인 연대의식으로 모인 이들은 주요 전투에 참여했으며 수도 마드리드의 방어에도 중요한 역할을 했다. 특히 헤밍웨이 등을 비롯한 지식인들과 작가들이 대거 참여한 국제 여단의 활약은 훗날 자서전적인 작품과 문학 작품이 되어 후대에 전해지게 된다. 헤밍웨이의 『누구를 위하여 종을 울리나』, 앙드레 말로의 『희망』, 조지 오웰의 『카탈로니아 찬가』들은 모두 작가의 스페인 내전 참전 경험을 담아 쓴 작품들이다.

이러한 스페인 내전의 다양한 스펙트럼 앞에서 민주, 공화, 자유, 시민사상이 최선의 가치라고 믿던 당시 유럽의 젊은 지식인들의 피는 끓고 있었다. 누군가는 아나키스트의 이름으로, 또 다른 누군가는 자유주의자의 이름으로, 또 다른 누구는 공산주의의 이름으로, 또 다른 누구는 사회주의자의 이름으로, 또 다른 누군가는 그 어떤 이념도 아닌 농민과 노동자의 이름으로 스페인 공화정부라는 빅 텐트 밑으로 모여들기 시작했던 것이다. 로버트 카파, 그들의 창조자 게르다 타로와 앙드레 프리드먼 역시 뜨겁게 끓어오르는 피와 열정을 느끼며 스페인으로 향했다. 그리고 그 둘의 손에는 총 대신 카메라가 들려 있었다.

로버트 카파와 앙리 카르티에 브레송

사진에 대해 '잘알못'인 분들이어도 한 번쯤은 들어 보았을 만큼 유명한 이 둘은 어쩌면 가장 대중적으로 유명한 사진가들이라고 할 수 있다. 로버트 카파가 그의 드라마틱한 인생을 살았던 전쟁사진가로 알려져 있다면 브레송은 그의 사진 미학을 대표하는 '결정적 순간'으로 잘 알려져 있는 것처럼 둘은 출신과 성격, 사진 스타일 등 모든 것이 달랐지만 N극과 S극이 서로 끌리듯 사진가로서 첫발을 내디뎠던 젊은 시절부터 친교를 나누며 서로를 챙겨주는 사진적 동지였다.

브레송 재단의 1층의 북코너에 전시되어 있는 젊은 시절의 브레송의 모습. 1935년경 27세때의 모습으로 당시 샤넬과 보그지등의 사진을 담당했던 패션 사진계의 선구자였던 조지 호이닝건 휴년George Hoyningen-Huené이 촬영하였다.

브레송의 작품 세계와 숨결을 잘 알 수 있는 곳 중의 하나는 파리에 위치한 앙리 카르티에 브레송 재단Henri Cartier-Bresson Foundation이다. 오만 장이 넘는 오리지널 프린트와 이십만 장이 넘는 네거티브 필름이 소장되어 있는 이곳은 유럽풍의 심플한 외관이 특징이며 모던한 전시 공간이 마련된 이곳은 '재단'이라는 이름보다는 '뮤지엄' 혹은 '사진미술관'이라는 명칭이 더 어울리는 곳이다.

그런데 많은 사람들이 브레송의 작품을 보기 위해 브레송 작품들의 상설 전시를 기대하며 이곳을 찾지만 이곳에는 브레송의 상설 전시가 열리지 않는다. 그것은 브레송과 그의 아내이며 〈매그넘〉의 사진가였던 마르티네 프랭크의 유지에 따른 것이다. 이 공간이 다른 사진가들의 전시 공간으로 활용되기를 원했던 이들의 이러한 결정에는 불교도이자 무정부주의자로 평생을 살았던 브레송의 인생의 철학이 반영된 결과일지도 모른다. 하지만 다양한 형태로 브레송의 사진들이 전시되고 있기 때문에 브레송을 좋아하는 사람들, 그의 '결정적 순간'의 미학을 오리지널 프린트로 보고 싶은 사람들은 반드시 찾을 만한 가치가 있는 곳이다. 내가 이곳을 찾았을 때는 스트리트 포토그라퍼street photography로 유명한 헬렌 레빗Helen Levitt의 사진들과 함께 멕시코를 주제로 한 사진전이 개최되어 브레송의 사진들을 오리지널 프린트로 볼 수 있었다. 마침 전시장에는 컬렉터이자 프랑스 미술계의 유명 큐레이인 제임스 스롤 소비James Thrall Soby가 브레송의 사진 미학에 대해 논한 문장이 다음과 같이 벽에 쓰여 있었다. '브레송의 사진은 시적인 우연의 예술로, 감정이 격렬해지는 순간의 피사체를 기록한 것이다.'

그렇다면 이러한 결정적인 순간을 포착하기 위한 방법은 무엇이었을까? 어쩌면 브레송의 사진을 좋아하고 그의 사진을 보기 위해 브레송 재단을 찾는 사람들이라면 누구든 한 수 배우고 싶을지도 모를 이 비밀에 대해, 정작 브레송 자신은 자신도 도대체 어떻게 결정적인 순간을 사진으로 포착하는지 잘 모르겠으며 그 과정은 수수께끼라고 고백하였던 적이 있다. 그래서 사진에 관해, 결정적 순간에 대해 평생 그 누구에게도 가르치려 하지 않았다는 것이다. 그리고 브레송 자신은 '결정적 순간'이란 단어로 자신의 사진 세계를 명명한 적도 없었다.

브레송의 사진집을 미국에서 출간하며 카파가 명명한 사진집의 미국판의 제목 Decisive Moment가 일본에서 1950년대 『라이프』지의 사진기자로 활동하던 일본의 사진가 미키 준에 의해 '결정적 순간'으로 해석되어 이것이 우리나라에 그대로 유입된 것을 생각해 보면 과연 결정적 순간이란 단어가 브레송의 위대한 사진 예술의 세계를 온전히 해석하는 충분한 단어인지는 한 번쯤 생각해 봐야 할지도 모른다.

브레송의 대표작중의 하나인 멕시코의 매춘부들을 보고 있는 관람객
문에 난 작은 구멍 밖으로 얼굴을 내밀고 있는 멕시코의 매춘부들을 찍은 이 사진은 멕시코의 거칠고 험한 뒷골목에서 살아가는 사람들의 일상을 따뜻한 시선으로 담아낸 것이 특징이다.

기회의 땅, 슬픔의 땅
스페인

진실이 가장 훌륭한 사진이며 최고의 선동propaganda이다.

— 로버트 카파

카메라와 이념

현대의 저널리즘에서는 사진기자가 중립성을 가져야 하는 것은 보도사진의 중요한 윤리 중의 하나이다. 하지만 간혹 현장에서 만나는 사진기자들 중에는 사진을 자신이 지지하는, 옳다고 생각하는 이념적 스펙트럼의 도구이자 무기로 사용하고 싶어 하는 사진기자들도 가끔씩 볼 수 있다. 물론 사회의 여러 가지 현안에 대하여 문제를 제기하고 이에 따른 대안까지 제시하여야 하는 것이 언론의 사명이라고 믿는 이들이라면 이러한 태도를 틀리다고 볼 수는 없을 것이다. 하지만 항상 편견 없이 사실을 있는 그대로 기록하고 보도해야 하는 것이 사진기자라는 일의 본질이라고 본다면 그러한 성향을 노골적으로 드러내는 그들에게는 사진기자라는 타이틀보다는 카메라를 손에 든 활동가라는 타이틀이 더 어울리지 않을까 하는 생각이 들기도 한다. 이러한 관점에서 본다면 과연 스페인 내전을 취재했을 당시의 로버트 카파에게는 사진기자라는 명칭을 붙일 수 있을까, 하는 생각이 들기도 한다.

그의 스페인 내전 당시의 사진들은 지금의 시각으로 보면 그가 가지고 있던 좌파 혹은 무정부주의 사상에 대한 도구로서 사진을 이용했던 것은 분명하다. 이 시기의 그에게 카메라는 총이었으며 그가 찍는 사진은 그가 옳다고 믿는 신념을 선전하기 위한 도구였다. 물론 시간이 흘러갈수록 그의 사진들 속에서 이러한 색채는 사라져 갔으며 때로는 돈과 명예를 쫓기도 했다. 결과적으로 그의 인생 전반의 사진 작업에 대한 세간의 평가는 '정치권력이 일으킨 전쟁 속에 내던져진 인간의 모습'을 포착하는 것으로 귀결되지만 말이다.

혈기왕성하던 카파와 타로가 스페인 내전이라는 위험한 전쟁을 취재하러 가기로 결정하게 된 데에는 당시 그들이 옳다고 믿고 있던 정치적 신념이 크게 작용을 했던 것은 분명하다.

나치의 유대인에 대한 박해를 통해 도망쳐 나왔던 두 유대인 젊은이에게 스페인은 노동자와 인민이 주역이 된 해방구처럼 보였다. 이곳이 파시스트 진영에 의해 일촉즉발의 위기에 처했다는 사실에 그들은 총 대신 카메라를 들고 '그들만의 전쟁'을 수행하기로 마음먹었던 것으로 보인다. 즉 카메라를 통해 스페인 인민전선과 공화주의자들의 저항과 승리를 기록하고 세상에 알리고 싶어했던 것이다.

이들이 이러한 신념을 가지게 된 것은 당시 프랑스의 언론 환경을 돌아보면 너무나도 당연한 것이었다. 당시 신문과 잡지의 활자 매체들은 막강한 영향력을 가지고 있었으며 특히 혁명의 도시 프랑스에서는 언론에 무제한의 자유가 주어졌다. 그리고 정당의 기관지라는 태생적 한계를 가지고 태어난 언론이기에 당시의 언론과 언론인들에게 '언론의 중립'이란 생소한 단어였다. 언론에게는 내 편과 적이 엄연히 존재했으며 당시의 사진기자들 역시 자신과 성향이 맞는 매체와 일을 하고 사진을 통해 자신의 신념과 생각을 표현하는 것은 당연하게 받아들여졌다.

그리고 스페인 내전은 스페인만의 전쟁이 아니었다. 많은 사람들이 스페인 내전과 같은 파시스트와의 전쟁이 곧 전 세계로 퍼질 것을 예상하고 있었다. 당시 좌파적인 사상을 가진 이들에게 스페인 내전의 승리는 파시즘의 확장을 막을 수 있는 마지막 기회처럼 보였고 이 같은 이상을 위해 수많은 나라의 많은 이들이 국제 의용군의 이름으로 스페인으로 속속 모여들었던 것이다.

당시 스페인 전쟁은 카파와 같은 젊은 세대에게는 더 커다란 전쟁이 다가오고 있다는 불길한 전조임과 동시에 그들이 힘을 합쳐 저항하면 파시즘을 막을 수 있다는 희망을 보여줄 수 있는 실험장이기도 했다.

카파의 절친이며 그와 함께 스페인 내전을 취재하고 많은 사상을 공유했던 심이 남긴 글에서도 볼 수 있듯이.

"어보게, 지금 세상 돌아가는 게 좋지 않아, 하지만 곧 좋아질

거야. 가까운 미래에 우린 느낄수 있을 거고, 볼 수 있고, 피부로 느낄 수 있을 거야."

스페인 내전에 가기 위해 카파와 타로는 그동안 그들이 주로 함께 일을 해왔던 좌파 성향의 잡지들과 접촉했고 스페인 내전에 초미의 관심을 가지고 있던 『뷔』의 사진 취재일을 맡게 되었다. 이때 카파만큼 스페인에서의 취재에 흥분에 쌓여 있던 것은 게르다 타로였던 것 같다. 카파가 그녀에게 사진을 가르쳐 주었고, 그녀 역시 때때로 사진을 찍었지만 그녀의 사진은 언제나 그녀가 창조한 가공의 인물 카파의 이름으로 보도되었다. 그리고 미국인 사진가 로버트 카파라는 가공의 인물이 등장하는 연극 같은 상황에서 카파라는 인물에 가까웠던 것은 감독인 그녀가 아닌 주연 배우였던 앙드레였다. 당시 타로는 스페인 내전이라는 국제적인 뉴스를 빌미로 자신을 카파의 어시스턴트와 같은 역학에서 벗어나 독립적인 사진가로 인정받을 수 있는 기회로 여기고 있었던 것 같다. 타로는 자신의 이름으로 프레스 카드도 발급받았고 더 이상 카파의 이름이 아닌 자신의 이름으로 자신의 사진들을 발표할 수 있었기에 그녀는 더욱더 스페인으로 가는 것에 흥분하고 기대했을 수 있다. 로버트 카파라는 자웅동체의 이름 뒤에 조용히 숨어있어야 했던 타로는 비로소 자신의 이름을 전면에 앞세울 수 있었던 것이다.

카파와 타로가 파리에서 스페인으로 떠나는 날 아침, 그들에게 아침을 차려 주며 그 둘을 배웅했던 그들의 친구 윌리 로니스Willy Ronis는 두 젊은 남녀가 서로 깊이 사랑했으며 타로는 카파와 함께 스페인으로 떠나는 것에 매우 흥분해 있었다고 기억하고 있었다.

신념의 땅 바르셀로나

카파와 타로가 바르셀로나에 도착했을 때는 1936년 8월 5일이었다.

그때의 스페인은 당시 유럽의 모든 이념이나 사상의 흐름이 뒤범벅되어 있었다. 당시의 공화파 정부는 도시의 노동자와 서민 그리고 농촌의 소작농으로 구성되었으나 그 이념에 있어서는 몇 개의 갈래로 분열되어 있었다. 공산주의자, 사회주의자, 무정부주의자, 온건적 교회세력, 민족주의자 등으로 구성된 그들은 불안한 동거를 하고 있었다. 또한 반란 세력 역시 군부, 자본가, 지주, 로마 가톨릭교회, 파시스트, 왕당파 등으로 이루어져 있었다. 그리고 공화파와 반란 세력 사이에는 커다란 군사적 힘의 차이가 존재하고 있었다. 대부분 의용군으로 구성되어 있는 공화파와는 달리 반란 세력은 아프리카에서의 실전 경험을 가진 스페인의 가장 막강한 프랑코의 아프리카 군단이 그 선두에 있었으며, 그 뒤에서는 파시스트 독일과 이탈리아의 든든한 지원이 버티고 있었다.

하지만 이러한 군사적 열세 속에서도 공화파 세력이 앞선 것이 하나 있었으니 그것은 바로 '열정'이었다. 자유와 공화정에 대한 뜨거운 믿음, 그리고 그 믿음을 위해 자신을 희생하겠다는 에너지만큼은 공화군 세력의 커다란 자산이었다.

당시 바르셀로나의 분위기는 에릭 아서 블레어라는 영국의 작가에 의해 이렇게 묘사되었다.

"바르셀로나는 매우 놀랍고 압도적이었다. 내가 가본 곳 중에서 노동자 계급이 지배계급이 된 첫 번째 도시였다. 모든 건물들은 노동자들에게 점령되었으며, 노동자들의 붉은 깃발 혹은 무정부주의자들의 검정과 붉은색 깃발이 드리워져 있었으며, 혁명정당들의 이니셜이 그려져 있었다." 훗날 이 젊은 영국 작가는 자신의 본명보다는 필명인 조지 오웰로 더 잘 알려지게 된다.

바르셀로나의 이러한 뜨거운 열기와 무한한, 하지만 근거 없는 낙관주의는 카파와 타로의 심장을 뛰게 만들었다. 그들은 카메라를 통해 바르셀로나의 열기와 그들이 겪고 있는 전쟁을 기록해서 잡지의 지면을 통해 유럽의 독자들에게 보여주고 싶었다.

당시 『뷔』지에 사진을 기고하기로 예정되어 있었지만 그들에게 정해진 급여는 없었다. 그들이 촬영하여 보내는 사진 중 『뷔』지에 채택되는 사진에 대해서만 원고료를 받는 계약이었기에 카파와 타로는 유럽의 독자들을 매혹시킬 이미지를 찾기 위해 바르셀로나 곳곳을 누비고 다녀야 했다. 그리고 그들이 찾은 이미지에는 한가지 공통점이 있어야 했다. 바로 좌파 계열의 『뷔』지의 독자들을 만족시킬 수 있는 공화국의 승리, 좌파의 열렬한 승리의 증거, 즉 승리에 대한 소망, 흥분과 열정, 그리고 끝없는 가능성으로 가득 찬 바르셀로나의 열기를 보여주는 사진이어야 했다.

당시 스페인에 공화정부가 수립되고 스페인 내전이 벌어진 직후까지 바르셀로나는 노동자계급에게는 새로운 사회의 시작이었지만 그 반대편 사람들에게는 재앙이기도 했다. 왕당파의 관리들은 무자비하게 처형당했으며 왕당파를 쫓아 피난을 가지 못한 부유층들은 목숨을 부지하기 위해 노동자들의 옷을 입고 숨어 있어야 했다. 소작인과 노동자들은 가톨릭 사제들이 그동안 그들을 억압하던 우익 지주와 자본가들과 결탁해 왔다고 생각했으며 이것은 폭력과 처형으로 이어졌다. 지방에서는 농민들이 교회를 불태웠고, 수많은 신부와 수녀들 그리고 독실한 가톨릭 신자들은 처형당했다.

프랑코의 쿠데타가 발생하자 가톨릭교회는 프랑코로 대표되는 국가주의파의 편에 섰으며 가톨릭 신부들에 대한 학살과 교회에 대한 탄압은 영국과 같은 서방 국가들이 공화파에 대한 지원을 꺼리게 되는 이유가 되기도 했다. 카파와 타로가 바르셀로나에 도착했을 때는 이러한 피의 숙청이 이미 끝난 뒤였지만 어쩌면 카파와 타로는 이러한 현실을 애써 외면하고 있었는지도 모른다. 그들의 사진 속에서는 당시 바르셀로나의 노동자 계급에 의해 저질러진 추악한 또 다른 폭력은 전혀 담겨 있지 않았다.

그들은 파시스트에 대한 숭고한 전쟁을 수행하는 좌파 동지들의 승리의 기록만을 사진 속에 담고 싶었던 것이다. 스페인에서의 두 사람은 냉철한 가슴을 가진 언론인이라기보단 신념의 전쟁에 선 십자군을 카메라에 담은 자기 진영의 기록자 모습에 더 가까웠다.

바르셀로나에 도착한 후 촬영된 카파와 타로의 사진들이 특징

프랑스의 잡지 『뷔』의 1936년 8월호에 게재된 사진

타로가 촬영한 것으로 추정되는 이 사진은 반란군에 대항하여 일어선 공화국 병사의 에너
지를 표현하고 있다.

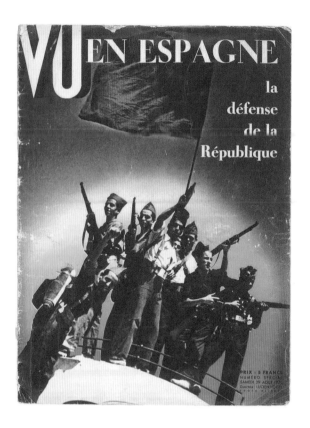

은 승리의 여유와 전쟁의 낭만이 엿보인다는 것이다. 전쟁으로 향하는 공화군 병사들은 느긋한 표정으로 미소를 지으며 기차에 타고서 카파와 타로의 카메라를 향해 손을 흔들고 있다. 이들을 전송하는 사람들의 모습도 마치 휴가를 떠나는 이들을 배웅하는 듯한 느낌이었다. 연출이었겠지만 어느 건물의 옥상에 깃발을 세운 공화군 병사들은 이미 전쟁에서 승리한 병사들의 전형적인 포즈를 지으며 총을 높이 치켜 세우고 있다. 아이들은 도시 전체가 요새화된 바르셀로나의 어느 돌담 위나 벙커를 놀이터 삼아 놀고 있다. 이러한 와중에도 삶은 계속되어 주말이면 민병대 복장의 군인들은 아이들의 손을 잡고 투우를 보러 가고 있었다.

당시 언론의 관심을 가장 많이 끈 존재는 바로 스페인의 여군들이었다. 당시 스페인은 유럽에서도 매우 보수적인 편에 속했지만 파시스트에 대항하기 위한 싸움에서 여성들 역시 총을 들고 군사 훈련을 받고 있었고 이러한 모습은 개방적인 유럽의 다른 지역에서도 쉽게 볼 수 없던 모습이었다. 전쟁이 나면 간호사 혹은 후방의 군수 공장에서 일하는 것이 대부분이었던 유럽의 여성들이 직접 총을 들고 싸우는 것이다. 타로 역시 바르셀로나의 광장 한가운데에서 군사 훈련을 받고 있는 공화국 여군들의 모습에 매료되었다. 스페인의 공화국 여군 병사들은 그들의 복장으로도 유명했다. 푸른색의 커버올Coveralls이라고 불리는 상하의가 연결된 원피스형태의 작업복 바지와 끈으로 묶는 신발을 신는 것이 트레이드마크 같았던 당시 스페인 공화군의 여군들은 공화국과 좌파에서도 매우 급진적인 여성들의 상징이었다. 당시 스페인에서 여성들은 치마를 입고 집에 조용히 있어야 하는 존재였다. 하지만 이들 여군들은 바지를 입고, 더 이상 남자 보호자의 동반 없이 자신들끼리 총을 들고 거리를 돌아다니고 카페에 앉아 있고는 했다. 좌파 남성들조차 그녀들에게 '바지를 입은 여자'라고 조롱하거나 심지어 여군 중에는 바지를 입었다는 이유로 부모로부터 집에서 쫓겨난 이도 있었다. 그리고 스페인의 역사상 여성들이 무기를 들고 전쟁터에 가는 것이 허용되었던 적은 스페인 내전이 처음이었다.

타로가 남긴 이 사진은 묘하다. 사진가는 사진을 찍을 때 카메라 앞에 모습을 나타내지 않고 카메라의 뒤에 서 있을 뿐이다. 사진가는 수백 수천 장의 사진을 찍지만, 대부분 자신의 모습을 자신의 사진 속에 남기지 않는다. 하지만 가끔씩 우리는 사진가가 남긴 사진 속 피사체에서 사진가의 모습을 발견하고는 한다. 이 사진이 타로의 대표작 중 하나로 기억되는 이유는 이 시간에 다르게 투영되었기 때문인지도 모른다. 타로가 촬영한 이 사진 속에서 여성은 힘 있는 독립된 존재로서의 여성이다. 굳건히 땅에 디딘 두 다리와 견고하게 다져진 어깨에서 이어진 손으로 권총을 쥐고 있는 모습은 더 이상 남성의 보호가 필요하거나 남성을 보조하는 역할이 아닌 독립된 개체로서의 여성의 이미지인 것이다. 당시 전쟁터의 유일한 여성 사진기자였던 타로는 카파의 그늘에서 벗어나 자신의 이름으로 사진을 발표하고 독립된 사진기자로서 인정받고 싶어했다. 사진 속의 여군도 타로 자신도 당당히 총처럼 카메라를 들고서 자신의 역할을 다하는 존재로서 인정받고 싶어했는지도 모른다.

© Gerda Taro

1936년 바르셀로나 외곽의 해변에서 사격 훈련을 하고 있는 여군의 모습, 게르다 타로
하이힐을 신고서 권총 사격 자세를 취하고 있는 여성의 모습은 그동안 보지 못했던 모습이
었다. 당시 『뷔』지에 사진기자의 바이라인 없이 실렸던 이 사진은 훗날 사진 연구가들에 의
하여 타로의 사진임이 밝혀졌다. 스페인 내전 당시 카파는 2:3 비율의 35mm 카메라를 사용
하는 라이카 카메라를 사용하였으며, 타로는 정사각형 비율을 가진 롤라이플렉스 카메라를
사용하였나.

기회의 땅, 슬픔의 땅 스페인

당시 타로가 스페인에서 촬영한 많은 사진들에는 한 가지 공통점이 있다. 그것은 대부분 피사체가 되는 인물의 약간 밑에서 위를 향한 로우 앵글 사진이 많다는 것이다. 그래서인지 그녀의 사진 속 인물들, 특히 공화군 병사들은 실물보다 좀 더 커 보이며 강인해 보인다. 비록 급조된 자원병인 그들이 제대로 맞지 않은 군복을 입고, 녹슨 구식 소총을 들고 있으며, 서로 제각각인 모자를 쓰고 있어도 타로는 그들을 강한 영웅처럼 보이고 싶어했는지도 모른다.

바르셀로나에서 카파와 타로가 취재한 초창기 사진들은 전쟁의 사진보다는 마치 축제를 앞둔 마을의 풍경과도 같았다. 그들의 사진 속에 등장하는 포스터들(당시 스페인에서는 여성의 40%, 남성의 25%가 문맹이었으며, 농촌지역에서는 문맹률이 약 90%에 달하기도 했다. 따라서 당시 공화정부는 그들의 지지 세력들인 노동자 농민들을 위해 많은 포스터를 제작하여 수많은 벽보를 붙였다.)은 전쟁과 투쟁을 이야기하고 있었고, 이러한 포스터들은 카파와 타로의 사진에서 뒷배경을 차지하고 있었지만 정작 화면의 앞부분과 그 주인공은 아직 낭만과 사랑과 여유가 넘치는 사람들이었다. 자신들의 도시에서 자본가와 성직자, 파시스트를 몰아내고 해방구를 만들어낸 바르셀로나의 시민들은 승리의 기쁨을 누리고 있었으며 전쟁에서 자신들이 승리하리라는 낙관론이 지배하고 있었다.

그리고 역에서 기차를 타고 전장으로 떠나가는 군인들은 미소에 찬 얼굴로 그들의 아내와 여자친구와 작별을 하고 있었다. 타로와 카파 역시 자신들의 사진을 통해 이러한 희망과 승리와 끝없

『뷔』에 게재된 타로의 공화군 여군 사진들

© Robert Capa

1936년 8월 아라곤 전선으로 향하는 기차에서 손을 흔들고 있는 공화파 병사들
카파의 사진 속에서 승리의 미소를 지으며 전선으로 향했던 병사들 대부분은 전사했을 것이다. 사진속의 병사들이 자신들에게 닥칠 미래를 알지 못했던 것처럼 사진을 찍던 카파와 타로 역시 다가오는 미래를 짐작하지 못했을 것이다.

는 낙관론을 스페인 밖의 세상에 전달하고자 했다. 당시 스페인의 공화정부의 지지자들도, 인생에서 처음으로 전쟁을 취재하게 된 카파와 타로에게도 전쟁은 어찌 보면 열정이 넘치는 모험 같은 것이었을지도 모른다.

바르셀로나가 이처럼 아직 손에 넣지 못한 승리를 미리 만끽하고 있을 때 프랑코의 군대는 스페인의 북쪽과 서쪽을 장악하고 있었다. 전선은 바르셀로나에서 멀리 떨어져 있었다.

한편 바르셀로나에서 촬영한 카파와 타로의 사진은 인편에 파리로 보내졌고 파리에서 현상과 인화를 거친 사진들은 언론에 보도되면서 빛을 볼 수 있었다. 둘은 비로소 스페인 내전이라는 유럽과 전 세계가 주목하는 큰 뉴스에서 자신들의 존재감을 드러낼 수 있었다. 하지만 그 둘은 아직 진짜 전투를 보지 못했다. 후방에서 훈련 받고 있는 군인들의 모습이 아닌 진짜 전쟁의 모습을 찾기 위해 그들은 점점 더 전선으로 가까이 다가갔다.

낙관주의가 흐르고 있던 후방지대인 바르셀로나가 아닌 피와 총알이 춤추는 전장을 그들은 보고 싶었을 것이다. 전장으로 향하는 아직 20대 초반의 이 두 젊은 남녀는 당시 전쟁에 대한 공포보다는 아직 그들이 직접 목격하지 못한 전쟁의 낭만적인 모험만을 보았던 것 같다. 또한 이 둘에게 어쩌면 전쟁은 현실의 위협이 아니었을지도 모른다. 폭격으로 잔해만 남은 집들을 사진으로 찍으며 남긴 메모에 카파와 타로는 'surrealism'이라 적었다. 그들에게 전쟁은 자신들의 목숨을 걸어야 하는 위험이 아닌 낭만적인 모험이며 다른 차원의 초현실로 보였는지도 모른다.

진짜 전쟁

진짜 전쟁을 사진에 담고 싶어하던 카파와 타로의 희망은 좀처럼 이루어지지 않았다.

몇 군데의 전장을 돌아다녔지만 그들이 그토록 두 눈으로 보기를 원했던 격렬한 전쟁과 공화군의 승리의 모습을 아직 그들은 카메라에 담지 못했다. 태풍 전의 고요함과 같은 정중동이 카파와 타로가 찾았던 전장을 감싸고 있었고, 그들이 볼 수 있는 것은 진흙처럼 질척한 참호를 감싸고 있던 고요함과 지루함뿐이었다.

그들이 찾은 '전장'에서는 전투가 벌어지지 않거나, 전혀 전쟁할 준비가 안 된 군인들이 고물같이 오래된 라이플을 들고 어슬렁거리고 있을 뿐이었다.

그리고 그때 마드리드의 공화정부가 코르도바의 프랑코 군대를 공격하여 그곳을 탈환할 작전을 세우고 있다는 사실이 기자들 사이에서 떠돌기 시작했다. 당시 파시스트 세력은 코르도바에 견고한 요새를 구축하고 있었고 고착화된 전황을 돌파하기 위해서 공화파 측은 돌파구가 필요했기에 이곳의 탈환이 필요했다.

정보를 입수한 카파와 타로는 드디어 자신들이 원하던 전투의 이미지를 볼 수 있다는 기대와 함께 코르도바로 향했다.

한편 그 둘은 왜 그다지 절실하게 전쟁의 현장을 찾아 헤맸을까? 단순한 정치적 이념의 실현과 전쟁에 대한 낭만주의적인 관점으로는 모두 설명이 되지 않는다.

또 다른 이유는 그들의 일에서 오는 압박감과 사진가로서 보다 유명해지고 싶은 욕망이었을 것이다. 경험이 일천한 두 젊은 사진가들에게 스페인 내전은 기회의 땅이었다. 만약 이곳에서 좋은 사진을 많이 찍고 독자들을 열광하게 하는 사진들을 유럽의 잡지를 통해 보도하게 된다면 그 둘은 비로소 사진가로서 확고한 명성을 얻게 되는 것은 물론 그들의 몸값, 즉 사진 한 장에 대한 가격도 올라가 경제적으로 윤택해질 것이기 때문이다.

그때나 지금이나 전쟁과 분쟁 지역에서의 사진은 때로는 하이 리스크, 하이 리턴의 도박과도 같다. 자칫하면 다치거나 최악의 경우 목숨을 잃을 수도 있지만 한 장의 사진으로 그 이름을 전 세계에 각인시킬 수도 있기 때문이다. 두 사람이 바로셀로나에서 보낸 첫 한 달은 지금까지 그들에게 매우 순조로운 출발이었다. 그런데 1930년대의 언론이나 21세기의 언론이나 한 가지 변하지 않는 속성이 있다. 그것은 언제나 새로운 이미지를 독자들에게 보여주길 원하는 것이다. 바르셀로나에서 카파와 타로는 전쟁으로 떠나는 수천 명의 군인들을 환송하는 모습을 사진에 담았다. 떠나는 병사들도 떠나보내는 이들도 모두 공화군의 승리를 확신한 듯 보였던 그 모습을 본 편집자와 독자들은 어떤 사진을 기대하고 있을까? 그것은 바로 이렇게 전장으로 떠난 공화군 병사들이 치렀을 진짜 전쟁과 그곳에서의 승리의 모습이었던 것이다.

아직 기자 초년병이던 그 둘에게 어쩌면 전쟁은 인간과 인간이 서로 죽이는 무의미한 살육의 현장이 아닌, 멋진 사진을 만들 수 있는 드라마의 현장이자 돈을 벌 수 있고 유명한 사진기자로 한 걸음 더 나아갈 수 있는 기회의 현장으로 받아들였을지도 모른다.

훗날 2차 세계대전 당시 로버트 카파의 사진과 스페인 내전에서의 사진을 비교해 보면 당시 카파가 어떠한 마음으로 스페인 내전을 카메라에 담았는지는 쉽게 짐작이 간다. 로버트 카파의 대표작들 대부분이 촬영된 2차 세계대전에서 우리가 볼 수 있는 것은 전쟁이 주는 무의미함, 스스로 벌이고 있는 살육과 파괴의 대가를 치르고 있는 인간의 모습이다. 하지만 스페인 내전 초창기의 사진들에서 보이는 것은 전쟁에 대한 흥분, 어찌 보면 19세기부터 유럽을 감싸고 있던 '낭만적 군사주의'*의 어렴풋한 향기를 느낄 수 있다.

카파와 타로는 스페인 내전을 통해 사진가로서 한 걸음 더 발돋움 하고 싶었고, 스페인 내전이 그동안 핍박받아 오던 좌파 계열의 소작농과 노동자들을 완전히 해방시키는 사회의 진보라고 믿었던 것이다.

이처럼 세상을 바꾸기 위해 헌신하는 공화국 병사들의 모습을 낭만적인 영웅처럼 카메라에 담기를 기대하며 코르도바Cordoba를 찾았지만 현실은 녹록치 않았다. 프랑코 군대의 코르도바의 방어는 의외로 견고했으며 프랑코의 군대는 오히려 공화군을 향한 거센 공격을 감행했다. 이러한 전황 속에서 카파와 타로가 코르도바로 향해 가는 길에 들렀던 세로 무리아노라는 작은 마을에서 그 둘은 비로소 그들이 그토록 찾아 헤매던 전투의 모습을 볼 수 있

---

* 전쟁이 영웅주의, 자기희생과 같은 훌륭한 정신적 자질을 끌어낼 수 있는 건전한 활동이며 인류 진보에 필요하다고 보았던 관점.

었다.

9월 5일, 더운 늦여름날이었던 이날 남부 스페인의 태양은 뜨겁게 빛나고 있었다. 세로 무리아노는 평소에는 아름답고 풍요로운 스페인의 평범한 농촌 마을이었지만, 이날은 아침부터 시작된 파시스트들의 폭격으로 아비규환이 되고 있었다. 소총 한 자루에 의지해 파시스트를 몰아내고 스페인을 농민들과 노동자들의 천국으로 만들어가는 꿈에 부풀어 있던 공화파 병사들과 마을 주민들은 쏟아지는 폭탄과 포탄 속에서 비로소 자신들이 그동안 얼마나 순진했는지, 그리고 프랑코의 군대가 얼마나 강한지 깨달을 수 있었다. 그리고 그 깨달음은 곧 행동으로 이어졌고 대부분은 프랑코의 군대에 맞서 싸우기보다는 도망가는 쪽을 택했다. 카파와 타로가 세로 무리아노에서 목격한 것은 걷거나 당나귀 혹은 트럭을 타고 달아나고 있는 농민들과 군인들의 모습이었다. 당시 스페인 내전에서는 파시스트 반란군이 공화파 군대의 영토를 점령할 때마다 무자비한 공개 처형을 벌였기에 패색이 짙은 전투 앞에서 그들에게는 피난 이외에는 다른 선택지가 없었다.

대부분의 사람들이 피난을 나가고 마을은 텅 빈 듯했지만 이곳에서 약 5백여 킬로미터 떨어진 알코이 지방에서 온 민병대들은 피난을 택하는 대신 용감히 전선을 지키고 있었다.

그리고 그날 오후 카파는 전선의 참호에 몸을 숨기고 있는 알코이 민병대에 합류했다.

이곳에서 카파와 타로는 소총을 쥔 채 전선을 뛰어다니고, 총을 겨눈 채 진두 자세를 잡고 있는 일코이 민병대의 모습을 포착할

〈쓰러지는 병사*The Falling Soldier*〉

카파의 대표작이자 스페인 내전의 아이콘이 된 이 사진은 카파에게 세계 최고의 전쟁사진가
라는 영광과 함께 끊이지 않는 연출 논란을 동시에 선사했다.

수 있었다. 그러던 중 카파는 한 병사와 함께 참호에 단둘이 남게 되었다. 그리고 적진에서는 그들을 향한 사격이 있었다. 전우들이 있는 다른 참호로 돌아가고 싶어했던 그는 몇 번이고 언덕을 기어 올라갔지만 그럴 때마다 적진에서 쏘아대는 기관총 세례 속에 카파가 남아있던 참호로 돌아와야 했다. 몇 번의 시도 끝에 병사는 다시 한번 참호를 빠져나가 언덕을 기어올라 갔다. 기관총 소리를 들으며 카파는 순간적으로 참호 밖으로 몸을 빼내 카메라의 셔터를 눌렀다. 그리고 그의 카메라에는 파시스트 군대의 총탄을 받고 쓰러지고 있는 병사의 모습이 담겼다. 몸의 중심을 잃고 쓰러지고 있는 그 병사는 이미 그 목숨이 끊긴 듯했고 그의 손에 쥐고 있던 소총 자루는 그의 손에서 미끄러지듯 떨어지려는 찰나였다.

1936년 9월 5일. 남스페인의 늦은 해가 아직도 뜨거운 그때, 한 남자는 목숨을 잃었고, 또 다른 한 남자는 그의 생명이 꺼지는 순간을 촬영했다. 훗날 〈쓰러지는 병사*The Falling Soldier*〉* 란 제목으로 불리는 이 사진은 9월 23일 『뷔』지에 처음 발표되었고 이후 『라이프』지 등 다양한 잡지에 게재되며 미국과 유럽의 독자들에게 센세이션을 일으켰다.

하지만 카파는 그날 자신의 사진 속에 정확히 어떤 순간이 담겼는지 알지 못했다. 찰나의 순간이 카메라에 담기는 순간 정작 그 사진을 찍는 당사자는 정확히 어떤 순간이 사진에 담겼는지 정확

---

* 〈쓰러지는 병사*The Falling Soldier*〉는 국내에서는 〈어느 공화파 병사의 죽음〉으로 널리 알려져 있으니 본문에서는 영어 원문에 따라 〈쓰러지는 병사〉를 사용.

히 알지 못한다. 지금이야 디지털 카메라이기에 촬영한 뒤 카메라에서 바로 어떤 순간이 촬영되었는지 확인하는 것이 가능하지만 필름 카메라 시대에는 사진이 현상되기 전까지는 알 방법이 없었다. 그래서 필름 카메라 시절에는 모든 사진가들이 자신이 촬영한 사진이 현상되기 전까지는 기대 반, 걱정 반의 심정으로 사진이 현상되는 순간을 기다리고 있어야만 했다. 당시 카파는 이 사진을 카탈로니아 프로파간다 사령부Catalonia Propagand Commission's lab의 암실에서 현상하였다. 그리고 당시 이 사진을 보았던 프로파간다 사령부의 책임자 Jaume Miravitlles은 당시 이 사진이 사진의 역사에서 본 적이 없는 완전히 새로운 이미지였다고 훗날 카파의 전기 『피와 샴페인Blood and Champange』에서 이야기했다.

오늘날 뉴스, 영화, 심지어 비디오 게임 등을 통해 전쟁이 보여주는 여러 가지 폭력적인 이미지에 적응이 돼 우리 눈에는 단지 오래된 흑백 사진 한 장에 기록된, 어느 군인이 전사하는 모습 정도로 인식될 수 있다. 하지만 이 사진은 당시 독자들의 눈에는 지금껏 본 적 없는, 전쟁에서 목숨을 잃게 되는 찰나의 순간이 포착된, 전쟁의 잔혹함이 생생하게 전달되는 전대미문의 광경이었다.

전쟁에서 군인들이, 한 목숨이 이렇게 사라지는구나, 라는 탄식이 당시 이 사진을 본 사람들이 느끼는 공통된 느낌이었다.

스페인 내전이 일어나기 전 유럽과 세계는 1차 세계대전을 겪었고 사진을 통해 전쟁을 보아왔지만, 지금까지 사진과 잡지의 지면을 통해 보아왔던 사진들에는 쓰러지는 병사와 같은 '순간'을 포착한 사진은 없었다. 대부분 전투가 끝난 뒤의 상태, 카메라를 바라보며 포즈를 취하고 있는 사진, 전쟁터가 아닌 후방의 모습들이었다.

　35mm 카메라와 롤필름이 개발되면서 마침내 자유롭게 이동하며 사진을 찍게 된 사진가들이 처음으로 기록한 전쟁이 스페인 내전이었고, 이러한 일군의 사진가 중에서 두각을 나타나게 된 것이 로버트 카파였다. 그리고 그의 초기 대표작이 된 〈쓰러지는 병사〉는 이러한 새로운 움직임의 상징과도 같은 사진이 된 것이다. 사진 속에서는 피도 시체도 보이지 않지만 지금까지 보아 오지 못했던 생생한 순간이 포착되어 독자들에게 전쟁의 공포를 안방에서 느끼게 해준 것이다.

　낭만적인 관점에서 스페인 내전을 바라보던 유럽인들은 카파의 사진을 통해서, 쓰러지고 있는 병사의 사진을 통해서 전쟁의 실상, 그리고 전쟁에서 우리 인류가 어떤 대가를 치르고 있는지를 두 눈으로 똑똑히 보게 된 것이다. 카파의 사진이 게재된 잡지를 접할 수 있는, 교육받고 안정된 생활을 하고 있으며 안전한 곳에 살고 있는 중산층 가정에서, 독자들은 소파에 앉아 어떻게 아이들이 전쟁에서 희생되고 있으며 남편과 아들을 잃은 여인들이 절규하고 있고, 자신의 땅을 지키기 위해 농부들이 총을 들고 싸우고 있는 모습을 볼 수 있게 되었다. 지금까지 전쟁은 국가 간 자존심의 충돌이며 자신들이 옳다고 믿는 가치를 위한 명예로운 투쟁이라고 믿어왔던 많은 이들에게 카파는 사진을 통해 전쟁의 민낯을 보여주게 되었다.

　또 한편으로는 이 사진을 통해 스페인 내전에서 공화국 측은 그들의 기대와 바람과는 달리 매우 힘든 전쟁을 치르고 있다는 현실을 보여주기도 했다. 파시스트 군대를 상대로 용맹하게 싸우고 있는 줄 알았던 공화파 병사가 실은 구식 라이플 한 자루만 든 채 적의 총탄 세례를 받고 힘없이 쓰러지고 있다는 현실을 보여주는 이 사진을 통해 많은 좌파 독자들은 큰 실망을 느꼈다. 개중에는 이 사진이 공정하지 않다고 여기는 이들도 있었다. 그들의 마음속에서는 바르셀로나의 기차역에서 주먹을 불끈 쥐고 전장으로 향한 의용군들이 프랑코의 군대를 궁지로 몰아넣고 승리를 눈앞에 두고 있는 전투를 벌이고 있어야 했건만 카파의 사진과 이를 게재한 『뷔』지는 그들의 기대와 신념을 산산이 부숴버렸기 때문이었다. 이 사진으로 인해 카파의 든든한 후원자이자 당시 『뷔』의 편집자였던 뤼시앙 보젤은 『뷔』지의 후원자들이었던 스페인 공화 정부 지지지들의 분노를 사게 돼 결국 해고되었다.

세상에서 가장 위대한 전쟁사진가

카파의 대표작 중 하나가 되었던 이 사진은 당시 미디어 환경으로 인해 바로 카파를 유명인으로 만들지는 않았지만 시간이 흐른 뒤 카파를 전쟁사진가로서 미국과 유럽의 독자들에게 각인시키는데 중요한 역할을 하게 되었다. 그의 〈쓰러지는 병사〉 사진은 다음 해 「수아르」와 『르가르』지에 보도되었다. 그리고 당시 최고의 영향력을 가지고 있던 미국의 잡지 『라이프』지에 보도되며 카파에게 세계적인 명성을 가져다 주었다. 한편『라이프』지에는 '총알이 머리를 관통하며 쓰러지는 스페인 병사'라는 다소 과장된 사진 설명 기사와 함께 보도되었다. 사진이 촬영되고 거의 일 년 뒤인 1937년 7월에 이 사진을 게재하며『라이프』지는 쓰러지고 있는 병사가 쓰고 있던 모자 위에 달린 장식 술을 머리에 총을 맞아 터져 나오고 있는 뇌수라고 생각하고 이러한 사진 설명 기사를 붙였던 것으로 알려졌다. 당시 잡지들이 이처럼 사진에 마음대로 자신들의 입맛에 맞는 캡션을 붙여 사용하던 관행은 훗날 카파가 〈매그넘〉을 창립하는데 중요한 요소가 되기도 했다.

그리고 1938년 12월. 이 사진을 게재한 영국의 잡지『픽쳐 포스트』는 사진에 다음과 같은 수식어를 붙였다.

'세상에서 가장 위대한 전쟁사진가 로버트 카파'

카파의 나이 25세의 일이다. 훗날 그를 대변하는 가장 대표적인 수식어인 '위대한 전쟁사진가'의 호칭은 이렇게 해서 탄생한 것이다.

한편 쓰러지는 병사의 사진을 취재한 뒤 돌아갔던 마드리드는 그들이 첫 한 달을 지냈던 바르셀로나와는 사뭇 달랐다. 마드리드는 연일 폭격에 시달리고 있었고 승리에 대한 낙관주의는 빗발치는 파시스트 군의 무자비한 폭격에 어느덧 사라져 있었다. 그러나 스페인 내전은 여전히 카파와 타로에게 자신들의 이념이 실현될 수 있는 격전이 장소였다. 그 둘은 포토저널리스트가 아닌 사진기를 든 이념가이자 예술가에 가까웠다.

카파를 위대한 전쟁사진가로 소개하고 있는 당시 『픽쳐 포스트』 사진

세계에서 가장 위대한 전쟁사진가The Greatest War-Photographer in the World라는 기사의 제
목은 훗날 카파를 수식하는 대표적인 수식어가 되었다.

The Greatest War-Photographer in the World: Robert Capa

In the following pages you see a series of pictures of the Spanish War. Regular readers of "Picture Post" know that we do not lightly praise the work we publish. We present these pictures as simply the finest pictures of front-line action ever taken. They are the work of Robert Capa. Capa is a Hungarian by birth; but, being small and dark, he is often taken for a Spaniard. He likes working in Spain better than anywhere in the world. He is a passionate democrat, and he lives to take photographs. Over a year ago, Capa's wife, on her way back to join her husband in Paris, was killed in Spain. She was standing on the running-board of a car when it collided with a tank. Capa went to China and took pictures of the Chinese war, some of which we have already published. To-day, Capa is back in Spain, taking pictures for "Picture Post."

PICTURE POST   13

국제분쟁

　지리멸렬한 공방전 속에 프랑코의 파시스트 군대가 점점 승기를 잡아가던 스페인 내전은 11월이 되자 새로운 전기를 맞이하게 되었다. 바로 스탈린의 소련이 공화주의 정부를 지원하는 군대를 파병하기로 결정하게 된 것이다. 이로서 스페인 내전은 파시스트와 공화주의의 대결에서 좌파와 우파의 대립이 가미되는 복잡한 정치역학을 띄게 되었다. 소련의 파병으로 유럽의 좌파들에게 스페인 내전은 더욱 확실한 이념의 시험대가 되었으며 좌파 사진가 카파와 타로는 더욱 이 전쟁을 카메라에 담아야 하는 명분을 가지게 되었다.

　먼저 카파가 마드리드로 향했다. 이곳에서는 더 이상 전쟁의 모습을 카메라에 담는 것이 어렵지 않았다. 거리의 전차에 올라타기만 하면 그는 언제나 전선으로 나갈 수 있었다. 그리고 이곳에서 카파는 더 이상 전쟁의 액션을 찾아다니는 것 이상으로 전쟁의 속살을 사진에 담고 있었다. 그중의 하나는 폭격에 시달리고 있는 시민들의 모습이었다. 피카소의 명작 〈게르니카〉에 묘사된 것처럼 스페인 전쟁에서는 현대식 전쟁의 공중 폭격 작전이 광범위하게 시행되었던 잔인하고 냉혹한 전쟁이었다. 카파가 있던 마드리드 역시 이러한 폭격에 시달리고 있었으며 많은 무고한 시민들이 이로 인해 막대한 피해를 입었고 카파의 사진은 전쟁에서 이러한 폭격에 고통받는 시민들의 공포와 피해를 기록하고 있었다. 파리와 스페인을 몇 차례 왔다 갔다 하면서 계속 사진을 촬영하고 언론을 통해 보도하며 카파는 점점 더 이름을 알릴 수 있게 되었고 많은 유명인들과 교류를 갖기 시작했다. 그중의 대표적인 이름이 당시 이미 세계적인 작가로 이름을 떨치고 있던 어니스트 헤밍웨이였다. 소설가이자 저널리스트였던 헤밍웨이는 행동파 작가답게 스페인 내전에서 프랑코에 반대하는 입장을 분명히 하며 전장을 누비며 생동감 있는 글을 쓰고 있었다. 훗날 그의 대표작 중의 하나인 『누구를 위해 종을 울리나』는 바로 당시의 스페인 내전에서의 경험을 바탕으로 탄생한 작품이었다. 이미 세계적인 작가의 반열에 오른 30대 후반의 작가 헤밍웨이는 이제 막 주목을 받기 시작한 젊은 헝가리인 사진가 카파와 스페인에서 만나 우정을 나누게 되었다. 주변 사람들에게 '파파'라고 불리던 헤밍웨이의 마초 같은 매력과 알아듣기 힘든 억센 헝가리식 영어 액센트로도 주변 사람들을 언마든지 웃게 만들던 젊은 사진가 사이의 케미는 잘 융합되었고 둘은 이후에도 오랜 교우 관계를 이어가게 된다.

점점 더 격해지는 스페인 전쟁과 함께 카파는 성장해 갔다. 경험이 쌓여 갈수록 카파의 사진은 더욱더 좋아졌고 그는 점점 위험한 현장에 점점 더 가까이 다가갔다. 현장의 공화군 지휘관들이 그의 안전을 걱정하여 기자들이 전투현장의 최전선에 접근하는 것을 허락하지 않을 때면 카파는 "나는 종군 기자요. 난 엽서 사진을 찍으려고 온 것이 아니요"라고 이야기하며 전장으로 나아갔다.

카파가 위험을 무릅쓰고 취재한 사진들은 많은 잡지에 실렸고, 『르가르』지는 그해 12월 호에는 카파의 사진만으로 총 14페이지

© Robert Capa

© Robert Capa

1937년 전략적 요충지였던 테루엘에서 벌어진 전투를 취재했던 카파의 사진들

헤밍웨이와 동행했던 카파는 이곳에서 프랑코 군대의 막대한 화력 앞에 고전하고 있는 공화국 병사들과 전쟁으로 고통받는 민중들의 모습을 사진으로 기록하였다.

를 게재할 정도였다.

한편 프랑스의 좌파 신문 「쎄시오」는 카파를 정식 사진기자로 임명하였고 그에게 사진부장의 직함까지 주었다. 23살의 젊은 청년에게는 파격적인 일이었으며 그는 처음으로 정기적으로 월급을 받는 안정적인 생활이 가능해 졌다. 그리고 그 신문은 카파가 원하는 곳은 어디든 가서 취재할 수 있도록 배려해 주었다. 또한 카파는 프랑스 이외의 외국의 매체에는 자신의 사진을 자유롭게 판매할 수 있었고 자신뿐 아니라 브레송, 데이비드 시모어 등 동료 사진가들의 사진들도 자신의 커넥션을 이용해 외국에 소개할 수 있게 되었다.

그리고 타로의 사진 역시 지면에 주기적으로 게재되기 시작하면서 타로도 점점 독립된 사진기자로서의 뼈와 근육을 갖추기 시작했다.

이러한 「쎄시오」의 넉넉한 후원 덕분에 카파와 타로는 다시 스페인으로 돌아갈 수 있었다.

이처럼 카파라는 가공의 사진가가 그 명성을 공고히 할 수 있게 된 것에는 스페인 내전이 결정적인 역할을 해주었다. 카파가 스페인 내전을 취재한 삼 년 남짓의 시간이 카파라는 가공의 인물이 피와 살을 가진 진짜 사진가로 자리잡을 수 있게 되는 가장 큰 계기가 되었다. 카파는 스페인에서의 취재를 통해 그의 사진기자로서의 존재와 그만의 전매특허라고 할 수 있는 '전쟁을 가장 생동감 있게 기록하는 사진가'라는 이미지를 세상에 각인시켰다. 훗날 카파의 친구이자 당시 유럽의 가장 저명한 초상 사진가 중 한 명이었던 지젤 프로인드Gisele Freund는 당시 카파가 남긴 업적을 이렇게 회고했다.

"카파는 사진을 변화시켰어요. 그는 액션이 담긴 사진에 대한 수요를 만들어냈어요. 그의 사진을 보고 편집자들은 전쟁터 최전선의 액션이 담긴 사진들을 지면에 사용하기 시작했지요."

한편 브레송은 여러 장의 사진으로 하나의 이야기를 심층적으로 보여주는 Photo Sotry를 잘 만들어내는 카파의 스토리텔링 능력을 높이 사곤 했었는데, 카파의 이러한 능력 역시 스페인 내전을 통해 빛을 발하게 되었다. 당시 유럽의 잡지들이 한 장의 사진을 일러스트처럼 사용하던 기존의 편집에서 벗어나 여러 장의 사진을 게재하여 사진들만으로 이야기의 흐름을 전달하는 포토 스토리를 게재하고 있었고, 이러한 능력이 뛰어났던 카파의 사진들은 점점 더 많은 잡지들에 게재되고 많은 사람들이 그의 이름을 기억하기 시작했다.

스페인 내전이 없었다면 카파라는 존재가 자리잡는 데에는 더욱 많은 시간이 걸렸을 것이다. 타인의 행복보다는 슬픔과 아픔을 취재하는 빈도가 훨씬 많은 것이 사진기자의 일인 것처럼 전쟁에서 고통받은 누군가의 상실과 아픔은 카파의 성공의 발판이 되고 있었다.

스페인의 전쟁터에서 타로 역시 유명인사가 되어 있었다. 매력적인 빨간 머리의 타로는 베레모를 쓰고 치마 대신 바지를 입었으며 곧잘 쌍권총을 차고 다녔다고 한다. 이러한 타로는 전장에서 언제나 눈에 띄는 매력적인 여인이있고 동료기자들뿐만 아니라 많은 병사들 사이에서 그녀는 마돈나와 같은 존재가 되어 가고 있었다.

하지만 이러한 전쟁에서의 유명세와는 달리 타로가 촬영한 사진은 대부분 아직도 카파의 이름으로 출판되는 경우가 많았다. 타로의 아이디어로 창조해낸 로버트 카파라는 허구의 존재는 이제 실존 인물과 같은 존재감을 갖게 되었고, 두 남녀의 자웅동체로 시작한 카파는 앙드레라는 실존의 남자와 동일시되어 가고 있었던 것이다. 타로는 로버트 카파의 창조자였지만 이제는 실재하는 존재가 되어버린 이 인물에 대한 자신의 지분을 공개적으로 드러내는 것은 점점 쉽지 않게 되어 갔다. 카파는 위험한 전장에서 언제나 타로의 보호자임을 자처하고 있었지만 타로는 로버트 카파의 여자친구가 아닌 사진가 게르다 타로라는 독립된 개체로서 자신의 사나를 실현하고 주변에 보여주고 싶어했다.

한편 카파는 스페인에서 타로에게 두 가지를 선물했다. 하나는 자신이 새로운 35mm 콘탁스 카메라를 사면서 자신의 라이카를 타로에게 선물한 것이다. 이제 무겁고 가슴 높이에서 파인더를 보고 촬영해야 하던 리플렉스 코렐레Reflex-Korelle 카메라 대신 가볍고 눈높이에서 파인더를 볼 수 있는 라이카를 가지고 타로 역시 카파처럼 역동적인 전쟁의 액션을 사진에 담을 수 있게 된 것이다.

그리고 또 다른 선물은 REPORTAGE CAPA & TARO라고 쓰인 고무도장이었다. 그들이 잡지사에 보내는 사진들에 이 도장을 찍음으로써 공식적으로 타로라는 이름을 세상에 각인 시킬 수 있는 것이었다. 타로를 사랑했으며, 보도사진계에서 슬슬 이름을 날리기 시작한 카파에게 이러한 서명은 둘은 연인이며 같은 팀이라는 것을 의미했다. 하지만 당시 타로의 심정은 카파가 생각했던 것보다 훨씬 복잡했던 것 같다. 사진가로서 자신의 입지를 공고히 해서 사진에 있어서는 여전히 우위를 차지하고 있는 카파를 바라보며 타로는 어서 빨리 자신도 독립된 사진가로 인정받고 싶었으며 CAPA & TARO가 아닌 TARO라고 하는 자신만의 오롯한 바이라인을 사진에 새기고 싶어했다.

이처럼 사진가로서의 독립을 꿈꾸던 타로에게 마침내 기회가 찾아왔다.

죽음은 영원한 이별

6월 중순, 카파는 그동안 취재한 사진들을 파리의 출판사에 전해주기 위해 마드리드를 떠나야 했고, 타로는 공산당 계열의 일간지인 「수아르」의 의뢰를 받아 당시 스페인 마드리드에서 열리는 2차 세계 작가 대회를 취재하기 위해 남았다. 당시 타로는 이 기회를 카파로부터 독립해서 본인 스스로 이름을 알릴 수 있는 기회로 여겼던 것으로 보인다. 혼자 남은 타로는 카파의 그늘에서 벗어나 사진가로서 자립할 수 있다는 것을 보여주려는 것처럼 행동했다. 카파라는 보호막이자 중심추가 사라졌기 때문인지 그녀는 더욱 더 자신의 존재를 수변에 드러내기 시작했으며 점점 더 자신을 공

1936년 로버트 카파가 스페인의 코르도바의 전선에서 촬영한 타로의 모습
공화군 병사와 함께 엄폐물 뒤에 몸을 숨기고 있는 타로의 모습. 그녀의 표정에서 무엇인지
모를 흥분과 성취감이 엿보인다. 어쩌면 타로가 스페인 내전에서 사진가로서 느꼈던 감정이
이러한 것일지도 모른다.

화군 전사들과 동일시했다. 그녀는 공화군 병사들의 사기를 진작시키기 위해서라며 최전선에서도 스타킹과 하이힐을 신고 다녔다. 매력적인 외모의 그녀는 전장에서 언제나 많은 관심을 끌었고, 저녁이면 작가출신 기자들을 초대하여 파티를 열곤 했다.

당시 공화군 내부에서는 서로간의 이념의 차이로 인해 내분이 일어나고 있었지만 그녀는 이러한 내부적인 문제는 외면하고 파시스트에 대한 승리와 스페인 민중들의 고통을 엿볼 수 있는 모습에만 카메라를 들이대었다. 그리고 전쟁에서 숨을 거둔 이들을 생각하면 자신이 살아있는 것이 왠지 부끄럽다는 생각이 든다고 주변에 털어놓기도 하였다. 한 달 가까이 카파 없이 오롯이 사진가 '게르다 타로'로서 스페인 내전을 취재한 타로는 7월 24일 스페인 내전의 가장 상징적인 전투가 벌어지고 있던 브루네티로 향했다. 이틀 뒤인 26일 그녀는 파리로 돌아갈 예정이었다.

당시 스페인 내전은 처음 예상과는 달리 장기전으로 치닫고 있었다.

프랑코 장군을 중심으로 한 우파 반란군은 실전 경험이 풍부한 정예화된 정규군 병력과 독일과 이탈리아의 지원을 받은 풍부한 화력을 가지고 있었지만 아직 전쟁의 승기를 잡지 못하고 있었다. 반면 인민정부의 공화군 병사 대부분은 의욕은 넘치나 실전 경험도 화력도 매우 부족한 상태였기에 지리멸렬한 공방전이 이어지고 있었던 것이었다. 이러한 전황 속에서 스탈린은 소련의 참전을 결정하며 군사고문단을 파견하였고, 군사고문단의 강력한 권유로 공화군 측은 마드리드 서쪽 25km의 작은 마을 브루네티에서 반격을 시도하여 승기를 잡고자 하였다. 8만여 명에 가까운 병력과 수백 대의 전차와 야포를 동원한 공화군은 7월 6일 공세를 개시하였다. 공세는 초기에는 성공하는 듯 보였으나 미숙한 전략으로 인해 공화군은 귀중한 전차와 탄약만 소비한 채 제대로 성과도 얻지 못하고 있었다. 그리고 며칠을 기다린 프랑코군은 7월 18일 대대적인 반격을 개시했다. 이후 일주일 남짓한 전투에서 공화군은 2만 명이 넘는 사상자를 낳은 채 브루네티까지 내어주고 정신없이 퇴각하고 있었다. 타로가 브루테티로 향한 날은 공교롭게도 공화군이 퇴각을 거듭하고 있던 날이었다. 퇴각하는 병사들로 인해 전선은 아비규환이었고 하늘에서는 프랑코군의 공군 복엽기가 기관총과 폭탄을 퍼부었다. 이 와중에서도 타로는 사진 찍기를 멈추지 않았고, 참호 속에 숨어 있던 그녀에게는 탄환과 파편 그리고 흙덩이리들이 날아들었다. 그리고 함께 있던 케파다이 자가 지망생 테드 앨런의 만류로 타로는 겨우 전장을 떠났다. 카파와 타로 둘 모두와 친구였던 테드는 카파가 파리를 떠나기 전 타로를 보살펴 달라는 부탁을 받았기에 그로서도 타로를 적극적으로 보호하려고 했다. 가까스로 무사히 전장을 빠져나온 둘은 브루네티 근처의 비야누에바에서 공화군의 퇴각하는 차량을 발견하고 차를 얻어 탈 수 있었다. 그 차의 발판에 올라선 타로는 이제 자신의 일이 다 끝났다고 생각하며 흥분과 성취감을 맛보았던 것 같다. 위험한 전쟁에서 살아남아 집으로 돌아간다는 안도감 속에서 타로는 몸 안의 아드레날린이 솟구치며 극도의 흥분을 느꼈을 것이다. 카파가 없는 상태에서 그녀는 치열한 전투의 현장을 담을 수

있었고, 며칠 뒤에는 파리로 돌아가 그 사진을 지면에 발표할 수
도 있었을 것이다.

'그래, 이제 카파가 옆에 없어도 난 내 몫을 오롯이 해낼 수
있어.'

아마도 당시 그녀는 이렇게 생각했을지도 모른다.

그리고 그녀는 함께 차에 타고 있던 사람들에게 말했다.

"오늘 밤 마드리드에서 송별회를 합시다. 샴페인이 준비되어
있어요."

그러나 이러한 만족과 안도의 순간은 오래 가지 못했다.

퇴각 중이던 공화군 탱크가 운전병의 조종 미숙으로 타로와 일
행이 타고 있던 차량의 측면을 들이받았다. 육중한 탱크의 충격에
타로는 튕겨나가면서 복부에 심한 부상을 입었다.

사고를 당한 타로는 곧 야전 병원으로 옮겨졌으나 타로의 내장
기관은 심하게 훼손됐고 수술을 마친 의료진이 해줄 수 있는 것은
타로가 통증을 덜 느끼도록 다량의 모르핀을 놓아 주는 것밖에 없
었다.

당시의 기록에 따르면 사고를 당한 후에도 타로는 의식을 잃지
않았다고 한다. 의식이 또렷한 만큼 타로는 고스란히 창자가 끊어
지는 고통을 온몸으로 느끼며 괴로워했을 것이다.

자신의 생명이 꺼져가는 것을 직감하며 타로는 의사에게 프랑
스에 있는 카파와 「수아르」의 편집장에게 전보를 쳐줄 것을 부탁
했다. 그리고 자신의 카메라가 괜찮느냐고 계속 물었다고 한다.
당시 그녀를 간호했던 간호사가 영화배우처럼 이름다웠다고 회

상했던 타로는 다음 날 새벽, 세상을 떠났다.

파리에 있던 카파는 신문을 통해 사랑했던 연인의 죽음을 알 수 있었다.

당시 카파는 파리에서 다시 스페인으로 돌아갈 기회를 기다리고 있었다. 스페인에서 타로와 함께 취재한 사진들을 「수아르」에 넘겼고 남은 사진들은 다른 잡지사에도 판매할 수 있었고 제법 괜찮은 돈도 벌 수 있었다. 하지만 스페인으로 돌아가기 위해서는 먼저 잡지사로부터 일감, 즉 취재 의뢰를 먼저 받아야 했어서 카파는 스페인행을 지체하고 있었다. 조만간 다시 스페인으로 돌아가 타로와 재회하는 것을 목이 빠지게 기다리고 있던 카파에게 갑작스러운 비보가 전해진 것이었다.

프랑스의 「뤼마니테L'Humanité」에는 '프랑스 기자 타로, 브루네테 전투에서 사망'이라고 실렸다. 타로가 세상을 떠나고 하루가 지난 뒤였다.

타로를 혼자 스페인에 남겨 놓고 오면서 절대 위험한 곳에는 가지 말라고 신신당부를 했으며 타로와 마지막 여정을 함께했던 앨런에게 타로를 보살펴줄 것을 부탁하고 왔던 카파에게 타로의 죽음은 청천벽력과 같은 소식이었다. 다가오는 8월 1일은 타로의 생일이었고, 예정대로 타로가 26일 스페인을 떠났다면 그 둘은 파리에서 재회하여 사진기자로서 우뚝 서게 만들어준 스페인에서의 성공을 자축하며 멋진 생일 파티를 함께했을 것이다. 하지만 타로는 시신이 되어 파리로 돌아오고 있었다.

불행 중 다행으로 그녀의 마지막 길은 그다지 외롭지 않았다.

게르다 타로의 사후 80년이 흐른 뒤 발견된 이 사진에서 죽음을 앞둔 타로의 모습이 보인다. 당시 의용군이었던 국제여단의 의사였던 헝가리 출신의 자노스 키블리Janos Kiszely가 엘 에스코리알El Escorial의 야전 병원에서 코와 입에서 출혈을 일으킨 타로의 피를 닦아 주고 있다. 이 사진은 자노스의 사진집에 오랫동안 보관되어 왔으며, 자노스의 사후 2018년 그의 아들이 트위터에 공개하면서 세상에 알려지게 되었다.

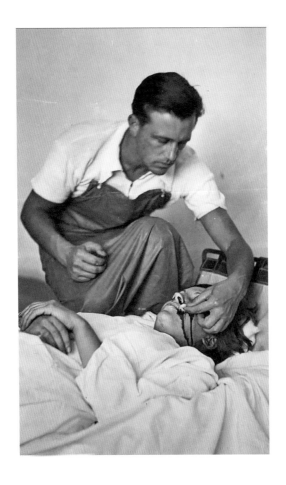

프랑스를 비롯한 유럽의 좌익 언론들은 전쟁터에서 목숨을 잃은 첫 여성 사진기자의 죽음을 찬미하며 그녀의 마지막을 달렸다. 특히 그녀에게 취재를 의뢰하였던 「수아르」는 여러 면의 기사를 할애하여 짧았던 그녀의 인생과 업적을 기렸으며 수백 통의 조문편지를 인쇄하기도 하였다. 프랑스의 신문 「수아르」는 게르다 타로의 대표적인 사진들로 한 면을 채우면서 타로의 대표작 중 하나인 〈병사와 비둘기〉를 게재했다.

타로의 시신이 파리의 오스테를라츠 역에 도착했을 때는 카파와 타로의 가족들 그리고 수백 명의 동료와 친구들이 모여들었다. 아이러니하게도 그녀의 스물여섯 번째 생일날 행해진 그녀의 장례식 때는 수많은 군중들이 그녀의 운구를 따라 그녀가 묻힌 페르라셰즈 묘지까지 기나긴 장례식 행렬이 이어지기도 했다.

카파 역시 깊은 슬픔에 잠겨 운구 행렬을 따랐으며 타로의 가족들은 카파가 타로의 죽음에 책임이 있다며 그를 비난했다. 비서학교를 나와 유복한 남성과 결혼하여 평범한 여성으로 살기를 바랐던 자신들의 딸과 여동생에게 빈털터리 헝가리 놈이 접근하여 사진을 하도록 꼬셔 전쟁터까지 데려가는 바람에 이런 일이 벌어졌다고 그들은 생각했던 것이다. 심지어 장례식이 끝난 후에는 타로의 오빠들이 카파를 구타하기까지 했다.

주체할 수 없는 슬픔 속에서 카파는 타로의 관이 묻히는 파리의 묘지에서 끊임없이 눈물을 흘렸다. 브레송은 자신의 친구 카파가 그처럼 슬픔에 빠져 있는 모습을 이전에도 이후에도 보지 못했다고 회고했다. 그리고 그는, 카파는 타로의 죽음 이후 다른 사람이

『수아르』에 게재된 타로의 사망에 대한 기사

타로는 전쟁터에서 사망한 최초의 여성 사진기자였고, 『수아르』는 3면을 할애하여 타로의 죽음과 그녀의 내표적인 사신들을 세세하였다.

1936년 스페인 내전 당시 길가의 묘비에 기대어 있는 게르다 타로
카파가 촬영한 이 사진은 연출된 사진이다. 어떠한 목적으로 촬영되었는지는 알 수 없으나,
이 사진은 훗날 벌어지는 타로의 죽음을 상징하는 이미지가 되었다.

되었다고 말하곤 했다.

한편 그녀에게는 전쟁에서 사망한 최초의 여성 종군 사진기자라는 타이틀이 주어졌다. 그리고 그녀가 브루네티에서 남긴 훌륭한 사진들은 타로가 카파 없이도 온전히 자립할 수 있는 보도사진가라는 것을 여실히 보여주었고, 그녀의 사진과 그녀의 죽음은 이만 오천 명의 공화군 측 사상자가 나온 당시의 전쟁의 생생한 증거가 되기도 했다. 아름답고 젊은 여성의 사명감과 용기가 엿보이는 죽음은 새로운 전설의 탄생이 되었다.

게르다 타로는 파리의 페르 라쉐즈 공동묘지에 안장되었다. 오스카 와일드, 프루스트, 발자크, 쇼팽 등의 저명한 인사들의 무덤이 있는 페리 라쉐즈의 한편에 그녀의 작고 가냘픈 몸만큼이나 조그만 타로의 무덤이 자리 잡고 있다.

그녀의 짧고 강렬했던 1911-1937의 생몰연도가 적혀 있는 묘비는 조각가이자 미술가인 알베르트 자코메티가 디자인했는데, 영생을 의미하는 이집트 신화 속 호루스를 상징하는 팔콘(매)이 조각되어 있다. 당시 자코메티는 프랑스 공산당의 의뢰를 받아서 팔콘의 조각을 만들었다고 하는데 90여 년의 시간이 흐르면서 세월의 풍화 속에 팔콘의 부리는 사라졌다. 아마도 자코메티와 그녀의 죽음을 애도했던 사람들이 염원했던 것은 그녀의 이름과 업적이 영생을 이루어 사람들의 기억 속에 영원히 기록되기를 바란다는 의미였을지도 모른다.

타로의 무덤에는 "더 나은 세상을 만들기 위한 당신의 무조건적인 투쟁은 아무도 잊지 않을 것입니다."라고 프랑스어와 카딜루

냐어로 쓰인 비문이 있고, 누군가가 가져다 놓은, 카파와 함께 있는 타로의 사진이 놓여 있었다.

사랑을 나누고, 카파라는 가상의 인물을 함께 만들었고, 확신에 찬 이념가로서 카메라를 무기 삼아 스페인의 전장을 누비던 두 사람. 행복한 미소를 짓고 있는 사진 속의 둘은 가까운 미래에 이렇게 갑작스럽고 고통스러운 이별이 찾아오리라고는 상상도 못 했을 것이다.

전쟁에서의 죽음으로 타로는 용감한 여성 사진기자라는 신화로 포장되고 있었지만, 누군가의 죽음으로 만들어진 신화는 남아 있는 사람들의 상처가 되는 법.

아마도 그 상처를 가장 많이 받은 사람은 바로 카파였을 것이다.

그 둘은 정말 사랑했을까?

장례식이 끝난 뒤 카파는 자신의 스튜디오에 처박혀 2주 동안 아무것도 먹지 않은 채 술로 하루하루를 보냈다. 그는 살아남은 자의 슬픔과 자책에 사로잡혔다. 타로에게 사진을 가르쳐 준 것은 카파였다. 앙드레라는 미완의 철부지 사내에게 카파라는 이름과 새로운 존재를 선사한 것은 타로였다.

함께 사진을 찍고, 잡지사의 편집자들에게 일을 따오며 카파라는 존재를 함께 키웠던 타로를 사진기자의 길과 종군 기자의 길로 안내한 것은 카파였다.

파리에 안장되어 있는 게르다 타로의 묘소

카파는 '내가 함께 있었다면 이 사고가 벌어지는 것을 막을 수 있었을 텐데.' 라며 타로를 홀로 위험한 곳에 남겨 두고 온 것에 대해 심하게 자책했다고 한다.

로버트 카파가 살아남은 자의 슬픔에서 벗어나기 위한 방법은 고독과 술이었다.

그는 타로의 장례식 뒤 타로와 함께 살던 스튜디오에 처박혀 2주일 동안 거의 아무것도 먹지 않은 채 혼자서 슬픔을 삭히고 있었다. 그의 지인들의 증언에 따르면 그는 마치 화가 난 것처럼 매우 격분한 상태로 술을 마시고 또 마셨다고 한다.

그리고 그의 주변 지인들은 이 일 이후 카파가 전혀 다른 사람이 된 것처럼 행동했다고 기억하고 있다. 카파와 타로를 모두 잘 알고 있던 에바 베슈뇌는 "카파의 일부는 타로와 함께 죽었다는 생각이 들 정도로 타로는 카파의 진정한 영혼의 반쪽이었다."고 기억하고 있다.

그의 오랜 친구였던 앙리 카르티에 브레송은 당시의 카파에 대해 다음과 같은 말을 남겼다.

"내 눈에 카파에게 마치 베일이 드리워진 것처럼 보였습니다. 그리고 그는 마침내 베일을 헤치고 나왔지만 많은 사람들이 그가 변했다고 느꼈습니다.

그는 냉소적이 되었고 더 기회주의적이 되었고 때로는 허무주의자 같았습니다. 사람에게 애착을 갖는 것을 두려워하였고 영원히 상심한 마음을 가지고 살아갔습니다."

하지만 카파의 이러한 슬픔과는 달리 카파가 진심으로 타로를 사랑한만큼 타로 역시 카파를 사랑했었는지는 의문이 남는다.

타로와 마지막 순간을 함께했던 테드 앨런은 카파가 타로를 남겨 두고 떠나며 특별히 타로를 보살펴줄 것을 부탁한 사람이었다. 하지만 타로는 이러한 앨런을 유혹했으며 육체적인 관계를 시도하기도 했다고 앨런은 훗날 회상하였다. 카파가 타로와 결혼을 원한다고 알고 있었고 자신에게 타로를 보살펴줄 것을 부탁한 카파에 대한 죄책감으로 앨런은 선을 넘지는 않았지만 이런 앨런에게 타로는 자신과 카파는 친구이지 연인이 아니라고 이야기 했다고 한다.

많은 이들은 카파가 스페인을 잠시 떠날 즈음 타로가 주변 사람들에게 카파와 자신은 좋은 친구관계로 돌아가기로 했다고 이야기한 것을 기억하고 있었다.

또한 타로가 죽기 몇 달 전 카파는 타로에게 청혼을 했지만 당시 타로는 스페인에서 파시스트들을 몰아내는 일이 먼저라며 이를 거절했다.

당시 타로의 이러한 태도에는 여러 가지 이유가 있었을 것이다. 자신과 함께 창조해 낸 인물 로버트 카파가 앙드레와 점점 동일시해 갈수록 타로는 점점 보조적인 인물이 되어가고 있었다. 정작 자신이 '로버트 카파' 만들기 프로젝트의 창안자이자 지휘자였지만 그 스포트라이트는 앙드레가 독차지하고 있었고 자신은 점점 로버트 카파의 어시스턴트이자 여자친구로 인식되어 가는 것에 대한 불만이 점점 그녀를 로버트 카파에게서 벗어나고 싶게 만들었는지 모른다 진취적이었던 타로에게 로버트 카파와의 결혼은 카파가 그녀 자신을 더욱더 부수적인 인물로 고정시킬 것이 뻔했기 때문이다.

또한 스페인 내전의 마돈나와 같은 존재로 전쟁터에서 수많은 남성들의 시선을 받으며 자유분방한 생활을 하며 살아온 그녀에게 결혼이란 틀로 자신을 속박하고 싶지 않았을 것이다.

하지만 타로와는 달리 카파는 진심으로 그녀를 사랑했던 것으로 보인다.

당시 일부 언론에서는 타로가 카파의 여자친구, 약혼자 혹은 아내라고 보도하기도 했는데, 카파 역시 타로의 죽음 이후 몇 주 동안 그녀의 사진을 지갑에 넣고 다니면서 술에 취하면 그녀와 함께했던 수많은 추억을 주변 사람들에게 이야기하며 그녀를 자신의 죽은 아내라고 주변 사람들에게 소개하곤 했다고 한다. 따라서 주위에는 두 사람이 실제로 결혼까지 했다고 생각하는 사람들도 적지 않았다고 한다.

어쩌면 둘의 사랑은 정말로 뜨겁게 시작되었고 어느 한순간 타로 쪽에서 먼저 조금 식어가고 있었는지도 모른다. 혹은 그즈음 이미 두 사람 모두에게 그들의 사랑은 식었고 예전의 뜨거움은 먼 기억으로만 남아있었는지도 모른다. 그러던 와중에 타로의 죽음이 카파에게 커다란 죄책감와 후회를 안겨다 주었고 카파가 할 수 있었던 것은 망자에 대한 기억과 추억을 되살리고 그가 그녀를 얼마나 사랑했었는지를 본인 스스로와 주변에게 각인시키는 것밖에 없었기 때문일 수도 있다.

한 사람의 죽음은 남겨진 자에게 언제나 죄책감과 후회를 안겨준다. 그리고 그 죄책감과 후회를 벗어나기 위한 유일한 방법은 살아남은 자가 망자를 얼마나 사랑했는지 되새김질하는 것일 수도 있다.

타로의 죽음 이후 카파는 사진을 그만두고 영화를 찍을 생각도 했으며 더 이상 전쟁의 폭력에 노출되기보다는 세계일주 유람선의 사진사가 되어 아름답고 행복한 순간만을 사진에 담으며 살까 하는 생각을 하기도 했다.

하지만 몇 달 뒤 그는 다시 마음을 가다듬고 카메라를 들고 전쟁터로 향했다.

카파가 타로를 잃은 슬픔에서 벗어나기 위해서는 다시 집중을 할 수 있는 일이 필요하다고 생각한 친구의 권유로 카파는 중국에서 촬영하는 다큐멘터리 영화 〈4억의 민중〉에 스틸 사진과 촬영 조감독으로 참여하여 몇 달간 중일 전쟁 중인 중국을 취재하기도 했다. 영화 촬영이 주된 목적이었지만 그의 목에는 언제나 카메라가 걸려 있었으며 영화작업과 함께 그는 많은 사진을 남겼다. 그리고 그의 사진 속에서는 스페인에서와 마찬가지로 전쟁 속에 내던져진 중국의 여러 가지 모습이 담겼다.

그다지 큰 성과를 내지 못한 채 그는 다시 유럽으로 돌아왔고 1937년 11월 카파는 다시 스페인으로 향했다. 그가 다시 카메라를 잡고 그의 연인을 잃은 전쟁터로 향한 것에는 여러 가지 이유가 있었을 것이다. 아마도 그중의 하나는 전쟁의 치열함만이 타로의 죽음이 그에게 안겨다 준 상실감을 채워줄 수 있는 유일한 출구였기 때문일 것이다.

낭만이여 안녕

카파가 다시 찾은 스페인 내전은 더 이상 낭만적인 전쟁이 아니었다.

현대식 무기로 무장한 히틀러와 무솔리니의 군대에 상대가 되지 못한 공화군과 국제 여단의 패색은 점점 짙어지고 있었다. 또한 서구 사회가 공화군 측에 부여했던 자유의 십자군이란 이미지에 점점 많은 사람들이 의구심을 가지기 시작했다.

스탈린의 비밀 지령을 받고 온 듯한 러시아의 의용군들은 공화군 측의 승리보다도 스페인에 공산주의 국가를 설립하고자 하는 것에 목적이 있는 것처럼 보였다. 공화군 진영에서는 무자비한 군력을 휘두르는 비밀경찰들에 의한 스탈린의 철권통치가 스페인에 이식되는 것이 아닌가 하는 의혹과 불안에 휩싸이게 됐다. 훗날 『1984』와 『동물농장』을 쓰게 되는 조지 오웰 역시 이러한 의혹과 불안에 휩싸였던 이들 중 하나였다. 식민지 버마(지금의 미얀마)에서 경찰로 근무하며 제국주의와 식민주의에 대한 폐해를 몸소 목격한 뒤 제국주의를 혐오하여 무정부주의자가 된 무명의 작가 조지 오웰에게 스페인 내전은 이론을 현실의 운동으로 확장시킬 수 있는 현장이었다. 스페인의 공산주의 정당인 마르크스주의 통일 노동자당(POUM) 의용군에 배속된 조지 오웰은 총알도 제대로 나가지 않는 소총 하나만을 들고 아라곤 전선에 배치받았다. 의용군의 조직은 매우 엉성했으며 보급도 제대로 이루어지지 않았지만 장교에서 사병까지 누구나 똑같은 대우를 받았으며 계급으로 인한 차별 같은 것은 존재하지 않았다. 전투다운 전투는 하지 못한 채 추위와 굶주림으로 더 많은 사람이 죽어가던 전쟁이었지만 사회 정의를 위해 헌신한다는 순수한 이상과 희생정신으로 뭉쳐 있었다.

조지 오웰과 그의 동지들의 이러한 순수한 이상이 흔들렸던 것은 소련의 참전 이후였다. 반스탈린주의를 표방하며 독자적인 노선을 주장하던 POUM은 스탈린의 소련과 코민테른에게 절대적인 충성을 맹세한 에스파냐 공산당(PCE)보다 더 큰 세력이 되었으나 스페인에 소련이 참전하면서 여타 공산당 세력들과 불화를 겪게 되었다. 공산당원들은 조지 오웰이 속한 POUM을 이제는 멸족이 되어 버린 트로츠키주의, 심지어 파시즘주의자들이라는 의심의 눈초리와 굴레를 씌우기 시작했다. 그리고 이러한 반목은 서로 다른 공산주의 파벌 간의 패싸움으로 발전했고, 심지어는 같은 공산당이었던 카탈루냐 공산당 정부가 POUM을 공격하는 일까지 발생했다. 어제의 동지들이 서로를 죽이는 충격적인 모습이 연출되고 있었던 것이다. 소련을 등에 업은 공화정부의 스탈린주의자들은 POUM을 프락치 집단으로 낙인찍었으며 POUM의 지도자들은 소련의 비밀요원들에게 납치되어 고문치사를 당하기까지 했다. 전투 도중 목을 관통당하는 중상을 입은 조지 오웰은 구사일생으로 전쟁에서는 살아남았지만 스탈린주의자들에 의해 트로츠키파로 몰리면서 수배령이 떨어지게 되면서 같은 편의 위협에 내몰리게 되었다. 결국 조지 오웰은 아내와 함께 겨우 스페인을 탈출할 수 있었다. 그리고 그가 스페인 전쟁에서 보고 겪은 많은 이야기들, 민중들의 고통 그리고 스탈린주의자들의 위선과 억압을 목격한 그의 이야기는 『카탈로니아 찬가』로 이어졌다. 더불어 소련의 공포 정치를 스페인 공화정의 공산주의자들에게 강요하고 비밀 공작과 모함과 처형을 일삼던 스탈린주의자들을 목도하면서 그가 꿈꾸어 왔던 이상과 공산당 종주국 소련의 실상은 다르다는 것을 체험하고, 어쩌면 그가 그동안 꿈꿔왔던 소련식 사회주의는 조작된 신화임을 깨닫게 된다. 이러한 스탈린주의 대한 그의 반감은 훗날 스탈린을 돼지 나폴레옹으로 풍자한 우화 『동물농장』으로 이어지게 되었다.

조지 오웰과는 결이 달랐지만 다시 찾은 스페인에서 로버트 카파 역시 더 이상 스페인 내전은 타로와 함께 바라보았던 낭만적인 모험이 아니었다. 당시 카파는 「뉴욕타임즈」의 기자 허버트 매튜 Herbert Matthews와 함께 취재를 다녔는데, 카파의 변화에는 그의 영향도 있었을 것으로 보인다. 타로는 카파보다 훨씬 사회주의와 좌파에 대한 강한 신념을 가지고 있었으며, 타로의 이러한 생각과 사상은 언제나 곁에 있는 카파에게도 그대로 이식되었을 것이다. 하지만 타로의 빈자리는 이제 냉철한 판단과 중립적인 시각을 지닌 진짜 기자들이 채우기 시작하면서 카파 역시 점점 저널리스트로서의 시각을 지니게 된 것으로 보인다.

훗날 쿠바 혁명 당시 죽은 것으로 알려졌던 반란군의 지도자였던 피델 카스트로와 인터뷰하여 그가 생존해 있다는 특종 보도를 한 것으로 유명한 전설적인 기자 허버트 매튜는 스페인 내전이 선(좌파 공화국 측)과 악(우파 프랑코 측)의 대결이라는 초기의 전쟁 보도에서 뛰어넘어 스페인에서 벌어지는 있는 국제 역학관계를 조명하기 시작했다. 양측은 점점 외부 세력을 끌어들였으며 전쟁은 점점 유럽 전체로 퍼지기 직전의 연습과 같았다. 그리고 좌파 정부 측에 참전한 소련의 행태는 서구의 저널리스트들에게도 의구심을 던져 주고 있었다. 더 이상 스페인 내전은 선과 악으로 단순화된 전쟁으로 설명할 수 없었다. 양측 모두 전쟁에서 이기기 위해 상대편에 대한 잔혹한 보복을 멈추지 않았으며, 스페인 내전은 외부 세력들의 더 큰 전쟁을 위한 연습장으로 변질되어 갔다.

이러한 카파의 내면의 변화와 외부의 변화는 카파의 사진 속에도 그대로 투영되었다. 타로의 죽음 이후 다시 찾은 스페인에서 카파의 카메라는 더 이상 공화정부에 대한 찬양도 이들을 응원하는 프로파간다적인 모습도 점점 사라지게 되었다. 이 시기 그의 사진 속에서 전쟁은 더 이상 낭만적인 모험이 아닌 서로가 죽고 죽이는 잔인한 야만의 행위로 바뀌어 묘사된다.

그는 전보다 더 바쁘게 전쟁의 참상을 그만의 역동적인 앵글로 잡아내기 위해 바쁘게 움직였고, 주변 사람들에게도 여전히 매력적인 웃음을 던지며 다가갔다. 그는 마치 타로의 빈자리를 채우려는 듯 더 많은 사람들을 만나고 더 많은 술을 마시고 더 많은 이야기를 나누었다. 당시 카파의 모습은 마사 겔혼의 단편에 그를 모티브로 한 캐릭터와 함께 이렇게 묘사되어 있다. "그에게는 계획이란 없었으며 떠돌아다닐 뿐이었다. 그는 밤낮으로 떠돌아다녔고 그가 알던 사람들을 찾아가고 낯선 이들과 어울렸다. 배가 고프면 밥을 먹고 어디에서나 술을 마시고 사람들과 끊임없이 이야기를 나누었다."

어쩌면 같은 편이라 생각했던 공화군의 탱크에 게르다 타로를 잃은 뒤 그는 비로소 전쟁의 속성에 눈을 뜨게 되었는지 모른다. 테루엘에서 벌어지는 공화군과 반란군의 무차별한 살육전을 취재하며 그의 카메라는 점점 전쟁이 보여주는 인간의 고통에 초점을 맞추기 시작했다. 그리고 공화군의 패색은 점점 짙어지고 있었다. 이탈리아와 독일의 지원에 힘입은 반란군의 압도적인 화력 앞에서 공화군은 부족한 전쟁물자와 보급선의 차단으로 인해 음식 찌꺼기로 연명하며 싸워야 했다. 길가에는 썩어가는 시체, 부서진 건물, 그리고 불에 타버린 차량들이 가득 차 있었다.

이후 잠시 프랑스로 돌아왔던 그는 1938년 10월 초 다시 바르셀로나로 돌아갔다.

그와 타로와 함께 사진에 담았던 1936년 스페인 개전 초기의 승리에 대한 막연한 기대감은 더 이상 바르셀로나에 남아있지 않았다. 패색이 짙어가는 가운데 국제 의용군들은 하나둘 스페인을 떠나고 있었고 그의 카메라는 전쟁의 승리가 아닌 공화군의 힘겨운 마지막 저항을 기록해야 했다.

스페인 내전의 사진 중 '권총을 들고 있는 여군'의 모습에서 타로의 모습을 투영해 볼 수 있듯, 이 시기의 사진에서 카파의 모습이 보이는 사진이 한 장 있다.

1938년 스페인 내전에서 좌파들의 연대의 상징이었던 국제연대는 스탈린의 명령에 의해 해체를 맞이하게 된다.

비장한 표정으로 경례를 하고 있는 국제여단 병사의 모습에서 느낄 수 있는 것은 아쉬움과 회한이다. 성전인 줄 알고 참전했던 스페인 내전에서 그들의 열정은 높았지만 아무것도 달성하지 못했다. 내전의 상징적인 존재가 되어 선전 도구로도 이용되었지만 그들의 손에 주어진 것은 낡은 무기와 쓰러져 가는 동지들이었다. 그리고 공산당 세력의 내부 분열과 스탈린의 의심으로 같은 편끼리 총을 겨누기도 했다. 그리고 이제는 국제여단이 해체되었고, 스페인 전쟁의 승리를 통해 궁극적으로 자신들의 이상향을 건설하고 싶었던 그들의 꿈은 날아가 버렸다. 유럽에 남았던 의용군들은 곧이어 발발한 2차 세계대전에서 레지스탕스로 활약하다가 전사하거나 강제 수용소에서 목숨을 잃기도 했다. 미국에서 왔던 링컨 연대 소속 의용군들은 스페인 내전에서의 경력 때문에 이후 냉전체제와 메카시즘 속에서 빨갱이로 낙인찍혀 사찰의 대상이 되거나 취업에 제한을 받는 등의 불이익을 당하기도 했다. 카파의 사진 속 군인들이 눈물이 그렁그렁한 표정으로 행진가를 부르는 모습은 마치 혁명에 대한 안녕, 이상에 대한 안녕을 고하는 듯하다.

이제 그의 사진 속에서 보이는 것은 전쟁이라는 드라마가 주는 스펙터클이 아닌 전쟁 속에서 겪는 인간의 고통으로 점점 밀착되어 가고 있었다.

그리고 그에게 성공의 기회와 상실의 아픔을 동시에 가져다주었던 스페인은 결국 프랑코의 손으로 넘어가게 되었다.

스페인 내전은 파시즘의 승리로 끝났지만 그와 타로가 목표로 했었던, 카메라로 전쟁이라는 드라마를 기록하고, 카메라를 무기

© Robert Capa

국제여단의 해단식에서 마지막으로 행진가를 부르며 눈물짓고 있는 의용군 병사의 모습,
1938년 스페인

로 파시즘에 싸우며, 이를 통해 사진기자로 성공하기 위한 목표들은 거의 달성되었다. 하지만 여기에는 타로의 죽음이라는 돌이킬 수 없는 희생이 있었다.

스페인에서 카파가 잃은 것과 얻은 것은 너무나도 명백했다.

로버트 카파라는 자웅동체의 한쪽을 잃었고, 대신 남은 한쪽은 오롯이 새로운 인격체로 살아남았다. 로버트 카파는 이제 온전히 로버트 카파 한 사람의 것이 된 것이며 여기에는 세계 최고의 전쟁사진가라는 수식어까지 따라붙게 되었다.

이때 그의 나이 고작 25세.

그리고 카파는 비로소 깨달았을 것이다.

전쟁이 그에게 남겨준 것은 모험과 명성이 아닌 피로 얼룩진 망신창이가 된 영혼과 하반신이 전차의 육중한 몸체에 짓눌린 채 세상을 떠난 사랑했던 여인에 대한 기억뿐이라는 것.

그리고 스페인 내전이 파시즘의 승리로 끝나자 유럽 전역에서는 이제 전쟁은 피할 수 없다는 두려움이 팽배했다. 그리고 카파가 참여했던 다큐멘터리 영화의 제목 *Rehearsal of War*처럼 스페인 내전으로 시작된 전쟁의 화마는 리허설을 끝낸 것처럼 더욱더 그 화기를 높여 전 세계로 퍼지려 하고 있었다. 또한 나치 독일이 전략적인 이유로 소련과 불가침 조약을 맺자 프랑스에는 반 좌파의 공기가 짙어지고 있었다. 공산당 기관지 「수아르」에 정기적으로 기고하는 유대인 망명자이자 패스포트도 없던 카파에게 프랑스 파리는 더 이상 안전한 곳이 아니었다. 1939년 9월 1일 독일은 폴란드를 침공했고 이틀 후 프랑스와 영국은 독일과의 교선에 들어

피난 도중 짐에 기대어 쉬고 있는 소녀

1939년 타라고나Tarragona에 가해진 파시스트군의 무차별 폭격으로 사랑하는 사람과 재산
을 잃은 수만 명의 피난민들은 바로셀로나로 피난을 왔다. 카파의 렌즈를 힘 없이 바라보고
있는 소녀의 눈이 전쟁의 참상을 이야기 해주고 있다.

© Robert Capa

갔다. 이러한 상황에서 그대로 유럽에 머무르는 것은 덫에 걸린 쥐와 같았고 그는 이제 파리를 떠나야 할 때가 다가오고 있음을 알 수 있었다.

스페인 병사의 진실 공방

카파의 명성에 언제나 꼬리표처럼 붙어 다니는 의혹이 있으니 그것은 바로 카파의 출세작이라고 할 수 있는 〈쓰러지는 병사〉의 사진이 조작된 연출 사진이라는 주장이다. 이 사진의 연출 여부에 대한 논란이 공개적으로 대중에게 논의되기 시작한 것은 필립 나이틀리Philip Knightley가 1974년 자신의 책 『첫 번째 희생자들The First Casuality』에서 당시 스페인 내전을 취재하며 로버트 카파와 조우했다고 주장하는 Daily Express 기자 오 디 갤러거O.D. Gallagher의 이야기를 소개한 것이 시작이었다.

세계의 유명 종군 기자들의 기사와 사진의 많은 부분이 조작되거나 연출되었다고 주장하는 이 책에서 갤러거는 로버트 카파에게서 직접 들은 이야기라면서, 카파는 공화군 측 공보 장교의 협조로 몇 명의 군인을 데려와 연출을 하여 촬영했다는 것이다. 그리고 카파는 이러한 연출 사진이 보다 실감나고 긴박한 상황에서 촬영된 것처럼 보이게 하기 위해서 일부러 초점을 흐릿하게 해서 찍었다는 것이 이 책에 소개된 증언이었다. 이러한 주장은 곧 반발에 부딪쳤다. 카파는 스페인 내전 기간 중 단 한 번도 프랑코의 군대를 취재를 한 적이 없었고, 당시 만약 카파가 프랑코 진영을 취재하려고 했다면 카파는 프랑코의 부대에게 바로 체포되어 스파이로 몰려 처형당했을 것이었다는 것이 당시 카파와 스페인의 상황을 잘 알고 있던 주변인들의 공통적인 증언이 있었기 때문이다. 하지만 당시 카파와 타로의 사진이 실렸던 잡지 『뷔』의 지면을 보면 석연찮은 것들이 눈에 띄는 것도 사실이다. 무엇보다 『뷔』의 지면에는 비슷한 지역에서 라이플을 든 채 쓰러지고 있는 또한 명의 병사의 사진이 보인다. 그리고 사진 속의 병사는 마치 영화감독의 지시를 받는 배우들처럼 고지의 정상 같은 곳에서 승리의 포즈를 짓기도 하고 총을 들고 힘차게 참호를 뛰어넘고 있기도 하다. 이 사진들을 보노라면 당시 보도사진의 관행과 프로파간다적인 시선이 합쳐진 연출 사진들처럼 보이는 것도 사실이다.

이처럼 이 사진에 대한 진실 공방과 옹호와 반박이 계속되는 가운데 계속해서 새로운 주장이 언론에 소개되고는 했다. 이 중에는 사진 속 인물을 특정했다며 유가족을 찾아 냈다는 스페인 향토 사학자의 주장도 있었으나 그는 정확한 검증을 요구하던 전문가들의 요구에 마땅한 증거를 제시하지 못했고 유가족은 몇 년 뒤 차례로 세상을 떠나면서 그들의 주장에 대한 검증도 불가능하게 되며 이 가설은 잊혀지게 되었다.

또한 카파의 옛 친구 중에는 카파가 군인들에게 연출을 해서 사진을 촬영하던 중 갑자

1936년 9월 『뷔』에
게재된 카파의 사진들

기 적의 기습적인 공격에 맞아 쓰러지는 병사의 모습을 포착하게 되었으며 이로 인한 죄책감으로 진실을 밝히지 못했다는 이야기를 들었다고 주장하는 경우도 있었다.

2000년 미국 멤피스 경찰서의 강력반 형사반장이며 사진 전문가이기도 한 로버트 프랭크스Robert L. Franks는 사진 속 군인의 반쯤 오므려진 왼쪽 손에 주목하였다. 그의 주장에 따르면 인간은 고유의 반사 신경으로 인해 넘어지는 순간 의식이 있는 상태라면 자기도 모르게 자기의 신체를 보호하기 손을 쭉 펼쳐서 무엇이든 잡을 것을 찾거나 손바닥을 펼쳐 지면에 몸을 지탱하려고 하게 된다. 하지만 사진 속의 인물이 넘어지는 순간 이미 사망했거나 의식을 잃은 상태였고 이로 인해 손의 근육에 힘이 빠져 있기에 넘어지는 순간 반사적으로 자신을 보호하기 위해 손바닥을 펼치는 것이 불가능한 상태였다는 것이다. 즉 사진 속의 남자는 연출에 의해 총에 맞고 쓰러지고 있는 척하고 있는 것이 아니고 진짜로 목숨을 잃고 뒤로 넘어지고 있다는 것이었다.

2013년 일본의 논픽션 작가 이와키 코우타로우는 저서 『카파의 십자가キャパの十字架』에서 이 사진은 카파가 아닌 게르다 타로가 찍은 것이라는 새로운 주장을 내놓았다. 그는 지금까지 남아있는 그날의 사진을 모두 한데 모아 지형, 그림자, 배경 등을 디지털로 분석하고 시간대 별로 재구성했다. 그리고 카파와 타로가 사용한 카메라의 각기 다른 화면 비율을 가지고 사진을 분석한 뒤 타로가 이 사진의 원래 주인이라고 주장했다.

이 사진들에 대한 정답을 알고 있는 이들은 아무도 없다. 당시 현장을 가늠해 볼 수 있는 원본 필름들이 모두 사라져 당시 촬영되었던 시진들로 딩시의 현상을 재구성하는 것은 불가능하기 때문이다. 따라서 이 사진의 연출 여부에 대한 정답은 오직 카파만이 알고 있다. 그리고 시간이 흐를수록 새로운 가설은 계속 나올 것이다.

최고의
전쟁사진가

고통받는 사람들을 옆에서 기록하는 것은 쉬운 일이 아니다. 마지막에는 좋은 사람들이 죽는다. 하지만 살아 있는 사람들은 죽은 이들을 빨리 잊게 된다.

― 로버트 카파

2차 세계대전 속으로

스페인 내전을 거치며 그는 연인이자 동료인 게르다 타로를 잃었지만 그의 인생은 새로운 전기를 맞이하고 있었다. 전쟁사진가로서 국제적인 명성을 얻게 된 그에게 가장 큰 변화는 더 이상 경제적인 문제를 고민할 필요가 없다는 것이었다. 그는 더 이상 호텔비를 내지 못해 밤에 몰래 도망 나오거나 길거리로 쫓겨날 일이 없었으며 끼니를 걱정해야 하는 생존의 문제에서 자유로워질 수 있었다.

© Robert Capa

프랑스의 르 발카레스Le Barcarès에 수용되고 있는 공화파 스페인 난민들이 해변을 따라 행
진하고 있다. 당시 신분이 불안정했던 카파는 자신도 이들처럼 난민 캠프에 수용되는 것을
걱정해야 했다.

하지만 경제적 문제가 해결되자 또 다른 문제가 카파를 위협해 오기 시작했다.

1939년 9월, 프랑스와 영국은 히틀러의 독일에 전쟁을 선포하였고, 카파는 다시 한번 불투명한 미래를 고민해야 했다. 유대인을 박해하는 나치 독일의 위협 속에서 도망쳐 파리로 왔고 파리를 제2의 고향처럼 여기고 있었지만 그에게 파리는 더 이상 안전한 곳이 아니었다. 특히 스페인에서 그의 활약은 그를 세계적으로 유명한 사진가로 만들어 주었지만 그와 동시에 그의 사진은 이미 파시스트들의 심기를 건드리고 있었다. 로버트 카파가 스페인 내전의 막바지 혼란 속에 바르셀로나를 취재 할 당시 그와 계약을 맺고 있던 미국의 『라이프』지가 다음과 같은 전보를 보낸 것을 보면 당시 카파의 신변에 대한 우려는 점점 현실적인 염려가 되고 있었음을 짐작할 수 있다.

"프랑코의 군대가 바르셀로나로 진격하고 있을 때 우리는 당신을 매우 걱정하고 있었습니다. 당신이 펄피그난Perpignan으로 안전하게 피했다는 전보를 받고서야 안심할 수 있었습니다. 당신이 공화군 측에서 취재 활동을 해왔기 때문에 당신이 있는 곳이 적들의 수중에 떨어진다면 당신의 신변이 위험하고 목숨을 잃을 수도 있기 때문입니다. 『라이프』는 당신의 스페인과 중국에서의 사진에 매우 만족하고 있습니다. 당신은 세계 최고의 전쟁사진가입니다."

당시 카파가 가장 겁내고 있던 것은 자신이 난민에 가까운 신분으로 프랑스에 살고 있었기에 최악의 경우 스페인 내전을 피해 도망쳐 온 스페인 난민들과 함께 난민 캠프에 갇히는 것이었다. 그곳에는 파시스트계의 스페인 망명자들과 공화군 측의 망명자들을 함께 수용하고 있었기에 그곳에서 그의 안전은 누구도 보장할 수 없기 때문이었다.

그에게 가장 안전한 선택지는 뉴욕으로 건너가 이미 그곳에 정착하고 있는 어머니와 동생 코넬에게 합류하는 것이었지만 이마저도 쉽지 않았다. 왜냐하면 헝가리에서 쫓겨난 뒤 떠돌이로 살아온 그에게 출국을 위한 비자를 만들기 쉽지 않았기 때문이다. 이러한 그에게 도움의 손길을 주었던 것은 시인이자 칠레의 외교가였던 파블로 네루다였다. 당시 스페인 내전에서 공화국 측을 열렬히 지지했던 그는 스페인 망명객들이 프랑스를 떠날 수 있도록 도와주었으며 카파 역시 네루다가 만들어준 비자(Exit Visa)를 가지고 프랑스를 떠나 뉴욕으로 향할 수 있었다.

네루다의 도움 덕분에 1939년 9월 뉴욕으로 향하는 여객선에 몸을 실은 카파는 무사히 미국에 도착할 수 있게 되었다. 친척의 도움으로 뉴욕에 정착하여 살고 있던 어머니와 동생 코넬과 함께 살게 된 카파는 파리에서 그랬던 것처럼 미국 생활에도 자연스럽게 정착해갔다. 그에게는 세계 최고의 전쟁사진가라는 호칭이 따라붙었지만 예나 지금이나 명성이 밥을 먹여주지는 않기 때문이다. 특히 파시즘의 기운이 휩쓸던 유럽과 아시아와는 달리 고립주의를 택한 미국에서 바다 건너에서 벌어지고 있는 전쟁에 그다지 많은 관심을 가지고 있지 않았다. 세계 최고의 전쟁사진가인 카파가 할 수 있는 일은 그다지 많지 않았던 것이다. 미국에 있는 동안 그는 전쟁 사진 대신 멕시코의 정치적 혼란을 취재했고, 그가 파파라고 불렸던 미국의 작가 헤밍웨이와 마사 겔혼의 결혼식 등을 찍어 『라이프』에 게재하기도 했다. 하지만 이미 전쟁이라는 격렬한 이야기에 길들어진 그에게 이러한 평범한 취재는 만족감을 주지 못했다. 또한 고쳐지지 않는 술과 노름에 대한 집착으로 값비싼 원고료는 그의 주머니에 오래 머물지 않고 사라졌으며 그는 언제나 무일푼에 가까웠다.

이 시기에 그는 한 번의 결혼을 하기도 했다. 게르다 타로의 죽음 이후 독신으로 살다 간 것으로 대중에게 알려진 카파의 이미지와는 달리 카파는 결혼을 한번 했던 기록이 남아있다. 실은 이 결혼은 비자를 연장하기 위한 위장 결혼이었다. 비자가 만료되어 추방될 위험에 처했던 카파는 비슷한 처지의 친구와 함께 자신들을 도와줄 여자들을 찾게 되었다. 그리고 토니 소렐이라는 무용수의 도움을 받아 가짜 임신 진단서를 받은 뒤 메릴랜드로 가서 가짜로 혼인 신고를 해서 가까스로 비자를 연장할 수 있게 된다. 물론 토니 소렐과는 그야말로 서류상의 결혼으로 끝났고 실제의 부부로는 이어지지 않게 되었다. 비록 세계 최고의 전쟁사진가라는 명성은 얻었지만 그의 삶은 여전히 부평초 같은 이방인에 가까웠다.

그리고 1941년 12월 6일, 일본은 진주만 공습을 일으켜 미국을 2차 세계대전의 한복판으로 밀어 넣었다. 미국은 고립주의를 벗어나 2차 세계대전에 참전을 결정했고, 유럽과 아시아 그리고 아프리카에 걸친 거대한 전선에 자신들의 가족들을 군인으로 보내게 된 미국의 국민들은 자신들의 안방에서 생생한 사진을 통해 전쟁의 이미지를 보기를 원했다. 『라이프』로 대표되던 미국이라는

거대한 미디어 시장이 다시금 세계 최고의 전쟁사진가를 원하게
된 것이다. 하지만 유럽으로 돌아가 다시 전쟁을 취재하고 싶어하
던 카파의 꿈에는 커다란 걸림돌이 있었다. 그의 고국 헝가리가
독일과 함께 동맹군의 편에 서면서 그는 적성국 출신의 '잠정적
적국인'으로 취급되고 있었기 때문이다. 이러한 신분상의 제약으
로 그는 유럽에서 벌어지는 미군의 군사 작전을 사진으로 취재하
기 위한 허가를 받는 것은 불가능에 가까웠다. 하지만 카파는 비
자 담당자들과 자신의 우연 같은 인연, 자신의 전쟁사진가로서의
유명세와 특유의 임기응변으로 적성국 출신의 사진기자임에도
종군 기자의 허가를 받아 낼 수 있게 된다.

우여곡절 끝에 가까스로 출국에 관한 서류를 준비한 카파는 미
국과 유럽을 잇는 대서양의 호송선단에 몸을 싣고 독일 U보트의
공격이 들끓는 5천 킬로미터가 넘는 호송 선단의 임무를 취재해
가며 런던으로 향했다.

당시 런던은 독일의 공습에 시달리고 있었다. 런던은 독일 공군
이 가장 좋아하는 표적이라고 불리었으며 미국의 2차 세계대전
참전이 결정되기 직전인 1940년 9월에서 1941년 4월 사이에는 독
일 공군의 블리츠Blitz라고 불리는 대규모 폭격이 있었다. '번개'를
뜻하는 독일어에서 따온 이 용어는 당시 영국의 언론들이 사용하
면서 독일군의 영국 공습을 상징하는 단어가 되었다. 당시 8개월
정도 지속된 이 공습으로 약 4만 명의 사상자가 발생하였고 런던
건물의 약 60%가 파괴될 정도였다. 카파가 런던에 도착했을때 공
습 사이렌이 울리면 사람들은 지하 방공호로 뛰어갔고, 아이들은

1947년 발행된 『카파의 손은 떨리고 있었다 *Slightly out of focus*』의 초판 표지

2차 세계대전 취재를 위해 미국을 떠나 유럽으로 향하는 모습에서 시작하여 유럽에서 2차 세계대전이 끝나는 사이에 그의 취재기를 적은 그의 자전적 이야기이다. 유럽에서의 전쟁이 끝나서 이제는 아침이 되어도 일어날 필요는 없어진 것 같다고 되뇌는 것으로 끝나는 이 책에서는 2차 세계대전에서 카파의 활약상을 엿볼 수 있는 재미있는 책이다. 하지만 처음부터 영화화를 목적으로 쓰여졌기에 그의 평소의 과장과 허풍이 조금은 가미되어 있다.

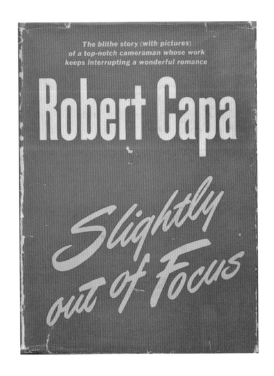

공습을 피해 낯선 시골로 보내졌다. 두꺼운 검정 커튼으로 닫힌 창문들과 불빛이 꺼진 어두운 거리는 당시 런던의 흔한 풍경이었다. 그리고 공습으로 화재가 발생한 곳에서는 소방관들이 화마와 사투를 벌이며 후방에서 자신들만의 방식으로 전쟁에 참여하고 있었다.

이곳에 도착한 카파는 이러한 영국의 모습을 사진에 담으며 바다 건너 유럽 대륙에서 벌어지고 있는 전선으로 취재 갈 날을 기다리고 있었다. 이곳에서 그는 어느 날 성형수술 병원을 취재하게 되었다. 당시에는 전쟁으로 인해 수많은 부상자들이 속출했고 특히 얼굴에 심한 부상을 입은 상이군인들이 증가하자 이를 위해 성형수술 분야가 급속하게 발전하고 있었다. 이곳에서 카파는 이렇듯 획기적으로 발전하고 있는 성형수술에 대한 기획 기사의 사진을 촬영하게 되었다. 그리고 수술실로 안내된 카파는 전쟁 중 코가 날아가 버린 어느 군인의 코 재건 성형수술 장면을 취재하게 된다. 그리고 수술 장면을 촬영하던 중 너무 많은 피와 수술 과정의 끔찍한 모습을 목격하게 된 그는 결국 졸도해 버리고 말았다. 수많은 전쟁터를 누비며 삶과 죽음의 경계에 언제나 발 한쪽을 걸치고 있던 그가 코 성형수술을 지켜보던 중 기절해 버렸다는 것은 그 역시 평상시에는 그저 평범한 인간이었음을 암시해 준다. 전쟁터에서 수많은 시체와 부상당한 군인 등을 보고서도 전혀 아랑곳하지 않고 카메라의 셔터를 누르는 냉혈한 혹은 사이코패스와 같은 인간이, 인간의 피를 두려워하는 보통의 인간이었음을 엿볼 수 있는 일화이다. 전쟁터가 가져다주는 아드레날린이 없는 한 그는

『픽쳐 포스트』에 게재된 카파의 런던의 소방수에 대한 포토 스토리

독일군의 공습에 시달렸지만 점령되지 않았던 영국의 수도 런던이 그의 베이스 캠프가 되었으며 이곳에서 그는 내륙을 왕래하며 2차 세계내전을 사진으로 기록했나.

바로 우리와 같은 평범한 사람이었던 것이다.

새로운 사람들, 새로운 전쟁

한편 이곳에서도 카파는 곧 사교계의 유명 인사가 되었고 그의 곁에는 언제나 아름다운 여성들이 있었으며 윈스턴 처칠의 며느리이자 당시 사교계의 유명인사였던 파멜라 처칠과도 가까운 친구가 되기도 하였다. 이곳에서 그는 타로의 죽음 이후 처음으로 대중에게 그 이름이 알려지게 되는 새로운 여자친구를 만나게 된다. 그녀의 이름은 일레인 저스틴. 붉은색이 도는 금발의 이 여인에게 카파는 '핑키'라는 애칭을 붙여 주었다. 타로의 죽음 이후 수많은 여성들과 때로는 길게, 때로는 짧게 관계를 가져왔던 카파에게 그녀는 수많은 여자 친구 중의 하나였지만 카파의 자전적 에세이 『카파의 손은 떨리고 있었다*Slightly out of focus*』와 카파의 사진 속에도 등장하면서 카파의 여자친구로 대중에게 알려지게 되었다.

핑키는 당시 영국 공군의 조종사의 아내였지만 카파와 교제할 당시 그녀의 결혼생활이 막바지에 달한 상태였다. 파티 중 낮잠을 자다가 눈을 뜬 카파의 눈 앞에는 주말을 맞아 지인의 집을 방문한 검은 드레스의 핑키가 서 있었다. 그 방에는 축음기에서 아름다운 음악이 흐르고 있었다고 한다. 공습 이외에는 직접적인 전투가 벌어지고 있지 않아서 유럽에서는 상대적으로 안전했던 런던을 떠나 유럽 전선의 현장으로 떠나는 날을 기다리고 있던 카파.

이러한 그가 기분 좋은 낮잠에서 깨어났을 때 마치 영화 속의 한 장면처럼 등장한 그녀는 카파에게 매우 특별하게 다가왔을 것이다. 그리고 둘은 함께 샴페인을 나누고 룸바 춤을 추며 사랑에 빠지게 된다. 내일을 기약할 수 없는 전쟁의 시기에 맺어진 여느 연인들처럼 그들은 매우 빠르게 뜨거운 사랑에 빠지게 된다. 카파가 평생 동안 수많은 여인들과 염문을 뿌렸던 것도 어쩌면 이렇듯 내일을 기약할 수 없는 전쟁이 큰 역할을 했기 때문인지도 모른다. 2차 세계대전 당시 남자와 여자의 역할은 대부분 고정적이었다. 전쟁은 사랑으로 맺어진 남자와 여자를 갈라놓았다. 남성들은 총을 들고 전장으로 나갔고 여성들은 그들이 무사히 살아서 돌아오기만을 기다렸다. 평화의 시기에 대부분의 여인들은 단 한 가지만 걱정하면 된다. 그들의 사랑이 영원히 계속 뜨거울지 혹은 어느 날 식어버릴지?

하지만 2차 세계대전은 사랑하는 이들에게 한 가지를 더 고려하게 만들었다. 전쟁에 나간 남자가 살아 돌아오거나 혹은 돌아오지 못하거나. 이러한 불투명한 미래에도 불구하고 전쟁의 시기에도 남자와 여자들은 끊임없이 서로를 필요로 하고 사랑을 했으며 카파 역시 마찬가지였다. 내일을 알 수 없는 전쟁의 시기. 하지만 많은 이들은 전쟁이 주는 불안감과 위태로움을 상대방과의 교감을 통해 극복하고자 했고 이것이 전쟁 중에도 우리 인간이 끊임없이 사랑의 상대를 갈구하는 이유 중 하나였으리라. 그리고 카파와 핑키 역시 예외는 아니었을 것이다. 미국의 작가 릭 리올단Rick Riordan이 말한 것처럼 사랑과 전쟁은 어쩌면 너무 닮았거나 혹은

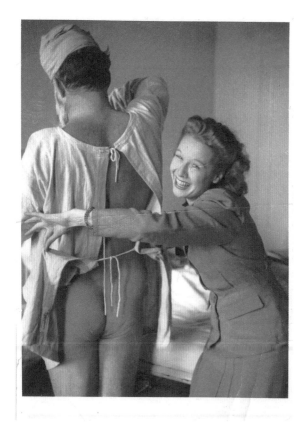

병원에 입원한 헤밍웨이의 환자복을 들쳐보며 장난을 치고 있는 핑키의 모습

1944년 영국에서 재회한 '파파' 헤밍웨이와 카파는 밤새 파티를 즐겼고 숙소로 돌아가던 헤밍웨이는 교통사고를 당해 병원에 입원하게 되었다. 병문안을 위해 핑키와 함께 병실을 찾은 카파가 핑키와 함께 장난을 치며 촬영한 사진이다. 카파의 사진 중에 가장 재미있는 사진으로 꼽히는 사진이다.

양극단에 있어서 그랬는지도 모른다.

"사랑과 전쟁은 항상 함께 찾아온다. 사랑과 전쟁은 인간의 감정이 가장 극대화된 것들이다. 악과 선, 아름다움과 추함."

이후 영국과 대륙의 전선을 오가며 전쟁을 취재하던 카파가 런던으로 돌아올 때마다 핑키는 차가운 샴페인과 펜트 하우스를 준비해 놓고서 카파와 뜨거운 사랑을 나누곤 했다. 하지만 핑키는 결국 생과 사를 넘나드는 카파를 더 이상 기다리지 못하고 카파의 친구이자 둘 사이의 연락책 역할을 해주던 미군 공보장교와 사랑에 빠지며 카파의 곁을 떠나게 된다.

한편 런던에서 대기 중이던 카파에게 처음 주어진 '진짜 전쟁'의 취재는 북아프리카 전선이었다. 북아프리카 전선에서 카파는 '사막의 여우'라고 불리던 독일의 롬멜과 '패튼 대전차 군단'으로 유명한 패튼이 이끄는 기갑 사단이 서로 쫓고 쫓기던 이곳에서 삼일 밤을 꼬박 새우다시피 하며 계속되는 폭격 속에서 엘 게타르 전투를 사진에 담았다. 그리고 카파는 당시 기사에 "그날 렌즈에는 흙이 많이 묻었고, 속으로 겁이 많이 났다."라는 글을 남기며 무자비한 폭격 속에 치러진 전쟁에 대한 공포를 묘사했다. 스페인 전쟁을 취재하며 세계 최고의 전쟁사진가라고 불려왔던 그는 비로소 스페인 내전과는 스케일이 자체가 다른 '세계대전'을 실감하게 된 것이었다.

아프리카 전선의 취재를 마치고 잠시 런던으로 귀국한 카파에게는 또 다른 변수가 기다리고 있었다. 그를 사진기자로 고용했던 『컬리어즈Collier's』지가 별다른 이유 없이 카파를 해고한 것이다. 이것은 카파가 단순히 그의 일자리를 잃는 것 이상을 의미했다. 그의 신원을 보증해 주었던 보도 매체가 사라짐으로써 그는 전쟁을 취재할 수 있는 종군 기자의 신분을 잃게 되며, 이것은 더 이상 유럽에 머물며 전쟁을 취재할 수 없다는 것을 의미했다. 이에 대한 해결책은 예전부터 인연을 맺어 왔던 『라이프』에 고용되어 종군 기자 허가를 다시 받는 것이었다. 하지만 이를 위해서는 원칙적으로 그는 다시 뉴욕으로 돌아가서 모든 수속을 다시 밟아야 했다. 하지만 적성국 헝가리 출신이라는 이유로 우여곡절 끝에 허가를 받았던 카파에게 이것은 또 다른 불확실한 절차였다.

이러한 상황이라면 많은 이들은 포기하거나 혹은 절차대로 모든 것을 다시 시작하는 것을 택할 것이다. 하지만 카파는 언제나 자신이 가지고 있는 판돈을 모두 걸고 도박을 벌이는 방법을 택했다. 당시 기자들을 관리하던 후방의 공보장교들만이 자신의 종군 기자 자격이 취소되었다는 것을 알고 있었기에 그들이 카파를 찾아내어 그를 내쫓기 전에 한발 먼저 전선을 향하는 것이다. 지금처럼 모든 것이 디지털로 처리되고 복잡하고 엄격한 신원 확인을 거쳐야만 종군 취재가 가능해지는 지금의 시대와는 사뭇 다른 2차 세계대전의 시기였기에 가능한 일이었다. 하지만 당시로서도 이는 적발이 되면 군법 회의에 회부되거나 스파이 혐의를 받게 되는 매우 심각한 범죄 행위와도 같은 것이었다. 하지만 더 이상 잃을 것이 없는 적성국 출신의 사진기자였던 그에게 삶은 어차피 도박과 마찬가지였고 전쟁이라는 큰 판에서 그가 판돈으로 걸 수 있던 것은 자기 자신뿐이었다. 다행히 그는 시칠리아 전투를 취재하튀니지인으로 구성된 프랑스군 낙타 부대의 모습. 카파의 사진 중에는 드물게 컬러 사진으로 촬영된 것이 특징이다.

던 중 루스벨트 장군으로부터 자신이 『라이프』지에 고용되었다는 기쁜 소식을 직접 전해 들으며 비로소 안심할 수 있었다. 언제나 스페인 내전보다 훨씬 격렬하고 위험했던 2차 세계대전에서 끊임없이 자기 자신을 위험한 도박판의 판돈처럼 걸어야 했던 그에게 매우 좋은 징조였다.

이탈리아 전선

미국의 참전으로 독일의 기세가 조금씩 꺾이는 조짐이 보이기 시작했으며 카파는 1943년 8월 6일 연합군과 함께 이탈리아의 나폴리에 상륙했다. 그는 이제 독일의 시칠리아 침공을 취재했다. 시칠리아 전역에서 가장 처절하면서도 가장 규모가 컸던 트로이나 전투를 취재했던 그는 연합군의 승리를 상징하는 매우 상징적인 사진을 촬영하게 된다. 그것은 시칠리아 지방의 농민이 시칠리아를 수복한 미군장교에게 자신의 지팡이로 독일군이 퇴각한 방향을 가르키고 있는 사진이다. 이 사진은 아프리카 전선에서 나치 독일과 주축국들로부터 승기를 빼앗은 연합군을 상징하는 이미지가 되기도 했다.

나폴리에서 카파를 기다리고 있던 것은 연합군에 항복한 이탈리아군에 대한 보복으로 나치 독일이 저지른 뒤 남기고 간 무자비하고 무차별적이었던 살육과 약탈의 현장이었다. 이곳에서 그가 남긴 사진들 중 지금도 가슴을 저미게 하는 사진들은 독일군들에

미군 장교에게 독일군의 퇴각 방향을 가르키고 있는 이탈리아의 농민
독일군의 패배와 이탈리아를 해방시키며 민중들에게 환영 받고 있는 미군의 이미지를 보여
주고 있는 이 사진은 연합군의 이탈리아 수복의 상징적인 이미지가 되었다.

© Robert Capa

게 대항해 빨치산 활동을 하다 목숨을 잃은 십 대 아이들의 장례식이다. 관은 꽃으로 덮여 있었으나 어린이용 관에 들어가기에는 조금은 덩치가 큰 십 대 희생자들의 시신은 관 밖으로 그 발이 나와 있었고, 아이들의 어머니는 오열하고 있었다. 이 사진들에 대해 카파는 다음과 같은 글을 남겼다. "소박한 학교 장례식장에서 찍은 사진들이 나의 진정한 승리의 사진들이었다."

2차 세계대전의 사진부터 카파의 사진에서는 한 가지 커다란 변화가 보인다. 카파의 사진에서 더 이상 전쟁에 대한 낭만주의나 영웅주의는 찾아볼 수가 없게 된 것이다. 타로의 죽음과 스페인 내전에서 공화군의 퇴패를 보며 자신의 이념을 사진에 투영하기 위한 프로파간다적인 시각에서 벗어났던 카파는 2차 세계대전을 통해 비로소 전쟁의 실체에 눈을 뜬 것처럼 보인다. 그에게 있어 전쟁은 이제 더 이상 이념을 위한 숭고한 희생이나 투쟁이 아니었다. 전쟁이라는 무자비한 폭력 앞에 희생당하는 개개인의 고통과 아픔만이 남는 곳이었다. 이제 카파의 사진들은 전쟁이 보여주는 스펙터클과 전쟁 영웅들의 분투가 아닌 전쟁 속에 가려진 우리 인간의 얼굴human face을 더욱더 명확히 보여주고 있었다.

그리고 매일 매일 목도하는 전쟁과 살육의 이미지에 지쳐가고 있었기 때문일까? 카파는 다음과 같은 글을 『라이프』지에 남겼다.

"전쟁은 나이 들어가는 여배우와 같다. (잘 안 받는 화장발처럼) 사진은 점점 찍기 어려워지고 점점 더 위험해진다."

나폴리의 탈환 이후 연합군은 진격을 계속했으며 유럽은 어느새 겨울에 접어들고 있었다. 겨울은 적에게도, 아군에게도, 전쟁

선생님의 지휘하에 퇴각을 준비하던 독일군과 싸우던 나폴리의 10대 소년 20명은 연합군의
도착 4일 전에 목숨을 잃게 되었고, 카파는 이곳에서 사랑하는 어린 자식들을 잃고 오열하
는 어머니들을 사진에 담게 된다. 그의 2차 세계대전 사진들에서는 스페인 전쟁에서 보았던
낭만적 영웅주의는 더 이상 존재하지 않고, 격정적인 인간의 드라마로 가득 찬 냉혹한 현실
만이 있는 그대로 기록되고 있었다.

최고의 전쟁사진가

속의 민간인에게도, 그리고 사진기자에게도 모두 힘든 계절이었다. 카파는 추위로 감각을 잃은 손가락에 입김을 불어가며 이탈리아에서 계속된 공방전을 취재했고 그의 사진 속에 담긴 냉혹하고 비정한 전쟁의 생생한 모습은 『라이프』지를 통해 미국과 전 세계의 독자들에게 전달되었다. 그의 사진 속에는 미군을 중심으로 한 연합군의 승리의 순간뿐 아니라 차가운 겨울 날씨의 이국땅에서 목숨을 잃은 채 담요에 덮여있던 전사자들의 모습도 고스란히 보여주고 있었다. 전쟁은 카파의 사진을 통해 생생한 현실이 되어 전 세계의 독자들에게 그대로 전달되었다. 그리고 최고의 전쟁사진가라는 카파의 명성은 일반 대중들에게도 여실히 확인되고 있었다. 하지만 카파의 인생은 그다지 달라지지 않았다. 더 이상 생활고의 걱정은 없었지만 끔찍한 전쟁의 이미지를 사진에 담지 않고서는 돈을 번 수 없었고, 이렇게 번 돈은 모두 술과 도박으로 날아갔다. 그리고 돈이 떨어지면 그는 다시 돈을 벌기 위해 전쟁터로 나가야 했다. 그의 술과 도박에 대한 탐닉은 어쩌면 전쟁에서 겪은 트라우마에서 비롯된 병적인 것이었는지도 모른다. 그의 도박은 이제 단순히 재미가 아니었다. 그는 잔챙이 도박꾼들과는 좀처럼 판을 벌이지 않았다. 당시 군의 홍보 영화를 제작하기 위해 할리우드에서 소집되어 온 유명 감독과 극작가들이 그의 포커 상대들이었다. 할리우드의 소문난 도박꾼들인 그들은 언제나 풍부한 판돈을 가지고 판을 키웠다. 그리고 기다림의 연속인 영화판에서 갈고 닦은 그들의 포커 실력에 카파는 언제나 쉬운 먹잇감이었다. 하지만 그는 절대로 그들과 베팅을 하는 것을 주저하지 않았다. 당시 한 번의 위험한 종군 취재에 대한 원고료로 일반 노동자의 일 년 치 수입을 받을 만큼 큰 수입을 올리던 로버트 카파는 2차 세계대전 당시 작은 영화사를 차릴 수 있을 정도의 많은 돈을 도박판에서 잃었다고 한다.

무엇이 그를 이처럼 도박에 탐닉하게 만들었을까?

그에게 도박과 전쟁터는 동일한 것이었을지도 모른다. 총알이 빗발치는 전쟁터에서 자신을 내던져 사진을 찍는 것과 거액을 걸고 포커판에서 베팅을 하는 것은 모두 그의 아드레날린을 솟구치게 하는 자극적인 경험일 것이다. 마치 마약 중독자들이 점점 더 많은 양의 마약을 필요로 하는 것처럼 당시의 카파에게 정상적이고 일반적인 생활은 그 어떤 자극도 주지 못했던 것 같다. 또한 격렬한 전투 현장의 취재에서 다치지 않고 무사히 살아 돌아온 뒤 다음번 취재 기회를 기다리며 느끼게 되는 불안과 초조를 잊기 위해 그에게는 계속된 자극이 필요했을 것이며 이것이 그를 더욱더 도박에 빠져들게 만들었을 것이다. 그리고 무엇보다 자신의 목숨을 판돈으로 걸어야 하는 전쟁터에서의 취재라는 도박에서 한 번의 패배는 곧 모든 것의 끝을 이야기했지만 도박판에서는 최소한 돈은 잃더라도 목숨을 잃는 일은 없으니 포커판은 그에게 상대적으로 안전한 아드레날린의 충전소였을 것이다.

이탈리아 전선이 대치 국면에 접어들고 잠시 런던으로 돌아와 있던 카파에게 매우 자극적이며 판돈이 커다란 도박판 같은 취재의 기회가 찾아왔다. 당시 종군 기자들 사이에서는 이탈리아에서 전황이 고착되자 이를 타개하기 위해 연합군이 히틀러에게 힌방을 먹일 야심찬 작전을 준비 중이라는 소문이 돌고 있었다. 작전명은 오버로드Overload. 하지만 언제, 어디에서 어떤 작전을 펼칠 것인지는 아무도 알지 못했다. 그리고 연합군 사령부가 극비리에 극소수의 기자들에게만 작전을 취재할 수 있게 한다는 소문만이 돌고 있었다. 그리고 이 기회는 극비리에 카파에게 주어지게 되었다. 그리고 그 작전은 바로 우리 모두가 알고 있는, 노르망디 상륙작전이었다.

당시 이미 세계적인 명성을 누리고 있던 로버트 카파에게 노르망디 상륙작전의 취재는 필수가 아닌 선택의 문제였다. 아직 텔레비전이 보급되기 이전, 『라이프』로 대표되던 당시의 거대한 잡지 산업에서 목숨을 걸고 전쟁의 생생한 현장을 사진으로 전달했던 로버트 카파와 같은 사진기자들은 지금의 기자들은 상상할 수 없는 세계적인 지명도와 인기를 누리고 있었다. 그리고 전쟁에서의 공적이 이러한 스타 기자들의 사진을 통해, 『라이프』지 같은 유명 잡지를 통해 알려지길 바라던 당시의 부대 지휘관들과 공보장교들은 로버트 카파와 같은 거물 사진 기자들에게 취재하고 싶은 전장을 고를 수 있는 선택권을 주고는 모셔가려고까지 했다.

한편 연합군의 공보장교는 독일군에게 결정적인 타격을 입히기 위해 상륙작전을 펼친다는 애매모호한 정보와 함께 카파 앞에 두 개의 선택지를 전했다. 하나는 상륙작전이 어느 정도 성공을 거두고 안전한 상태가 된 뒤 연대의 지휘 본부와 함께 후진으로 상륙해서 전투가 끝난 모습을 취재하는 것. 또 하나는 공격 부대의 제1진과 함께 상륙해서 생생한 상륙작전의 전투 모습을 취재하는 것. 전자의 경우 그의 안전은 담보되지만 그가 촬영할 수 있는 것은 상륙작전을 둘러보는 지휘관들의 모습과 전투가 끝난 뒤의 모습뿐일 것이다. 후자의 경우 누구나가 보고 싶은 전쟁의 진짜 모습을 담을 수 있지만 그 누구도 그의 안전을 보장해 줄 수 없다. 어쩌면 그는 전쟁의 소모품처럼 전선에 보내지는 일개 병사들과 똑같은 운명을 마주해야 하며, 적들이 갈겨대는 기관총의 총알은 총 대신 카메라를 메고 있는 그를 피해 가지도 않을 것이다.

카파는 언제나처럼 자신이 가지고 있는 가장 큰 판돈, 즉 그의 목숨을 상륙작전의 취재에 걸기로 결정한다. 공격 부대의 제1진과 함께 상륙작전에 참가하기로 한 것이다.

작전 장소와 작전 일시가 비밀에 붙여진 채 기약 없는 대기 상태에 들어간 로버트 카파는 그만의 방식으로 어쩌면 이 세상에서의 마지막이 될지도 모른 그의 마지막 날을 즐겼다.

그는 당시 사귀고 있던 연인 핑키와 달콤한 연애를 즐겼고, 거의 매일 밤 판돈을 올려가며 포커판에서 끊임없이 그의 운을 시험했으며, 헤밍웨이를 비롯한 절친들을 초대해 성대하면서 어쩌면 마지막이 될지도 모르는 파티를 즐겼다.

그러는 사이에 D-day는 슬그머니 그의 곁으로 찾아왔다.

초조하게 호텔방에서 대기하던 그에게 연합군의 언론 담당 장교가 찾아와 유언과 혈액형을 물으며 지상 최대의 작전이 가까워지고 있음을 알렸다.

그리고 군인들이 군장을 싸고 탄창과 라이플을 준비하듯 카파도 자신의 '전투' 준비를 시작했다.

그는 새로 맞춘 버버리 군용 외투를 꺼내고 위스키를 넣은 은빛 휴대용 물통을 준비했다. 그리고 탄약이 물에 젖지 않게 하기 위해 보급품으로 나온 콘돔에 탄약을 넣는 군인들처럼 그는 콘돔에 필름을 넣었다.

다음날 이른 새벽, 호텔을 찾은 공보장교가 그를 깨웠고 카파는 연인 핑키에게 작별 인사도 전하지 못한 채 상륙작전을 위한 함정에 올랐다.

이곳에서 미군 제116보병부대의 병사들과 합류한 카파는 새무얼 체이스 수송선에 승선했다. 카파 이외의 3백만 명의 육해공군 병사들이 전쟁의 역사상 방어벽이 가장 두터운 프랑스의 해변을 향해 상륙작전을 준비하고 있었다. 당시 독일 최고의 명장이라고 불리던 롬멜은 연합군의 상륙작전에 대비해서 폭탄이 부착된 허리 높이의 철근 구조물을 해안선을 따라 배치해 놓았다. 그 역시 연합군이 상륙작전을 통해 대대적인 반격을 개시하리라는 것을 예상하고 있었다. 롬멜과 독일군 역시 연합군의 D-day가 다가오고 있음을 잘 알고 있었다. 그리고 그들이 적(연합군)을 저지할 수 있는 기회는 적들이 해안에 상륙하기 위해 물에서 고군분투하는 단 한번의 순간이라는 것과 그날이 그들과 연합군 모두에게 가장 긴 하루가 되리라는 사실을 잘 알고 있었다. 가장 긴 하루에 던져진 카파의 도박이 막 시작되려고 하고 있었다. 그리고 이 도박판에는 카파뿐 아니라 독일군과 연합군의 수많은 목숨값이 베팅되어 있었다.

카파와 헤밍웨이

카파와 헤밍웨이가 처음 만난 것은 스페인 내전이었다. 당시 이미 『무기여 잘 있거라』와 『해는 또다시 떠오른다』와 같은 베스트셀러로 세계적인 작가의 반열에 올라 있던 헤밍웨이는 당시 스페인 내전에서 공화군을 지원하고 자금을 모금하기 위한 다큐멘터리 영화 촬영을 위해 스페인을 찾았었다. 당시 마드리드에서 많은 기자들이 아지트처럼 사용했던 플로리다 호텔에서 만난 그 둘은 곧 가까운 사이가 되었으며 카파는 "나는 그를 만나고 얼마 되지 않아 그를 나의 아버지로 입양했다."고 농담하며 그를 '파파'라고 불렀던 가까운 사이였다.

당시 유부남이었던 헤밍웨이는 여자친구이며 훗날 그의 세 번째 부인이 되는 언론인이자 소설가인 마사 겔혼과 동행하고 있었다. 카파와 헤밍웨이 그리고 마사 겔혼은 매우 가까워졌지만 마초 성향의 헤밍웨이는 당시 전쟁터의 유일한 여자 사진기자이자 페미니스트이고 독립적인 성격을 가지고 있던 타로를 탐탁지 않아했다고 한다. 스페인 전쟁에서 그 둘은 함께 전장을 누볐으며 이후 그 둘은 2차 세계대전에서 다시 조우하게 된다. 그 둘이 다시 만났을 때 연합군은 파리 진격을 앞두고 있었으며 헤밍웨이를 비롯한 3백여 명의 종군 기자가 파리 진입에서 우위를 차지하려는 경쟁을 벌이고 있었다. 특히 세계적인 대문호 대우를 받던 헤밍웨이는 군 장성들로부터 특별한 대접을 받으면서 운전병, 취사병, 사진병, 차량, 그리고 무기까지 보유한 자신만의 작은 군대를 거느리고 독자적인 파리 진격 준비를 하고 있었고, 카파 역시 파파의 계획에 동승하게 되었다. 스페인 전쟁 이후 수많은 전쟁터를 누비며 베테랑 군인 못지않은 전쟁터에서의 생존 전략을 깨우친 카파는 헤밍웨이와의 파리 진격 계획이 영 미덥지 않았지만 그의 파리 입성 소식은 남다른 뉴스가 될 것을 알았기 때문에 그와 동행을 했던 것이다. 그런데 생푸아라는 마을로 향하던 중 헤밍웨이가 탄 오토바이가 갑자기 적의 포탄 공격을 받게 되면서 오토바이 운전병이 급브레이크를 밟았고, 갑작스러운 반동으로 헤밍웨이가 오토바이에서 튕겨나가는 교통사고가 발생했다. 도랑에 빠진 헤밍웨이는 몸이 좁은 도랑에 끼워버려 옴짝달싹하지 못했고, 저 멀리에는 독일군의 장갑차가 보였다. 그런데 이러한 위험한 상황에서 카파는 헤밍웨이를 바라보며 멀찌이 떨어져 도와주지 않은 채 가만히 있었다고 한다. 다행히 독일군은 헤밍웨이를 발견하지 못하고 조용히 물러갔고, 헤밍웨이는 구조되었지만 둘은 곧 거친 논쟁을 벌이게 되었다. 헤밍웨이는 카파가 자신이 독일군의 기관총에 맞아

© Ernest Hemingway Photograph Collection/Kennedy Library

1944년 2차 세계대전 취재 당시 프랑스의 몽셍 미셀에서 조우한 헤밍웨이(가운데)와 카파(맨 오른쪽) 가 빌 왈튼Bill Walton 등 동료 기자들과 식사를 하고 있다.

죽는 장면을 사진으로 찍기 위해 일부러 자신을 구해주지 않고 있었다고 생각했고, 카파 는 헤밍웨이를 도와줄 방법을 찾기 위해 바라보고 있었다고 변명했다. 이 사건으로 결국 그 둘의 아버지와 아들 같았던 친밀한 우정은 금이 갔고, 두 사람의 우정은 카파가 죽을 때까지 회복되지 못한 채 껄끄러워졌다. 과연 카파는 아버지 같은 친구인 헤밍웨이의 죽 음을 사진으로 담기 위해 기다리고 있었을까? 아마도 이것은 헤밍웨이의 오해였을 가능 성이 높다. 당시 헤밍웨이는 자신의 세 번째 부인이며 카파가 누나처럼 따랐던 마사 겔혼 과의 결혼 생활이 삐그덕거리고 있었다. 한편 마사 겔혼은 자신의 원만하지 못한 결혼 생 활의 많은 비밀을 카파에게 털어놓았고, 파리에서 재회한 세 사람 사이에서 마사 겔혼의 편을 드는 카파에게 헤밍웨이는 여러 차례 역정을 내곤 했다고 한다. 아마 이러한 섭섭하 고 불편한 감정이 교통사고를 통해 분출되었을 가능성이 높은 것으로 보인다. 최고의 소설가와 최고의 전쟁사진가는 이러한 오해로 관계가 나빠진 뒤 결국 그 관계는 회복되지 못한 채 카파는 세상을 떠나게 되었다. 카파가 세상을 떠난 뒤 헤밍웨이는 다음과 같이 말을 남겼다. "그는 좋은 친구이고, 위대하고 용감한 사진가였습니다. 누구나 전쟁터에서는 목숨을 잃을 수 있다는 가능성이 그를 앗아갔다는 것은 우리 모두에게 불행한 일입니다. 특별히 카파에게는 너무나도 불행한 일입니다." 그리고 카파가 사망하고 7년 후인 1961년 헤밍웨이도 자살로 생을 마감했다.

D-day의
오마하 해변

이것은 머리에서 발끝까지 온 몸을 덜덜 떨며 얼굴을 비틀게 만
드는 새로운 종류의 공포였다.

— 노르망디 상륙작전을 회고하며, 로버트 카파

핏빛 바다에 서다

프랑스 파리의 생 라자즈Saint Lazare 역에서 기차를 타고 약 한 시
간 반이면 도착할 수 있는 작은 도시 도빌Deauville. 노르망디의 진주
라고 불리는 도빌은 파리의 부유한 파리지앵들이 만든 휴양도시이
다. 1913년 '도빌'에 처음 발을 디딘 코코 샤넬은 도빌이 주는 아우
라Aura에 반하여 그녀의 첫 샤넬 부티크를 이곳에 오픈했고, 샤넬의
초창기 대표적 디자인이었던 줄무늬 상의 역시 이곳 도빌의 선원
들에게서 영감을 얻은 것이라고 한다. 부호들은 이곳에 와서 일광
욕을 즐기고, 유럽의 명마들을 사들여 이곳에서 기르고 훈련시켰

도빌 해안의 모래사장은 말이나 마차를 타도 될 정도로 단단한 모래 지층이어서
산책을 즐기기에 좋은 한적하고 아름다운 바닷가이다.

ⓒ 김경훈

다. 그 덕에 이곳은 프랑스 최고의 종마장으로도 유명하며 광활한 해변에서 값비싼 말들과 승마를 즐기는 풍경도 쉽게 볼 수 있다.

끝없이 펼쳐진 금빛 모래사장으로 유명한 도빌의 해변은 클로드 를르슈 감독의 1969년 영화 〈남과 여〉의 배경이 될 만큼 아름다운 곳이기도 하다.

1951년 로버트 카파는 미국 잡지 『홀리데이 *Holiday*』의 취재 요청을 받아 도빌의 아름다운 풍경과 이곳을 찾는 사람들의 고급스러운 라이프스타일을 아름다운 컬러 사진에 담았다. 그의 사진 속에서는 고급 의상실에서 갓 구입한 듯한 화려한 옷을 걸친 채 한껏 멋을 부린 여성이 플랑슈 해변에서 여름의 햇살을 만끽하며 망중한을 즐기고 있으며, 빨간색 비키니를 입은 매력적인 젊은 여성은 도빌의 파란 하늘을 배경으로 로버트 카파의 카메라 렌즈 앞에서 수영복 매무새를 고치고 있다. 2차 세계대전이 끝나고 유럽에 평화는 찾아왔으며 사람들은 다시 예전의 즐겁고 화려한 일상으로 돌아간 사실이 아이러니하게도 2차 세계대전 당시 최고의 전쟁사진가였던 로버트 카파의 카메라에 담겼던 것이다.

그런데 로버트 카파가 노르망디와 인연을 맺은 것은, 그리고 그와 그의 사진을 오늘날 사람들의 기억 속에 각인시킨 것은 이곳 도빌이 아니다. 도빌에서 노르망디 해변을 따라 차로 한 시간 반 정도 달려가면 닿게 되는 오마하 해변이다.

우리가 익히 알고 있는 노르망디 상륙작전은 연합군이 코드명으로 이름 지어 붙인 유타, 오마하, 골드, 쥬노, 스워드라는 다섯 개의 해변 지역에서 동시다발적으로 이루어진 상륙작전이었다. 노르

나무마루로 만든 판잣길이 인상적인 플랑슈 해변과
1951년 카파가 잡지 『홀리데이』를 위해 취재한 피서객들의 사진

1924년에 조성된 이 곳은 오늘날에도 도빌에서 가장 아름다운 사진을 촬영할 수 있는 곳으로 손꼽히며 많은 방문객들이 찾는 곳이다. 필자가 찾은 겨울의 플랑슈 해변은 인적도 한산하고 을씨년스러웠지만 카파가 이곳을 찾았을때는 따뜻한 날씨에 사람들이 수영과 일광욕을 즐기고 있었다. 전쟁이 끝난 뒤 할 일이 사라진 전쟁사진가는 패션사진가로 변신했던 것이다.

D-day의 오마하 해변

망디 지역은 조수간만의 차가 크고 해안 역시 가파른 절벽으로 이루어진 지역이 많아 당시 독일군은 이 지역에 연합군이 상륙하는 것은 불가능하다고 보고 다른 지역에 비해 취약한 수비 태세를 보이고 있었는데 연합국 사령부는 이러한 독일군의 허점을 찌른 것이다. 상륙작전 당시 오마하 해변에서는 가장 치열한 전투가 벌어졌으며 가장 많은 희생자가 나왔던 곳이기도 하다. 당시 미군은 해안에서 너무 멀리 떨어진 곳에서부터 상륙선으로 갈아탔기 때문에 상륙도 하기 전부터 험한 파도와 독일군의 포격에 노출되었다. 가까스로 해안에 상륙한 미군들을 독일군들은 조준 사격으로 마치 토끼 사냥하듯 공격하여 무려 2천 명이 넘는 미군들이 전사했다.

오마하 해변의 이러한 살육전의 한복판에 로버트 카파는 총 대신 카메라를 들고 서 있던 것이고, 이것은 그가 선택한 운명이었다.

자신이 취재한 선무가 위험하면 위험할수록 자신이 취재한 사진들이 더욱 비중 있게 다루어지고 더욱 많은 돈을 벌 수 있다는 사실을 알고 있던 로버트 카파에게 연합군의 이 비밀스러운 작전은 목숨이라는 그의 가장 커다란 판돈을 걸만한 가치가 있는 것이었다.

당시 그의 이러한 결정에 대해 카파는 다음과 같은 글을 남겼다.

"종군기자들은 전쟁터의 군인들보다 술을 더 많이 마시고, 더 많은 여자들을 만나고, 돈을 더 받고, 훨씬 더 많은 자유를 누린다. 전쟁터에서는 자신의 위치를 정할 수 있고, 겁쟁이가 되는 것을 선택해도 처벌되지 않는다. 종군기자는 자신의 운명을 자신의 손에 쥐고 있다. (경마처럼) 판돈을 이 말에 걸 수도 있고, 저 말에 걸수도 있다. 아니면 결정적인 순간에 판돈을 자신의 주머니에 다시

노르망디 상륙작전은 노르망디 해변에 많은 흔적을 남겼다. 카파가 종군했던 오마하 해변에
는 간판이 있어 쉽게 찾을 수 있고 주변에는 예전 독일군의 진지들이 그대로 보존되어 있다.

D-day의 오마하 해변

넣을 수도 있다. 나는 도박사다. 나는 E중대의 첫 번째 상륙작전에 참가하기로 결정했다."

1944년 6월 5일 이른 새벽, 수송선 새뮤얼 체이스 호에 오른 로버트 카파는 앳된 얼굴의 어린 병사들과 함께 그의 인생에서 '가장 긴 하루The Longest Day'*를 맞이하러 떠났다.

그들이 향하고 있던 노르망디 해변은 2차 세계대전이 벌어지기 전까지는 클로드 모네Claude Monet를 비롯한 인상주의 화가들이 즐겨 찾고 그림으로 남길 만큼 아름다운 곳이었다.

하지만 새뮤어 체이스호에 승선해 있던 로버트 카파가 앞으로 보게 될 것은 모네가 보았던 아름다운 자연의 풍광이 아닌 온통 핏빛으로 사방이 물들었던 폭력적이고 잔인한 전쟁의 모습이었다.

당시 수송선에 있던 병사들은 멋진 버버리 코트를 입고 있는 민간인 사진기자가 자신들과 함께 상륙할 거란 이야기를 듣고는 미쳤다고 수군거렸다고 한다. 그만큼 카파의 이번 도박은 성공 확률이 높지 않았다. 그리고 언제나처럼 지루함과 초조함을 쫓기 위해 카파와 병사들은 수송선의 갑판 위에서 수천 달러의 판돈을 걸며 도박판을 벌였다. 하지만 이미 이들에게 도박에서 이기고 지는 것은 의미 없는 일이었을 것이다. 몸속 솟구치는 아드레날린과 생사

* 노르망디 상륙작전의 첫날은 가장 긴 하루The Longest Day란 말로도 서구 사회에 잘 알려져 있는데, 존 웨인이 주연한 영화 〈지상 최대의 작전〉으로 알려진 영화의 원제는 원래 이 영화의 원작이 되었던 책 『가장 긴 하루The Longest Day』이다. 당시 노르망디에서 연합군의 상륙작전을 방어하기 위해 수비망을 구축하고 있던 독일의 에르빈 롬멜은 연합군이 벌일 상륙작전에서 처음 24시간이 가장 중요하며, 이러한 처음 24시간이 독일군뿐만 아니라 연합군에게도 가장 긴 하루가 될 것이다, 라고 이야기한 것에서 유래된 말이라고 한다.

에 대한 불안감이 동시에 주는 극도의 흥분감을 조절하기 위해 그
들에게는 그저 삶과 죽음에 대해 잠시 잊게 만들어 줄 무엇인가가
필요했을 것이다. 그리고 직감적으로 그들은 다시는 돈을 쓸 기회
가 영원히 없으리라고 생각했을지도 모른다.

짠 바닷냄새를 맡으며 동생뻘 되는 군인들과 의미 없는 도박을
하며 전장으로 향하던 30살의 로버트 카파는 무엇을 생각하고 있
었을까?

21세기 대한민국의 군대를 다녀온 남성들이 겨우 사회생활을
갓 시작할 나이인 30살에 이미 로버트 카파는 많은 것을 이루었고
또 수많은 경험을 하였으며 이미 국제적인 명성의 '스타급 사진기
자'의 위치에 있었다.

하지만 이것으로 만족할 수 없었던 것일까? 아니면 더 높은 곳
으로 올라가고 싶어서였을까?

아니면 점점 더 강도가 강하고 위험한 취재에 끌리게 된 것일까.

미친 사진기자, 사망

구름이 잔뜩 낀 다음날 새벽, 노르망디의 오마하 해변이 가까워
오자 로버트 카파는 30여 명의 병사들과 함께 소형 상륙정에 올랐
다. 확성기를 통해 나오는 군목의 기도소리를 들으며 총 대신 카
메라를 든 로버트 카파에게 지금까지 경험해 보지 못한 전투가 곧
시작되려 하고 있었다.

"부대의 상륙을 위해 싸워라, 그리고 힘이 남는다면 자기 자신을 지키기 위해 싸워라. 전원 보트 탑승. 하늘에 계신 우리 아버지, 그 이름을 거룩하게 하옵소서."

새벽 5시 50분 미군 전함들의 함포 사격과 하늘을 가득 메운 B-26 폭격기의 엄호 포격 속에 카파와 군인들이 탄 상륙정은 해변을 향해 나아갔다. 해안을 향해 가는 동안 그들이 지켜야 할 룰은 단 한 가지였다. 머리를 상륙정의 철갑판 위로 노출 시키지 말 것. 철갑판 위로 머리가 노출되는 순간 독일군의 총알이 철모를 관통하면서 그들의 목숨을 앗아갈 것이기 때문이다. 한편 잔잔하리라고 예상했던 바다는 매우 거칠었고 거친 파도를 헤치고 나아가는 상륙정 안에서 심한 뱃멀미 때문에 군인들은 잔뜩 토사물을 게워냈다고 한다. 아마도 다가오는 전투가 주는 불안과 파도 속에 요동치며 이리저리 흔들리는 작은 상륙정 안에서 그들은 이미 오장육부가 뒤흔들리는 고통을 겪고 있었을 것이다.

해변에 가까워질수록 어둡고 구름이 잔뜩 긴 날씨는 점점 밝아지기 시작했다. 군인들은 상륙 준비를 하기 시작했고, 로버트 카파는 방수포에 잘 싸두었던 두 대의 콘탁스 중 한 대를 꺼내 들었다.

이윽고 상륙정의 문이 내려졌고 군인들은 소총이 물에 젖지 않도록 머리 위로 치켜든 채 허리까지 잠기는 물속으로 뛰어들었다. 그런데 그들을 기다리고 있던 것은 무자비한 살육의 현장이었다. 적이 생각지 못한 급소를 쳐서 손쉽게 상륙할 수 있으리라고 생각했던 연합군의 예상과는 달리 당시 독일군은 마치 준비되었다는 듯이 연합군의 공격에 공세를 퍼부었다. 특히 오마하 해변에서는 노르망디 상륙작전 직전까지 혹시 있을지도 모를 연합군의 수륙양용 공격에 대비해서 독일군이 훈련을 실시하기까지 했으니, 연합군의 상륙작전은 그 시작부터 독일군의 화력 앞에 고전의 연속이었다. 불리한 기상 조건으로 인해 당초 독일군의 해변 진지에 포탄을 쏟아붓기로 했던 B-26 폭격기는 엉뚱한 곳에 포탄을 투하했고, 후방 지원을 해주는 로켓포 역시 제대로 독일군 진지에 닿지 못했다. 그 결과 상륙하는 연합군에게는 독일군의 기관총 세례가 그야말로 비 오듯이 쏟아진 것이다. 그러나 당시 얼마 안 되는 좋은 징조 중의 하나는 유럽에서 연합군의 상륙을 막는 부대의 지휘사령관 중의 한 명으로 독일의 명장인 사막의 여우 '롬멜'이 아내의 생일파티를 위해 휴가를 내어 전선이 아닌 독일에 가 있었다는 것이다. 롬멜의 예측과 진두지휘로 노르망디 일대의 독일군의 방어 능력은 연합군의 예상보다 훨씬 견고했는데, 노르망디 상륙작전 전날까지 매우 심한 비바람과 폭풍이 몰아쳤고 기상대에서도 상륙 당일에는 연합군의 상륙작전이 불가능할 정도로 날씨가 좋지 않을 것이라고 예측했다. 하지만 기상대의 예측은 틀렸고, 상륙작전 전날 가족과 함께 아내의 생일을 축하하기 위해 잠시 독일의 집으로 돌아가 있던 롬멜은 다음날 아침 집에서 잠옷차림으로 연합군이 노르망디에 상륙했다는 소식을 듣고 스스로를 자책했다고 한다. 당시 거의 모든 군사작전을 만기친람하던 히틀러는 불규칙한 수면 장애 속에서 깊은 아침잠에 빠져 있었고, 그의 심기를 건드리는 것을 두려워하던 히틀러의 참모들은 그를 깨우지 못한 채 가장 중요한 순간 시간을 낭비하고 있었다. 이처럼 지휘계통이 부재 속에서 독일군은 우왕좌왕하고 있었다. 이러한 연합군의 행운은 결과적으로 전쟁의 결과를 유리하게 만들어주었지만, 현장에서 사투를 벌이고 있는 전쟁의 소모품들인 병사들과 그들의 옆에 총 대신 카메라를 들고 서 있던 카파에게는 상관없는 별개의 일이었다. 롬멜의 지시에 따라 해변을 따라 매설된 수백 개의 지뢰와 연합군 해군의 포격으로부터 견딜 수 있을 만큼 튼튼하게 만들어진 수많은 벙커에는 대포와 기관총이 설치되어 있었고 해변의 연합군 병사들은 이러한 위협에 그대로 노출되어 있었던 것이다.

지금은 많은 사람들이 찾는 관광지가 되어 있지만 이곳의 해변을 찾으면 지형만으로도 당시 연합군이 얼마나 악전고투를 겪어야 했을지 쉽게 짐작이 간다. 제법 단단한 모래사장은 상륙작전에는 안성맞춤이었겠지만 수 킬로미터에 걸쳐 탁 틔어 있는 개활지 같은 모래해변은 해변에서 불과 몇십 미터 떨어진 구릉지대에서 바라보면 바다까지 훤히 보인다. 그리고 이 구릉지대에 설치된 진지에서 기관총을 발사하면 해변에 상륙하는 미군에게 타격을 가하는 것은 너무나도 쉬웠을 것이라는 짐작이 쉽게 가는 곳이기도 하다.

『카파의 손은 떨리고 있었다*Slightly out of focus*』에 따르면 병사들과 함께 바닷물로 뛰어들었던 카파는 해변을 가득 메운 시체를 밀치면서 앞으로 나아갈 수 있었다고 한다. 우아한 상륙작전을 상상하며 준비해간 버버리 코트는 바닷물에 떠내려갔으며 독일군의 총알 세례를 피해 해변에 엎드린 카파의 주변에는 포탄이 터지고 시체들이 쌓여갔다. 그리고 카파는 스페인 내전에서 배운 스페인어로 "에스 우나 코사 무이 세리아(이것 참 큰일 났군)."를 되뇌이고 있었다.

오마하 해변의 바다에서 구릉 방면을 따라 걸은 방문객들이 남긴 발자국들

당시 상륙작전에 참가한 병사들 중 다수는 해변에 발자국도 남기지 못한 채 바다에서 목숨을 잃었다.

오마하 해변의 구릉지대에 설치되어 있는 안내판

구릉지대에 설치되어 있던 독일군 기지에서 바라보면 해변은 훤히 노출되는 곳이었다. 표지판의 글귀가 가르치듯 그날 오마하 해변은 독일군 기관총 공격에 잿밥이 된 미군들이 흘린 피로 핏빛 해변Bloody Omaha이 되었던 것이다.

그가 훗날, "정말 지독했다. 내 손에서 빈 카메라가 흔들렸다. 지금껏 경험해 보지 못한 두려움이 머리에서 발끝까지 내 온몸을 흔들고 얼굴을 일그려뜨렸다."고 회상했던 것처럼 그의 곁에는 젊은 병사들의 시체들이 거센 물살에 끌려 이리저리 떠다니고 있었다. 비 오듯 쏟아지는 함포 사격으로 카파의 귀는 먹먹해졌고 핏빛으로 변해버린 차가운 새벽의 바닷물 속에서 그의 손은 점점 굳어져갔다. 감각을 느끼기조차 힘들어진 손가락으로 그는 경련을 느끼며 어림잡아 카메라 렌즈의 초점을 맞추며 사진을 찍고 또 찍었다. 그는 엄습하는 공포 속에서 자신은 죽고 싶지 않다고 생각하며 자신의 눈앞에서 죽음을 향해 몸을 내던지는 군인들의 모습을 찍고 또 찍고 있었다. 어쩌면 죽음이라는 공포를 떨쳐 낼 수 있는 유일한 방법은 계속 사진을 찍는 것밖에 없었을지도 모른다. 90분 가까이 사진을 찍던 카파는 해변으로부터 50미터 정도 떨어진 곳에 떠 있는 상륙정을 발견하자 살아서 돌아갈 결심을 하게 되었다. 시체들이 토해 놓은 붉은 피로 인해 빨간 물감을 풀어 놓은 것 같은 붉은 색깔의 얼음장처럼 차가운 바닷물을 헤치며 그는 가까스로 상륙정에 도착할 수 있었다. 그가 올라탄 상륙정은 부상병들을 후송하기 위한 상륙정이었고 아직 전장의 한가운데 있었다. 카파가 겨우 상륙정에 올라 카메라의 필름을 교체하는 순간 상륙정은 독일군의 포공격을 받았다. 포탄을 맞은 수병들의 방한복에서 터져 나온 하얀 새 깃털들이 갑판을 메운 병사들의 시체와 부상병들의 위로 눈처럼 하늘에서 쏟아졌다. 배는 심하게 기울었고 거의 침몰낭할 뻔했시만 가까스로 해변을 빠져나올 수 있었디.

선실로 내려가 손을 녹이고 몸을 말린 뒤 다시 갑판으로 나온 카파의 눈에 보인 것은 죽어 말이 없는 병사들과 고통에 찬 신음을 뱉고 있는 부상병들이었다. 로버트 카파는 부상병들의 사진을 몇 장 찍은 뒤에는 카메라를 내려놓은 채 상륙정의 부상병을 새뮤얼 체이스호로 나르는 일을 도와주었다고 한다. 어쩌면 생지옥 같은 현장에서 함께 살아 돌아온 부상당한 군인들에게 카파는 전우애 같은 감정을 느꼈을지도 모른다. 오마하 해변을 벗어나 영국 해안으로 돌아가는 새뮤얼 체이스호에 오른 뒤 차가운 바닷물로 흠뻑 젖은 로버트 카파는 결국 극심한 피로감을 이기지 못한 채 정신을 잃고 쓰러졌다. 결국 카파는 들것에 눕혀졌고 그의 목에는 피로로 인한 탈진, 성명 미상이란 작은 표시가 걸려 있었다. 그리고 몇 시간의 항해 끝에 배가 영국 해안의 웨이머스 항구에 도착할 때쯤에는 항구에서 상륙부대의 첫 도착을 기다리고 있던 기자들 사이에서는 로버트 카파의 사망설이 퍼져있었다. 그 시작은 카메라를 휴대하고 있는 군복을 입지 않은 남성이 의식을 잃고 들것에 누운 채 항구로 돌아오고 있다는 소식이 기자들 입에 오르내리기 시작한 것이었다. 당시 사진기자로 상륙 현장에 취재를 간 것은 로버트 카파가 유일했으며 그가 의식을 잃었다는 사실은 곧 로버트 카파 사망설로 와전되어 퍼졌던 것이다.

다행히 카파는 죽지 않고 살아 돌아왔지만 카파에게 아직 그의 취재 임무는 완수된 것이 아니었다. 카파의 사진 필름을 『라이프』지의 편집부로 신속하게 보내고 마감시간 안에 그 사진이 현상과 인화가 되어 지면에 인쇄되어야 비로소 그의 일은 마무리되는 것이었다. 당시 주간으로 발행되던 『라이프』지에 그의 사진이 곧바로 실리지 못한다면 그의 사진은 더 이상 새로운 News가 될 수 없음을 당시 미디어의 생리를 잘 알고 있던 로버트 카파는 잘 알고 있었다. "아무리 좋은 사진을 찍어도 마감시간Deadline을 지키지 못하면 아무짝에도 쓸모없다"라는 종이매체 시대의 사진기자들의 불문율에서 카파도 예외는 아니었던 것이다.

로버트 카파는 서둘러 자신이 취재한 필름을 소포 봉투에 넣고 다음과 같은 메모를 적어 배달원을 통해 『라이프』의 런던 사무실의 에디터 존 모리스에게게로 보냈다.

"존, 전투 장면은 모두 35mm에 있어. 진짜로 힘겨운 하루였고 해안 교두보로 돌아가는 중." 그리고 카파는 깨끗한 옷으로 갈아입고 다시 해안으로 돌아가는 배에 몸을 싣고 바다 건너 전장으로 향했다. 나머지 과정에서 그가 할 수 있는 것은 없었다. 그저 모든 것이 계획대로 잘 진행되기를 바라는 것밖에는.

매그니피션트 일레븐

로버트 카파가 노르망디 해변에서 죽음과 사투를 벌이며 사진을 찍고 있을 무렵 바다 건너 런던의 『라이프』지 편집자 존 모리스 John Morris는 로버트 카파의 사진을 애타게 기다리고 있었다. 모든 것이 기밀에 붙여졌던 노르망디 상륙작전은 작전 개시 이후에 연합국의 기자들에게 알려졌으며 이 소식을 들은 존 모리스는 '바로 이거야'하는 탄성과 함께 로버트 카파가 보내올 사진을 신속하게 현상과 인화하기 위해 암실 기사들을 대기시켜 놓았고, 비행기를 통해 보내올 필름을 군 공항에서 전해 받아 전속력으로『라이프』 지 사무실로 운반해올 오토바이 기사 역시 공항에 대기시켜 놓고 있었다. 노르망디 상륙작전은 전쟁을 하고 있는 군인들에게도 중요했지만 그 사실을 보도하는 언론에게도 중요한 것은 마찬가지였다. 훗날 존 모리스는 노르망디 상륙작전이야 말로 20세기의 가장 중요한 뉴스라고 회고했듯이 전장의 카파가 가장 긴 하루를 보낸 것처럼 그의 사진이 바다를 건너 런던으로 오는 것을 기다리고 있던 존 모리스 역시 가장 긴 하루를 보내고 있었다. 카파의 사진보다 후방에 있던 사진기자들의 필름이 먼저 도착했지만 그것은 전장의 모습을 보여주는 사진들이 아니었다. 그리고 초조한 기다림 속에 마감시간이 거이 끝날 무렵 미침내 카파의 필름들이 노착했다.

암실 기사들에게 서둘러서 사진을 현상하라고 지시하고 편집할 사진을 고를 준비를 하고 있던 존 모리스에게 몇 분 뒤 얼굴이 새하얗게 질린 암실 기사가 절망적인 표정으로 달려와 말했다.

"필름들이 망가졌어요. 망가졌다고요."

서둘러 현상을 하던 암실 기사가 현상이 끝난 뒤 현상 약품에 젖어있는 필름을 말리는 과정에서 너무 서두른 나머지 실수로 필름 건조기의 조작을 잘못 했던 것이다. 그리고 이러한 실수로 건조기에서 너무 높은 온도가 발생하면서 필름들이 녹아버리는 어처구니없는 일이 발생한 것이다.

당시 암실에는 15살의 어린 암실 조수였던 데니스 뱅크스와 훗날 유명한 전쟁사진기자가 되었지만 당시에는 허드렛일 하는 Tea boy였던 래리 버로우가 함께 일을 하고 있었는데 누가 이런 실수를 했는지는 아직도 밝혀지지 않고 있다. 이런 불상사 앞에서 사색이 된 존 모리스는 필름을 하나하나 면밀히 확인하기 시작했다. 총 4통의 필름(36장짜리) 중 3통은 완전히 녹아버렸고, 불행 중 다행으로 나머지 한 통에서 11장의 사진이 그 이미지를 알아볼 수 있었다고 한다.

그중 두 프레임은 그다지 좋은 이미지가 아니었고 이 중 아홉 프레임이 쓸 만했는데 몇 장은 중복되는 사진이었기에 이 중 여섯 장을 인화한 뒤 존 모리스는 군의 검열을 마치고 마감 시간을 몇 초 남겨두고 겨우겨우 마감을 할 수 있었다고 한다. 그리고 이 사진들은 6월 19일자 『라이프』에 '유럽을 위한 운명의 전투'라는 설명과 함께 일곱 페이지에 걸쳐 게재되었다. 녹아버린 필름의 감광제로 인해 흐릿하게 나온 사진을 공포 속에 사진기자 로버트 카파의 손이 떨리고 있다는 식으로 기사를 실었다.

이 사진 속에서 볼 수 있는 것은 결코 영웅적인 군인의 모습이 아니다. 가슴 끝까지 잠기는 파도를 헤치며 어떻게든 살아남고자 안간힘 쓰고 있는 전쟁의 공포 앞에서 부유하고 있는 나약한 인간의 모습이 보일 뿐이다.

독일의 강철 재상으로 불렸던 오포 폰 비스마르크는 "전투를 앞둔 병사의 눈빛을 본 적이 있는 사람이라면 전쟁을 하자는 말을 하지 못할 것이다."라고 말했다.

그의 말처럼 이 사진 속에서 보이는 것은 결코 승리를 쟁취하려고 하는 영웅적인 병사가 아닌 전쟁이란 격랑에 휘몰린 인간의 얼굴이다. 정치가들이 일으킨 전쟁이라는 소용돌이 안에서 부서지고 있는 육체를 간신히 지탱하고 있는 한 인간의 안간힘이 이 사진 속에서 보인다.

이 사진을 물끄러미 바라보고 있노라면 사진 속의 남자는 마치 로버트 카파처럼 보이기도 한다. 군인의 손 앞쪽으로 보이는 물체는 마치 카메라가 젖지 않게 감싼 방수주머니 같아 보이기도 하고 이러한 모습으로 핏빛 파도를 헤치며 앞으로 나아갔을 로버트 카파가 연상되었다. 사진 속의 군인도, 그리고 총 대신 카메라를 쥐고 있던 카파도 모두 그 현장에서는 영웅이 아닌 한 명의 나약한 군인들일 뿐이었다. 그 전투에서 살아남고, 그리고 우리 편이 승리했을 때에만 그들은 영웅으로 불리게 되는 것이었다. 목숨을 잃거나 혹은 그 전투에서 패배한다면 그들은 이름 없이 사라져간 수많은 전쟁의 소모품 같은 목숨 중 하나가 될 뿐이다.

로버트 카파의 수많은 전쟁 사진들이 일관되게 우리에게 보여주는 한 가지 메시지는 바로 이것이다. 그의 사진 속 인물들은 결코 용맹한 영웅들이 아니다. 그의 사진 속에는 언제나 전쟁이라는 거대한 폭력 앞에 살기 위해 몸부림치고 있는 인간의 모습이 담겨있다. 그들의 눈과 표정에는 공포가 그대로 담겨 있으며 자신들이 전쟁의 소모품이란 것을 알면서도 기관총이 빗발치는 오마하 해변으로 나아가는 군인들의 뒷모습에서 우리가 느낄 수 있는 것은 전쟁이 야기한 폭력 앞에 무기력하게 도구로 이용되고 있는 인간에 대한 연민이다.

© Robert Capa

상륙 작전을 위해 오마하 해변의 바다에 뛰어든 미군 병사의 모습. 전쟁이라는 격랑에 휩쓸린
인간의 모습을 보여주고 있는 사진으로 평가 받고 있다.

© Robert Capa

11장의 사진 중 또 한장의 사진. 필름의 건조 과정에서 녹아 없어진 사진에 어떤 장면들이 기록되었을지는 영원히 알 수 없다.

한편 이 사진을 보고 있노라면 그가 남긴 가장 유명한 명언이라고 할 수 있는 "당신의 사진이 좋지 않다면, 그것은 당신이 가까이 가지 않았기 때문이다."가 떠오른다.

병사들과 함께 총알이 난무하는 핏빛 바닷물에 몸을 담그고 찍은 사진들은 카파가 보고 겪었던 전쟁을 대리 체험하게 해주고 있다. 로버트 카파는 멀리 있는 사물을 가깝게 보이듯 찍을 수 있는 망원 렌즈를 거의 사용하지 않았다. 그는 언제나 본인이 그 현장을 직접 체험해야 제대로 사진에 담을 수 있다고 생각하기라도 한 듯 언제나 전투의 최전선에 가까이 다가갔다. 그리고 그가 이렇게 보여준 전쟁은 영웅들의 모습이 아닌 전쟁을 겪고 있는 인간들의 날 것 그대로의 얼굴이었다. 카파의 오랜 친구였던 미국의 소설가 존 스타인벡John Steinbeck에 따르면 카파에게 전쟁은 '감상적emotional'인 것이었다고 이야기했다. 그리고 그가 카메라에 기록한 것은 전쟁 영웅들의 모습이 아닌 전쟁에서 느껴지는 인간의 감정을 기록한 것이었고, 전쟁을 겪는 사람들의 바로 옆에 다가가 그들이 느끼는 공포를 마치 어린아이들의 얼굴에 드러난 공포처럼 가감없이 포착했다고 평가했다.

수많은 전쟁을 취재했고 전쟁 사진으로 돈과 명예를 얻은 로버트 카파이지만 아이러니하게도 그가 남긴 대부분의 사진들은 전쟁이 우리에게 주는 것은 공포와 상처뿐이라는 반전의 메타포를 깊숙이 머금고 있는 사진들이었다.

한편 이렇게 어처구니없는 실수 속에서 살아남게 된 사진들은 훗날 '걸작 11선Magnificent 11'이라고 불리게 되었다. 당시 존 모리스는 로버트 카파가 자신을 만나면 불같이 화를 낼 것이라고 걱정했지만 의외로 담담하게 받아 들였다고 한다. 물론 일설에는 로버트 카파가 대단히 화를 내었으며 특히 『라이프』가 멋대로 붙인 '카파의 손이 떨리고 있었다'는 캡션은 훗날 카파가 독립적인 사진가들의 협동조합인 〈매그넘〉의 창설을 꿈꾸게 된 계기 중 하나가 되었다.

하지만 로버트 카파는 그의 『라이프』지 동료 사진가였던 밥 란드리Bob Landry의 운명보다는 나았다. 상륙작전의 또 다른 장소에서 1진에 몸을 실었던 밥의 사진은 런던으로 보내는 중 분실되어그 행방이 묘연하게 되었다. 카파와 마찬가지로 목숨을 걸고 사진을 찍었던 밥의 사진들은 이렇게 허망하게 세상의 빛을 못 보게되었고 카파의 사진은 노르망디 상륙작전의 유일한 사진기록으로서 더욱 가치를 가지게 되었다. 그리고 『라이프』지는 이러한 카파의 손실에 대한 보상으로 카파에게 프리랜서가 아닌 정식 스탭기자로서의 지위와 9천 달러(오늘날의 약 9만 달러에 해당)의 샐러리를 제시했다고 한다.

한편 사진 속의 주인공은 제116보병연대 K중대 소속의 에드워드 리건으로 알려져 왔다. 당시 18살이었던 리건은 상륙작전 전날공포에 질린 하룻밤을 지냈다고 한다.

그리고 30킬로그램이 넘는 군장을 메고 죽은 동료의 시체에서흘러나온 피가 흥건한 바다에서 필사적으로 머리를 물 위로 쳐올린 채 몸부림치던 기억이 평생 그를 쫓아다녔다고 한다. 1945년전쟁이 끝난 뒤 무사히 버지니아의 고향으로 돌아왔을 때 그의 어

당시 카메라로 현장을 기록한 것은 카파뿐만은 아니었다. 당시 미군의 사진병들도 상륙 현장을 사진으로 기록했으며 그중 로버트 살전트Robert F. Sargent가 남긴 당시의 사진은 카파의 사진 중 하나와 매우 비슷한 앵글을 보여준다. 〈죽음의 아가리 속으로Into the Jaws of Death〉라는 부제가 붙은 이 사진은 저작권료를 지불할 필요 없는 정부의 기록물이어서 수많은 매체에서 사용되어 왔고 종종 카파의 사진으로 혼동되어왔다. 살전트는 상륙정 안에서만 촬영을 했고, 키파는 비슷한 앵글의 사진을 찍은 뒤 병사들과 함께 해변을 향해 간 것이 큰 특징이다.

머니는『라이프』지에 게재되었던 사진을 오려 놓고 간직한 채 그를 기다리고 있었다고 한다.

하지만 2007년 새로운 연구 결과가 발표되었고, 이것은 허스톤 라일리Huston S. Riley로 밝혀졌다. 당시 시애틀에 살고 있던 그는 자신이 사진 속의 주인공으로 밝혀지자 당시 자신의 옆에서 사진기자를 보았던 것을 생생히 기억한다고 말하며, 그런 위험한 곳에서 사진을 찍은 미친 사진기자Crazy photographer가 누구인지 궁금했다고 이야기했다.

한편 암실 기사의 실수로 녹아 없어진 사진들에는 무엇이 찍혀 있었을까?

카파가 그의 사진 대부분이 녹아서 사라졌다는 사실을 듣고 그의 어머니에게 보낸 편지에서 그는 다음과 같이 적었다.

"가장 좋은 시긴들은 모두 곳쓰세 뇌었어요. 사용할 수 있는 사진이 몇 장 남았기는 하지만 망쳐버린 사진들에 비할 건 아니지요."

당시『라이프』지는 카파의 사진을 보도하면서, 흔들린 듯 촬영된 이미지가 전쟁의 공포 속에서 사진기자인 카파의 손이 떨렸기 때문이라는 설명으로 보도했기 때문에 카파는 매우 불쾌해했다는 주변의 기억도 남아있다. 하지만 훗날 카파는 자신의 자전적 에세이의 제목을 'Slightly out of focus(우리나라에서는 '카파의 손은 떨리고 있었다'로 번역되어 출간)'라고 붙였으니 이 사건은 영웅의 설화에 한 가지 더 극적인 드라마를 더해준 것과 다를 바 없는 것이리라. 마치 모든 영웅의 조건에는 고난을 겪고 성공을 하는 서사구조를 필요로 하는 것처럼 말이다.

노르망디 해변에 설치되어 있는 조형물

노르망디에서 세계 최고의 전쟁사진가 로버트 카파는 완성되었다고 할 수 있다. 하지만 오늘날 그곳에 남아 있는 것은 희미한 전쟁의 기억뿐이다. 카파도 그곳에서 스러져간 수 많은 군인들도 먼 옛날의 이야기가 되어 있을 뿐이다.

ⓒ 김경훈

D-day의 오마하 해변

전쟁의
막바지

잘 듣게나 친구, 오늘은 중요하지 않아. 내일도 마찬가지야. 여전히 도박을 하고 있다면 주머니 속에 얼마나 칩이 남아 있는지 세는 날이 바로 마지막이야.

― 로버트 카파

노르망디 상륙작전 성공의 기쁨은 잠시, 아직 유럽의 전쟁은 그 끝이 보이지 않고 있었다. 상륙작전으로 프랑스 탈환을 위한 교두보를 확보한 연합군은 그 기세를 몰아 파리를 향해 진군해 나아가려 했지만 독일군 역시 철통 같은 방어망을 구축하고 화력을 집중해서 필사적으로 연합군을 막아내고 있었다. 후방에서 카파의 사진이 실린 『라이프』지의 기사를 통해 유럽 전선의 전황을 듣고 있는 독자들에게는 노르망디 상륙작전의 승전보는 마치 전쟁의 끝이 가까이 다가온 것처럼 들렸지만 유럽 전선에서는 아직도 매일매일 수많은 병사들이 서로에게 총을 겨누며 살상이 계속되는 처참한 히루히루기 계속되고 있었다. 후방의 독지들은 보디 많은 승전보와 희망이 섞인 뉴스를 듣고 싶어했지만 최전방의 현실은 그런 희망과는 많은 차이가 있었다.

당시 프랑스의 셀부르로 진격하는 연합군을 취재했던 카파와 그의 단짝 기자 어니파일은 어느 연합군 병사로부터 거친 목소리의 항변을 들어야 했다.

"사람들이 듣는 건 승리와 영광뿐이네요. 100미터를 진군할 때마다 우리들 중 누군가 죽어가고 있다는 걸 사람들은 몰라요. 이 생활이 얼마나 어려운지 왜 말하지 않는 거죠?"

2차 세계대전 당시 미국을 주축으로 한 연합군과 미디어는 밀월관계를 유지하고 있었다. 당시 그들에게 전쟁은 나치와 히틀러라는 단어로 악마화된 세력에 대항하여 싸우는 성스러운 십자군 전쟁과 마찬가지였다. 당시의 언론은 전쟁을 수행하는 정부와 군대에 대하여 비판적인 시각을 가하기보다는 검열과 통제를 받아들이고 협조하는 것이 애국이라고 생각했다. 그리고 이렇게 협조적인 언론들에게 미군은 전쟁특파원 프로그램을 시행하면서 기자들이 장교군복을 입고 전선을 돌아다니며 취재하도록 허용하였고 가능한 범위 내에서 최대한의 협조를 아끼지 않았다.

2차 세계대전 당시 미군과 언론의 이러한 관계는 전쟁 보도의 황금기Golden age of war reporting라고 불렸으며 이러한 밀월관계는 월남전이 벌어졌던 60~70년대까지 계속되었다. 당시 카파를 비롯한 종군 기자들은 정부나 군의 조치를 비판하는 파수꾼Watchman이라기보다는 승리를 위해 군인들과 함께 동고동락하며 앞으로 나아가는 동반자의 모습이었다. 월남전이 벌어졌을 당시 고도로 성장한 미국의 미디어 산업은 더 이상 군의 지원을 필요로 하지 않았다. 언론사는 막대한 자금을 투자하여 기자들을 전선으로 보냈으며 군의 취재지원에 대한 반대급부로 자발적으로 협조했던 그의 선배 세대들과는 달리 자신들의 자금력과 자신들이 구축한 인적 네트워크를 바탕으로 베트남의 최전선과 후방을 넘나들었고, 전쟁의 참상과 전쟁에서 벌어지는 부조리를 있는 그대로 신문과 TV를 통해 미국의 안방에 고스란히 보여주었다. 이처럼 군과 정치의 협력자가 아닌 파수꾼이 된 언론의 보도는 미국 내 반전 여론이 높아지는 촉매가 되기도 했다.

두 전쟁에서 이러한 차이가 발생하게 된 가장 큰 이유는 월남전은 정의로운 전쟁이라고 하기에는 너무나도 많은 것이 불분명했기 때문이다. 아시아에서의 공산주의의 도미노 현상을 막기 위한 자유민주주의 국가들의 십자군 원정이라고 하기에는 그 전쟁은 너무나도 제국주의적이었고, 미국의 젊은 청년들이 이국의 정글에서 눈에 보이지 않는 베트콩들과 싸워야 하는 이유에 대해 정치 엘리트들은 미국 국민들에게 속 시원히 설명해 주지 못했다. 그리고 병사들이 목숨을 바쳐 싸워 지켜야 할 가치와 피의 대가 역시 불분명했다. 하지만 카파의 2차 세계대전은 동시대를 살던 연합국의 누구에게나 그렇듯 선과 악의 구분이 너무나도 명확했으며 그의 카메라가 연합국의 승리의 진격과 함께 동진하고 있던 것은 당연한 일이었다. 로버트 카파가 기록한 전쟁이 연합군 승리의 역사에 치중되었고, 독일의 많은 사람들 역시 전쟁의 피해자였지만 그들의 모습에 카파의 렌즈가 섬세히 향하지 않았던 것은 아쉬운

점으로 생각되지만, 당시의 시대를 생각해 보면 그러한 가치중립성을 카파에게 요구하기는 쉽지 않은 것들이었다. 하지만 카파의 2차 세계대전의 사진 기록들이 가진 이러한 한계에도 불구하고 그의 사진은 여전히 전쟁의 실상을 있는 그대로 보여주는 데 한몫을 했다. 승리의 십자군 전쟁에서도 여전히 좋은 편은 많은 피를 흘리고 있었고 전쟁을 피하지 못하고 있던 민초들은 전쟁의 희생양이 되고 있었고 우리 편의 이야기를 사진 속에 담아내는 것만으로도 쉽지 않은 일이었다. 카파는 여전히 그의 생명과 안전을 담보로 그가 원하는 이미지를 찾기 위해 전쟁의 참화에 깊숙이 발을 디밀고 있었던 것이다. 그리고 그의 사진들은 연합군의 승리에는 피의 대가라는 냉정한 계산서가 언제나 따라붙어 있다는 것을 여실히 보여주고 있었다.

누르망디 상륙작전 이후 우리에게는 뮤지컬의 고전 〈쉘부르의 우산〉으로 익숙한 지명인 쉘부르를 연합군이 탈환하기까지 2주 동안 약 4만 명의 사상자가 발생했으며 그중 2/3가 미군이었다. 그리고 카파의 카메라에 기록되고 있는 것은 여전히 죽음과 파괴의 이미지였고 전쟁터에서의 카파의 삶도 그의 사진처럼 변함이 없었다. 그리고 이러한 냉정한 현실을 기록하기 위해 카파는 여전히 전쟁터의 최전선에서 군인들과 함께 동고동락하고 있었다. 전쟁의 최전선에서 카파는 군인들과 똑같은 제복을 입고서 총 대신 카메라를 들고 서있었다. 그리고 전쟁이 주는 공포와 스트레스 탓에 그의 입에는 언제나 담배가 물려 있었다고 한다.

쉘부르의 탈환 이후 카파는 잠시 런던으로 돌아가 휴식을 취했

ⓒNARA

노르망디 상륙 직후 진군하는 미군을 취재하고 있는 카파의 모습이 촬영된 미군의 기록 사진. 확대된 사진을 보면 무심한 듯 담배를 입에 문 채 카메라를 조작하고 있는 카파의 모습에서 전쟁이라는 환경에 너무나도 익숙해져 버린 그의 모습이 보이는 듯하다.

으며 그가 다시 유럽 전선으로 돌아왔을 때 연합군은 파리 진격을 앞두고 있었다. 그리고 8월 18일 카파는 미군과 함께 아름다운 성당의 도시로 알려진 샤르트로로 입성했다. 프랑스 최고 혹은 유럽 최고의 아름다운 고딕양식의 건축물로 유명한 샤르트로에서 카파의 카메라에 기록된 것은 나치로부터 해방된 프랑스 사람들이 분출하는 또 다른 폭력과 그 폭력이 보여주는 인간의 추악함이었다.

그것은 해방된 프랑스의 곳곳에서 벌어졌던 나치 부역자들을 모욕하는 조리돌림이었다. 연합군에 프랑스가 해방된 후 프랑스의 레지스탕스들은 프랑스 곳곳에서 나치 독일군에 협력했던 남성들과 독일군에게 몸을 팔았거나 사랑을 나누었던 여성들을 색출해서 광장으로 끌고 나와 시민들 앞에서 조롱거리로 만들고 평생 잊지 못할 수치심을 느끼도록 만들었다. 이러한 조리돌림의 대상이 된 것은 남성보다는 여성들의 수가 훨씬 많았다. 해방군이 된 프랑스의 레지스탕스들은 이 여성들의 머리를 공개적으로 삭발했고, 심지에 이마에 나치의 상징을 그려 넣기도 하였다. 그리고 이런 여성들을 트럭에 태워 시내를 돌며 시민들에게 공개하기도 했다.

샤르트로의 레지스탕스들은 조리돌림을 위해 색출한 프랑스 여성들을 벽을 향해 줄지어 세운 뒤 그들의 머리를 삭발로 밀어버렸다. 벽 앞에는 이렇게 깎인 머리카락이 잔뜩 쌓여있었다. 그중에는 아기를 안고 있는 여인도 있었으며 분노한 군중들은 여인들을 향해 '창녀', '창녀'라고 부르며 조롱하기 시작했다.

카파가 남긴 이 사진은 오늘날 많은 것을 이야기해준다. 얼이 빠

프랑스의 샤르트르에서 조리돌림을 당하고 있는 삭발 당한 여성

조리돌림 당하는 여성들을 비웃고 있는 군중들

진 표정으로 아이를 안고 있는 여인들을 둘러싼 사람들. 마치 대단한 구경이라도 난 것처럼 이들을 뒤따르고 있는 프랑스 사람들. 삭발당한 여인들을 쳐다보며 히죽히죽 웃고 있는 경찰관 복장의 남성. 『라이프』지에 게재된 이 사진은 당시 프랑스 곳곳에서 벌어진 조리돌림의 아이콘과 같은 사진이 되었다. 해방된 프랑스에서 벌어진 반역자들에 대한 강력한 처벌의 상징이 되기도 했던 이 사진은 연합군의 승리, 저항을 멈추지 않았던 프랑스 레지스탕스의 승리의 전리품과 같은 시각적 증거가 되었다. 그리고 이렇게 모욕을 당한 여인들은 조리돌림으로 이후 감옥으로 보내졌다. 한편 훗날 밝혀진 바에 따르면 카파의 사진 속의 인물은 시몬느 투소Simone Touseau라는 여성으로 당시 23세의 여성이었다. 독일군의 통역으로 일하면서 친하게 된 독일군과 연인관계를 가졌던 시몬이 사진 속에서 안고 있던 아이는 그녀와 독일군 사이에서 태어났던 생후 십 개월 된 딸이었다. 그리고 보따리를 들고 있는 남성은 그녀의 아버지였고 그 뒤로 얼굴이 반쯤 보이는 또 다른 삭발을 당한 여성은 그녀의 어머니였다. 당시 시몬느는 독일군의 연인이었을 뿐만 아니라 이웃 사람들을 비방하였고 그들을 독일군에게 고발해서 추방당하게 한 혐의를 받고 있었다. 그녀의 어머니 역시 이웃 사람들을 비방하고 독일군에게 밀고한 죄로 같이 삭발을 당했던 것이다.

기록에 따르면 프랑스의 해방 후 약 2만 명의 여성들이 이러한 조리돌림에 처해진 것으로 알려져 있다. 이들 중에는 독일군에게 몸을 판 창녀들도 있었지만 심지어 독일군들이 이용한 식당 혹은 세탁소에서 일했다는 이유만으로 이와 같은 조리돌림을 당한 여성들도 있었던 것으로 훗날 밝혀졌다. 시몬느 역시 사진 속의 그녀의 뒷이야기를 추적한 다큐멘터리 필름에서 자신은 이웃 사람들을 독일군에 밀고한 적이 없으며 억울한 누명을 썼다고 항변하기도 했다.

당시의 사진은 프랑스 사람들에게 승리의 전리품이자 나치에게 점령당했던 어두운 과거에 대한 통쾌한 보상이 되었을지도 모르지만 오늘날 이 사진을 보는 많은 이들은 마음이 편치 않을 것이다.

배신자에 대한 국가적 처단이란 이름으로 이루어진 당시의 이러한 조리돌림 속에서 가해자와 피해자만 바뀌었을 뿐 나치 점령 시대와 마찬가지로 힘 없는 인간에 대한 폭력은 여전히 벌어지고 있기 때문이다. 당시에는 정의의 이름으로 행해졌던 행위이지만 결국은 반항할 수 없는 힘없는 여성들을 대상으로 행해진 대중의 폭력이자 분풀이처럼 보이는 것이 오늘을 사는 많은 이들이 이 사진을 보며 느끼는 감정일 것이다. 당시 카파가 이 사진들을 촬영하며 어떤 감정과 생각을 갖게 되었는지에 대한 기록은 남아있지 않다. 하지만 이 사진을 찬찬히 들여다보면 우린 그가 당시 이러한 조림돌림을 보면서 어떠한 생각을 갖게 되었는지 짐작해 볼 수 있다. 당시 카파는 여느 때처럼, 그리고 여느 사진가처럼 여러 장의 사진을 현장에서 촬영했을 것이다. 사진은 선택의 예술이다. 사진은 대상을 통해 나의 생각과 이야기를 표현한다. 사진은 카메라에 담고 싶은 대상을 고르는 것으로 나의 이야기를 시작한다. 그리고 그 대상을 담기 위한 렌즈를 고르고 프레임에 어떤 피사체를 넣을 것인지를 결정하는 과정을 거친다. 그리고 이렇게 촬영된 여러 장의 사진 속에서 내가 현장에서 보았던 이야기, 감정, 진실이 가장 잘 나타나 있는 사진 한 장을 고르는 것이 한 장의 사진이 탄생하는 과정이다. 이 과정을 거치며 사진가는 자신의 이야기를 사진 속에 표현하는 것이다. 이 사진을 촬영하며 카파는 넓은 화각의 와이드 앵글을 사용했다. 그리고 그 속에는 삭발을 당한 여인들을 둘러싸서 조롱하고 있는 수백 명의 군중들을 함께 넣었다. 하지만 그들이 보여주고 있는 웃음은 조롱의 웃음일 뿐이다. 승리의 벅찬 감동도 아닌 화풀이 대상을 찾은 인간 군상들을 보여주고 있을 뿐이다. 카파가 한 장의 사진 안에 이러한 대중의 모습을 넣은 것에서 그가 어떤 이야기를 보여주기를 선택했는지 우리는 가늠해 볼 수 있다. 승리의 환희가 타자에 대한 폭력적인 분풀이로 변해버린 모습을 사진에 남기며 카파는 이 사진을 통해 우리에게 무엇을 보여주고 싶었는가 짐작해 볼 수 있는 것이다.

파리에서 한 시간 남짓 거리인 샤르트르의 해방을 취재한 카파는 또 다른 수백 명의 기자들과 함께 파리로의 진격을 기다리고 있었다. 파리는 그에게 특별한 도시였다. 전쟁사진가 로버트 카파의 뼈와 살이 만들어졌고, 평생의 연인 게르다 타로와 사랑을 나누었던 특별한 곳이었다. 그는 파리의 공기를 사랑했고 파리의 카페에서 친구들과 나누었던 대화와 저녁이면 멋진 레스토랑에서 고급 와인과 함께했던 저녁을 그리워하고 있었다.

그리고 이토록 그리워하던 파리와의 재회는 어느 날 새벽 갑자기 찾아왔다.

1944년 8월 25일 새벽. 잠을 자고 있던 카파는 프랑스 르클레르 기갑사단의 갑작스러운 파리를 향한 진격 소식을 듣고 황급히 일어나 이도 닦지 못한 채 기갑사단의 뒤를 쫓아 파리에 입성할 수 있었다.

파리의 해방은 카파는 물론 프랑스 사람들에게도 갑작스러운 것이었으며 카파와 세계는 하마터면 잿더미가 되어버린 파리를 목격할 뻔했다.

노르망디 상륙작전 이후 연합군은 프랑스 전역을 빠르게 탈환하고 있었으나 가장 먼저 함락하고 싶은 곳은 파리가 아닌 베를린이었다. 왜냐하면 동부전선에서 히틀러를 압박하며 서진하고 있는 소련보다 베를린을 먼저 함락해야 하는 전략적 목표가 있었기 때문이다. 미국이 주축이 되었던 연합군에게 현재 가장 시급한 것은 공동의 적에 대항해 함께 싸우고 있는 껄끄러운 협력자였던 소련보다 빨리 베를린을 함락해서 소련이 유럽에 공산화의 씨앗을 뿌리는 것을 막는 일이었다. 이처럼 연합군과 소련군이 모두 베를린을 함락시키기 위해 총력을 기울이자 히틀러는 광기 어린 명령을 하달했다. 그것은 바로 파리를 잿더미로 만들어 연합군의 발목을 잡아 진격 속도를 늦추게 하는 것이었다. 1940년 프랑스를 점령한 뒤 마치 거대한 전리품을 챙긴 중세의 장수처럼 에펠탑을 배경으로 거만한 포즈의 사진을 남기도 했던 히틀러는 자신이 영원히 소유할 수 없는 유럽의 보물을 쉽사리 적들에게 넘겨주고 싶지도 않았던 것이다.

베를린을 향해 진격해 오는 연합군을 저지하기 위해 히틀러는 당시 파리 주둔 독일군 사령관이었던 디트리히 폰 콜티츠 상군에게 연합군이 파리로 진격해 오기 전에 도시를 초토화시키라고 명령했다. 히틀러는 "파리의 잿더미 외에는 적의 수중에 넘기지 말라."고 명령했다. 히틀러의 충직한 부하였으며 이미 몇 차례 히틀러의 지시대로 파리의 몇몇 도시를 잿더미로 만든 전력이 있던 콜티츠는 히틀러의 지시대로 노트르담 사원과 루브르 박물관 등 파리의 유적마다 엄청난 양의 폭약을 설치했다고 한다. 하지만 그는 파리를 불바다로 만드는 대신 항복을 택하게 되었다. 콜티츠 장군이 항복을 택한 이유에는 역사학자들 사이에도 여러 가지 설이 분분하다. 어떤 이들은 콜티츠의 예술과 건축에 대한 사랑과 무고한 인명의 피해를 막기 위한 양심이 그에게 명령 불복종을 택하게 했다고 주장한다. 또 다른 역사가들은 군사적인 관점에서 당시 파리를 불바다로 만들어도 연합군의 진격을 늦출 수 있는 효과는 미미했기 때문에 전략적인 판단으로 파리를 파괴하지 않았다고 주장한다. 일부 역사가들은 독일의 패색이 짙어지자 연합군으로부터 자신과 가족들의 생명과 안전을 보장받고 상대적으로 낮은 처벌을 받기 위해 파리를 보호했다고도 한다. 결과적으로 콜티츠 장군은 파리를 파괴하지 않은 채 연합군에 항복해서 파리를 보호할 수 있었다. 콜티츠는 독일군의 항복으로 파리를 내어준 뒤 분노에 찬 프랑스 시민들로부터 돌팔매와 침 세례를 받기도 했지만, 파리의 문화적 유산을 지켰다는 공로 덕분에 전범 재판에서 2년 징역형이라는 가벼운 형량을 받았고, 2차 세계대전이 종전되고 21년이 흐른 1966년 사망한 뒤에는 파리를 구한 그의 노력이 재조명을 받기도 했다.

파리 함락 후 측근들과 함께 에펠탑을 둘러보고 있는 히틀러

이처럼 유럽 문화의 중심지인 파리가 잿더미로 변하는 것을 원하지 않았던 콜티츠가 파리를 잿더미로 넘기는 대신에 프랑스의 레지스탕스와 휴전 협정을 맺고 항복를 택하며 '파리의 구원자'가 되면서 파리의 함락은 미군이 아닌 자유 프랑스군의 르클레르 장군의 몫이 됐으며 이로 인해 갑작스러운 파리로의 진격이 이루어진 것이다. 그리고 카파는 부랴부랴 그 행렬에 끼게 되었다. 종군 기자들에게 제공된 군용 차량에 오른 카파는 연도에 나와 환호하는 시민들을 사진에 담았다. 1940년 6월 14일 나치 독일군에 점령당한 지 4년, 카파가 1939년 파리를 떠난 지 5년 만의 일이었다. 해방의 기쁨을 만끽하고 있는 수많은 인파들은 만세를 외치며 돌아온 프랑스군을 반겼다. 그리고 가장 사랑하는 도시로 다시 돌아온 카파 역시 시민들과 포옹하며 감격의 눈물을 흘렸다. 카파가 타로를 만나고 앙드레에서 로버트 카파로 새롭게 탄생할 수 있었던 도시. 빈털터리 망명자 청년에게 미식과 술과 사랑을 가르쳐주었던 도시로 카파는 다시 돌아왔으며 그는 이날을 자신의 인생에서 가장 아름다웠던 날로 기억하고 있다.

그리고 다음날 비행기를 타고 자유 프랑스를 지휘하고 있던 샤를 드골 장군이 파리에 도착하며 파리 해방의 기쁨은 절정에 달했다.

파리의 해방은 곧 전쟁이 막바지로 다가가고 있음을 의미했다. 파리에서 몇 주를 보내며 카파는 살아 남았던 그의 절친들과 재회할 수 있었다. 앙리 카르티에 브레송은 포로수용소에서 3년을 보낸 뒤 탈출에 성공해서 레지스탕스에 가담하여 자유 프랑스의 승

© Robert Capa

프랑스 시민들과 군인들이 샹젤리제 거리에서 파리의 해방을 축하하고 있다.

파리의 해방으로 기뻐하는 파리의 시민들과 현재의 모습

파리의 상징 개선문 바로 앞의 이 건물들은 지금은 카르티에, 몽블랑 같은 명품샵이 자리잡고 있다.

ⓒ김경훈

리에 일조하고 있었다. 데이비드 시모어는 미군의 장교가 되어 항공사진을 분석하는 정보판독 임무를 담당하고 있었으며 파리의 수복과 함께 파리로 돌아왔다. 그리고 카파와 마찬가지로 유대인인 심은 유럽에 남아있던 부모와 친척 대부분이 사망한 사실을 알게 되었다.

아직 전쟁은 진행 중이었지만 파리는 다시 생기를 찾기 시작했다. 파리의 갑작스러운 해방은 당시 최고의 뉴스가 되었고, 전쟁을 취재하던 유럽 전선의 기자들은 파리에 모여들었다. 그리고 파리 오페라 극장 근처의 번화가에 자리한 스크라이브 호텔의 바는 당시 언론인들의 사교의 장이 되었고 술과 사람을 좋아하는 카파가 이곳의 단골손님 리스트에서 빠질 리가 없었다. 당시 『라이프』지의 삽화가였던 플로이드 데이비스는 이 바에 단골로 드나들던 언론인들의 모습을 그림으로 남겼는데 오른쪽 상단에 덥수룩한 수염을 하고 철모를 쓰고 서 있는 이가 바로 카파이다. 카파가 다른 기자들과 달리 야성적으로 묘사된 것은 비교적 안전한 후방에서 기사를 쓰곤 하던 기자들과는 달리 언제나 최전선의 현장에 서야 했던 카파의 캐릭터를 표현했던 것으로 보인다. 플로이드는 이 삽화와 함께 남긴 글에서 "수염이 덥수룩하고 헬멧을 쓰고 있는 것은 '유명한Famed' 전쟁사진가 로버트 카파이다."라고 글을 남겼는데 이만큼 당시 카파의 명성이 기자들 사이에서 독보적이었음을 알 수 있다.

한편 파리 입성 후 카파를 비롯한 많은 기자들, 그리고 유럽의 시민들은 곧 전쟁이 끝나고 평화가 정착하리라고 기대했다. 카파

파리 수복 이후 기자들의 사교의 장이 되었던 스크라이브 호텔의 바를 묘사한 『라이프』의
삽화가 플로이드 데이비스의 그림. 오른쪽 위 헬멧을 쓴 인물이 카파이다.

는 주변 사람들에게 '노르망디 상륙작전을 능가하는 공격은 더 이상 없을 것이고, 파리의 해방에 필적할 수 있는 해방도 더 이상 없을 것이다'라고 이야기하곤 했다. 카파는 자신이 이미 2차 세계대전의 모든 클라이맥스를 두 눈으로 목격하고 사진 속에 충분히 담았다고 생각했는지도 모른다. 하지만 파리의 해방이 제2차 세계대전의 끝도 아니었다. 수세에 몰린 독일군은 '라인을 수호하라'는 작전명으로 연합군에 대대적인 반격을 가하며 최후의 결전을 감행하고 있었다. 무더운 여름날 파리의 시민들과 카파에게 벅찬 감동을 주었던 파리 해방의 기쁨은 차가운 겨울바람이 불어오기 시작하면서 쉽게 끝나지 않는 전쟁에 대한 피로감으로 바뀌고 있었다. 그리고 카파는 훗날 발지 전투라고 불리는 독일군의 아르덴 공세를 취재하기 위해 다시 카메라를 들고 전쟁터로 향했다.

당시 수세에 몰려있던 히틀러는 패잔병, 부상병, 소년병, 예비역 등 전투 가능한 인력을 총동원하여 국민척탄병을 조직해서 결사적인 항전을 벌이고 있었다. 마치 온 국민이 총동원된 듯 국민이란 이름을 붙이고, 19세기 유럽의 특수한 부대로 많은 특혜를 받았던 척탄병(수류탄을 투척하는 임무를 맡은 특수 병과)이라는 이름을 덧붙여 대단한 것처럼 보이는 선동형 이름을 붙였지만 실은 그들은 나이가 많고 건강상의 이유로 군대를 갈 형편이 안 되어 후방에 남아있던 인력들을 끌어모아 총알받이로 내몬 부대나 마찬가지였다. 그리고 나중에는 이들마저도 모두 소진되어 국민돌격대를 조직해서 모든 국민을 전쟁터에 몰아넣고 있었다. 그리고 나치 독일은 가능한 모든 기갑 전력을 북부 프랑스와 벨기에의 산림 시역인 아르덴 지역으로 집결시켜 기갑부대를 이용한 대규모 기습과 돌파 작전을 감행하려 했다. 절대적으로 열세에 빠진 판세를 한 번에 뒤집기 위해 모든 것을 걸고 감행한 회심의 일격을 날리기 위한 작전이었다. 당시 독일이 가장 믿고 있던 것은 아르덴의 기상 상황이었다. 아르덴 숲은 겨울이 되면 숲이 안개에 휩싸이는 것으로 유명했고, 독일군은 이 안개가 당시 제공권을 장악한 연합군의 공군력을 무력화시킬 것이라고 믿었다. 훗날 〈벌지 전투〉라는 영화가 만들어지며 '벌지 전투(영어로 주머니를 뜻하는 벌지Bulge는 전선의 일부가 주머니처럼 불룩 튀어나왔던 것을 가리켜 미군들이 부르던 이름이다)'로 불리던 이 전투는 1944년 12월 16일 개시되어 한 달 넘게 격렬히 진행되었다. 이 작전이 실패하면 모든 것이 끝이라고 결심이라도 한 듯 독일군은 작전 초기 연합군을 압도하는 규모의 공세 병력을 집결시켜 기습 공격을 벌였다. 허가 찔린 연합군은 충격과 공포에 빠져 효과적인 대응도 하지 못한 채 초반에는 계속 밀리기만 했다. 그리고 이처럼 독일의 회심의 반격이었던 아르덴 전투는 파리에서 모처럼 평화를 맛보고 있던 카파를 다시 전선으로 불러들였다. 잠시 파리에서 전쟁이 끝난 것 같던 평화로운 분위기에 젖어 있던 카파에게 아르덴 전투는 쉽지 않은 전투였다. 무엇보다 카파를 괴롭힌 것은 아르덴의 추운 겨울 날씨였다. 영하 10도의 혹독한 추위 속에서 기온은 영하로 떨어졌고 카메라는 냉기를 머금은 차가운 금속으로 변해 당시 카파는 1초도 손가락을 얹어 놓을 수 없었다고 회고했다. 그리고 주운 날씨만큼이나 카파를 괴롭혔던 것은 독일의 특수부대의 교란 작전이었다. 당시 독일군은 영어를 잘하는 병사들을 선발해서 후방에 침투시켜 미군 군복을 입고 돌아다니면서 거짓 정보를 퍼트리는 교란 작전을 펴고 있었다. 이 때문에 이러한 스파이들을 색출하기 위해 수상한 병사들의 영어 억양을 확인하고 토박이 미국인들만 알 수 있는 상식을 물어보는 검문검색이 강화되었다. 억센 헝가리 액센트의 영어를 구사하던 카파는 이러한 검문에서 몇 번이나 의심을 받게 되었고, 심지어 총으로 위협받으며 체포되기도 하는 아슬아슬한 위기를 겪기도 했다. 독일군의 전격전인 반격 작전은 추운 겨울이 만들어낸 안개가 걷히기 시작하면서 연합군이 제공권을 회복하고 전열을 가다듬으면서 다시 전세가 뒤집어지게 되었다. 연합군의 압도적인 공군력과 적극적인 공세로 결국 독일군의 공세는 한 달 남짓만에 실패로 끝나게 되었다. 아르덴 공세의 실패는 이 작전에 모든 것을 걸었던 독일의 병력과 물자의 소진으로 이어져 결과적으로 나치 독일의 패망을 6개월 정도 앞당기게 되었다.

독일의 아르덴 공세가 실패로 끝나고 유럽의 차가운 겨울은 물러나고 봄이 찾아오고 있었다. 유럽의 평화도 점점 가까워지고 있는 것을 카파는 실감할 수 있었다. 유럽 대부분을 잃은 나치 독일에 대한 포위망은 점점 좁혀 들어가고 있었다. 동부전선에서는 소련, 서부전선에서는 미군을 주축으로 한 연합군이 이미 승기를 장악하고 있었다. 이제 남은 것은 독일의 함락뿐이었다. 이러한 상황속에서 3월을 맞이한 카파는 노르망디 상륙작전에서 그랬던 것처럼 자신의 목숨을 판돈으로 걸고 2차 세계대전에서 마지막으로 승부사의 주사위를 던졌다. 그것은 바로 미군 공수부대와 함께 낙하산을 타고 적지에 함께 뛰어드는 것이었다. 낙하산을 이용해서 적의 후방의 거점 지역에 침투하여 적의 허리를 끊은 공수부대는 2차 세계대전부터 본격적으로 활용된 새로운 전략이었다. 하지만 공수작전은 도박에 가까운 전술이기도 했다. 성공할 경우 적의 후방에서 교란 작전을 펼치며 적에게 충격과 공포를 줄 수 있지만 실패할 경우 낙하산 강하 중 적에게 쉽게 노출되어 부대원 전체가 전멸에 가까운 피해를 입을 수도 있기 때문이다. 그리고 이러한 위험천만한 작전에 카파는 직접 병사들과 합류하여 작전지역으로 강하하는 모험을 택했다. 그는 샤이엔족처럼 머리를 깎은 제17공정사단 소속의 젊은 병사들에 합류하여 비행기에 몸을 실었다.

강하 지역이 가까워지자 공수부대원들이 기관총과 탄창을 준비하고 있을 때 카파는 총 대신 카메라를 다리에 묶고 탄창 대신 위스키를 담은 물통을 가슴 앞주머니에 넣었다. 숙성으로 낙하산을 타고 착륙하는 강하훈련을 받기는 했지만 이것은 취미로 낙하산을 타는 X-sport가 아니라 목숨을 거는 도박이었다. 상공의 미군기를 발견한 독일군은 지상에서 대공포를 쏘아대고 있었다. 대공포는 폭죽처럼 하늘에서 작열하고 있었지만 이것은 결코 환영의 폭죽은 아니었다. 훗날 인도차이나반도로 향하는 그를 말리는 친구에게 "삶과 죽음이 반반씩이라면 나는 다시 낙하산으로 뛰어내려 사진을 찍겠네."라는 말을 남긴 것처럼 카파는 다시 한번 죽음과 삶의 경계에 자신의 목숨을 던졌다. 비행기에서 뛰어 내린 카파는 운 좋게 대공포 세례를 피해 무사히 착륙할 수 있었지만 지상으로 향하는 40초는 할아버지의 오래된 시계의 느리게 가는 초

1945년 4월 9일자 『라이프』지에 게재된 로버트 카파의 사진

사이엔즉 인디언 진시처럼 머리를 뛰은 병사는 공수부대 대원인 제임스 곤보이James Conboy Jr.이다. 그의 회고의 따르면 카파는 그에게 잠시 카메라 앞에 서서 포즈를 취해 달라고 요청했다고 하며, 당시 작전 중 당한 부상으로 오른쪽 다리를 잃은 그는 훗날 내 오른쪽 다리를 볼 수 있는 마지막 멋진 사진이라고 이 사진을 기억했다.

작전 당시 속성으로 강하 훈련을 마친 로버트 카파는 다리에 카메라를 묶고 이들과 함께 적진으로 뛰어들었다.

침처럼 길고도 공포스러운 시간이었다.

같이 뛰어내린 병사들 중에는 낙하산이 나무에 걸린 채 독일군이 쏜 기관총 세례를 받고 온몸이 구멍에 뚫려 사망한 이도 있었다. 카파는 이러한 불운을 피할 수 있었지만 극도의 공포 속에 활강 도중 속옷에 소변을 지리기까지 했다. 땅에 착지한 뒤 카파가 맨 처음 해야 했던 것은 독일군의 총탄이 빗발치는 가운데 소변으로 축축해진 속옷을 갈아입어야 하는 일이었다. 이번에도 운이 억세게 좋았던 카파는 목숨을 부지했으며, 그 어떤 사진기자도 기록하지 못한 공수부대의 지상강습작전을 생생한 사진으로 담아 보도할 수 있었다. 그리고 카파의 이러한 목숨을 건 취재에 보답이라도 하듯 그의 사진들은 『라이프』지에 11페이지에 걸쳐서 대서특필되었다. 이러한 카파의 모습을 보면 그의 새로운 표현 방식에 대한 도전은 시대를 수십 년간 앞서갔던 선구자적인 시도였음을 안수 있다. 전쟁을 보도하는 미디어의 보도 방식은 시대와 기술의 발전에 따라 많은 변화를 보여 왔다. 2차 세계대전은 카파와 같은 전쟁사진가가 잡지를 중심으로 전쟁의 생생한 이미지를 보여주어 왔다. 월남전이 한창일 때는 컬러 TV가 미디어의 중심이 되어 전쟁의 이미지를 안방의 거실의 TV를 통해 보여주었다. 90년대 걸프 전쟁이 벌어지면서 CNN의 카메라는 전쟁을 생중계하면서 시청자들은 전쟁을 실시간으로 대리 체험하게 되었다. 그리고 러시아의 침공으로 시작된 우크라이나 전쟁에서 이제는 병사들이 자신들의 가슴에 GoPro카메라를 달아 총탄이 빗발치는 전쟁터에서의 살육전을 생생한 동영상으로 기록하고 유튜브를 통해 전 세계에 보여주고 있다. 마치 영화 속에서 보아 온 것 같은 영상들이 실제로 벌어지고 있음을 확인하면서 게임 속 영상처럼 캐릭터들은 총을 쏘고 죽고 죽이고 있는 영상을 마치 내 눈앞의 가상 현실의 세계처럼 몰입하여 볼 수 있는 세상이 된 것이다. 낙하산을 타고 뛰어내렸던 카파는 이미 70년 전에 자신의 독자들에게 실제 전쟁에서 어떤 일이 벌어지고 있는지를 사진으로 생생하게 보여주었고 독자들이 그 사진 속 전쟁터의 현실에 몰입할 수 있도록 만들었던 것이다. 카파가 이처럼 위험을 무릅쓴 이유는 그가 위험과 스릴을 즐기는 성격이어서 그랬던 것은 아니다. 단지 그는 그가 하고 있는 '전쟁 사진'이라는 비즈니스를 정확히 이해하고 있을 뿐이었다. 영리한 사진기자였던 카파는 그의 사진을 보는 독자들도 독자들에게 보여줄 그의 사진을 고르는 잡지사의 편집자도 전쟁이 계속될수록 점점 더 새롭고 강한 자극의 사진을 원하고 있다는 것을 간파하고 있었다. 이미 세계 최고의 전쟁사진가라는 명칭이 더 이상 낯설지 않던 카파였지만 세계 최고가 되는 것 보다 최고의 자리를 유지하는 것 역시 많은 노력을 필요로 한다는 것을 카파는 알고 있었다. 10대의 어린 나이에 고국에서 추방되어 평생을 보헤미안으로 살아왔던 카파에게 주어진 유일한 판돈은 언제나 오롯이 자신의 생명 하나였으니 그는 자신의 생명을 담보로 보다 좋은 사진, 이제까지 없던 새로운 사진을 위해 자신이 가지고 있던 유일한 판돈을 계속 걸고 또 거는 수밖에는 없었던 것이다.

한편 카파가 합류한 공수부대의 작전은 성공적이었고 연합군은 점점 더 독일의 심장부로 진격해 나갔다. 그리고 마침내 그는 그가 그토록 사랑했으며 그에게 커다란 상실의 아픔을 안겨 주었던 게르다 타로의 고향 라이프치히로 군인들과 함께 진군해 나갔다. 바흐의 활동지이자 멘델스존과 바그너의 고향으로도 유명한 라이프치히는 한때 '작은 파리'로 불렸던 독일의 문화 예술의 본거지였다. 하지만 연합군의 전략적 폭격은 라이프치히를 폐허로 만들었다. 2차 세계대전이 막바지로 달할 무렵 연합군은 아군과 소련군의 진격을 돕기 위해 독일의 여러 도시에 전략적인 폭격을 실시했다. 그중 대표적인 곳이 바로 드레스덴이었다. 드레스덴에는 약 8백 대의 폭격기가 동원되어 두 차례에 걸쳐 약 4천 톤의 폭탄이 투하되었다. 라이프치히 역시 드레스덴보다는 적은 양의 포탄이 떨어졌지만 당시 현장을 취재했던 기자의 증언에 따르면 라이프치히는 '먼지 나는 사막'으로 변했다고 이야기할 정도였다. 그리고 이곳에서 카파는 2차 세계대전에서 촬영한 사진 중 가장 비통한 사진 한 장을 촬영하게 되었다. 1945년 4월 18일 카파가 라이프치히에 입성했을 당시 패전을 직감한 독일군은 독일 전역에서 연합군에게 항복하고 있었다. 라이프치히의 수복은 손쉬워 보였지만 아직 독일의 패전소식을 실감하지 못한 소수의 독일군들이 무모한 저항을 계속하고 있었다. 연합군의 승리와 독일의 패전을 동시에 보여줄 수 있는 멋진 전투장면을 촬영하고 싶었던 카파는 고급 아파트의 발코니에 기관총을 설치하여 독일군 잔당들을 소탕하려고 하는 미군 병사들을 촬영하고 있었다. 미디어의 생리와 전쟁의 흐름을 잘 알고 있던 카파는 그가 지금 찍으려는 이 사진이 전쟁의 마지막 사진이 되리라는 것을 직감적으로 알 수 있었다. 카파가 바라보고 있던 병사들 역시 이것이 그들의 마지막 전투일 것이라고 생각하고 있었다. 기관총를 설치하던 하사와 중사는 전쟁이 끝난 뒤 각자의 계획에 대해 이야기하고 있었다. 어쩌면 카파는 나치의 잔당을 소탕한 뒤 기뻐하는 병사들의 모습을 담아 드디어 유럽에 평화가 오고 전쟁에 종지부를 찍는 승리를 표현할 수 있는 사진을 기대하며 눈앞에 보이는 병사들의 모습에 카메라를 향하고 있었는지도 모른다. 그런데 갑자기 '탕'하는 총소리와 함께 그의 눈앞에 있던 병사가 쓰러졌다. 독일 저격수가 쏜 총탄은 병사의 양미간과 목에서 피를 쏟아 냈다. '저격수, 저격수'를 외친 미군들은 독일군을 색출하기 위해 모두 밖으로 나갔다. 완벽한 승리의 순간을 실감한 병사의 얼굴에 나타날 환희를 포착하기 위해 기다리고 있던 카파의 눈앞에는 붉은 선홍색 피를 흘리며 쓰러져 버린 전쟁의 희생자가 남아 있을 뿐이었다. 이처럼 전쟁터에서 죽음과 삶의 경계는 너무나도 가까웠다. 그리고 카파는 다행히 그 경계선 위의 약한 줄에서 기우뚱 기우뚱 아슬아슬한 균형을 잡으며 언제나 삶의 경계 쪽으로 겨우겨우 몸을 던지며 살아왔던 것이다. 훗날 카파는 "병사의 죽음은 어쩌면 아름답고, 전쟁의 허망함을 보여주는 사건이었다."라고 말했다. 전쟁터에서 스러져간 한 개인의 슬픈 결말이었지만 카파의 사진에서는 전쟁의 허무함을 그대로 보여주는 사진 미학적으로 완성된 한 장의 사진으로 완성되었다.

혹백사진이었지만 군인의 머리에서 흘러내린 피는 마치 선홍색으로 칠해진 것처럼 진하게 보이고 있으며 밝은 빛이 들어오는 빌코니와는 딜리 어둡게 그늘진 실내를 향해 쓰러져있는 병사의

사진 속의 병사는 당시 21세였던 미국 로체스터 출신의 레이몬드 J. 보우먼이었다. 사진이 촬영된 장소는 19세기에 지어진 아파트로 2010년경 이 건물은 철거될 예정이었으나 카파와 2차 세계대전을 기억하기 위한 공간으로 활용하기 위해 보수 공사를 거쳐 기념관으로 활용되고 있다고 한다. 거리의 이름은 카파 거리로 바뀌었으며 카파의 사진들이 1층의 커피숍에 상설 전시되고 있다고 한다.

모습은 밝은 미래로 향하지 못하고 전쟁이라는 운명에서 어두운 죽음의 공간으로 결국 내던져진 살아남지 못한 인간들의 마지막 운명을 보여주고 있는 것 같다. 그리고 쓰러진 병사의 뒤로는 문이 보인다. 어쩌면 이 병사는 전쟁을 상징하는 그 문을 닫고 행복해하는 존재로 카파의 사진 속에 남았을 수도 있었지만 그는 결국 그 문을 닫지 못한 채 피를 흘리며 세상을 떠났다.

"아주 맑고 어쩐지 아름답게 느껴지는 죽음이었다. 나한테는 이 일이 이번 전쟁에서 가장 기억에 남는 일이다."

훗날 카파가 남긴 이 말에서 우리는 카파에게 죽음에 대한 미학이 생긴 것은 아닐까 하고 생각하게 된다. 수많은 죽음을 목도하고 카메라에 담아온 그에게는 어쩌면 가장 멋지고 아름다운 죽음의 형태에 대한 나름대로의 미학적인 관점이 형성되고 있었는지도 모른다. 아니면 그는 그저 너무 많은 죽음을 보아 왔는지도 모른다.

그날 저녁 제2차 세계대전에서 가장 뛰어난 종군취재기자 중 한 명으로 인정받아 왔으며 카파의 절친 중의 하나인 어니 파일 Ernest Taylor Pyle이 사망했다는 소식이 카파에게 전해져 왔다. 카파와 함께 유럽 전선을 취재해 왔던 어니 파일은 2차 세계대전의 또 다른 축인 태평양 전쟁을 취재하기 위해 태평양의 섬 이에시마로 갔고 그곳에서 일본군이 쏜 기관총 탄알에 관자놀이를 맞고 사망한 것이다.

2차 세계대전 당시 유럽전선에서 카파와 파일은 각 분야 최고의 전문가로 많은 위험한 순간을 함께한 단짝이기도 했다. 어니 파일은 생생한 기사를 작성하기 위해 최전선의 취재를 도맡아 왔고 카파와 함께 동고동락을 함께해온 친한 친구이자 동료였다. 어니 파일의 죽음은 카파에게 또 다른 상실감을 주었다. 같은 날 있었던 두 개의 죽음은 카파에게 그가 그동안 걸어왔던 도박에서 그의 판돈이 언젠가는 끝이 날지도 모른다는 사실을 일깨워주었다.

하지만 다행히 카파의 운이 다 끝나기 전 2차 세계대전을 일으킨 히틀러는 자신의 연인 에바 브라운과 함께 자살을 택했다. 그리고 1945년 5월 7일 독일은 마침내 항복문서에 서명했고 다음날 아침 유럽은 승전포고를 했다.

마침내 유럽은 샴페인을 터뜨렸고 태평양 전선의 전쟁도 그 끝을 향해 가고 있었다. 그리고 최고의 전쟁사진가 카파에게 최고의 무대였던 전쟁은 그 막을 내리고 있었다. 전쟁은 로버트 카파에게 세계적인 명성을 가져다주었지만 또한 상실의 아픔을 주기도 했다. 사랑했던 연인도, 좋아했던 친한 친구도, 그리고 그들을 추억할 도시마저도 전쟁은 모두 삼켜버렸다.

전쟁은 그에게 세계 최고의 전쟁사진가라는 수식어를 남겨주었지만 과연 그에게는 무엇이 남아있었을까? 전쟁으로 세계적인 명성을 얻은 그는 과연 행복했을까? 전쟁은 그에게 성공의 트로피를 남겨주었을까? 상실의 슬픔을 안겨주었을까? 카메라의 뷰파인더로 전쟁을 기록한 카파는 결코 전쟁의 방관자로 남지 못했으며 당시 수많은 사람들이 겪었던 전쟁이 준 상실감을 온몸으로 느끼고 괴로워했다는 것은 전쟁이 끝난 뒤 카파의 삶이 오롯이 보여주게 된다.

어니 파일Ernest Taylor Pyle

종군 기자의 전설로 불리우는 그는 지휘관들이 머무는 후방이 아니라 전장의 따라 다니며
공보장교가 브리핑하는 전황이 아닌 최전선의 전투 소식을 전했다. 유럽에서의 전쟁이 끝나
자 막바지 전투가 치열하던 태평양 전선으로 이동하였고 그 곳에서 불귀의 객이 되었다.

© Library of Congress

실업자가 된 전쟁사진가와
여배우

나는 새로운 것을 찍는 것에는 관심이 없어, 나는 새롭게 보는 것에 관심이 있다고.

— 로버트 카파

사랑이라는 도박

1945년 6월 6일. 독일의 항복 이후 한 달여가 흐른 뒤 당시 할리우드에서 최고의 인기를 누리고 있던 여배우 잉그리드 버그만은 해외 주둔 미군들을 위한 순회공연을 위해 유럽을 찾았다.

당시 할리우드의 톱스타였던 잉그리드 버그만의 유럽 방문은 최고의 뉴스거리였고 그녀의 파리방문 소식을 당시 파리에 있던 카파가 모를 리가 없었다.

그날의 공연 일정을 마친 잉그리드 버그만이 자신이 머물던 리츠 호텔로 들어왔을 때 그녀의 호텔방 문 밑으로 흰 장의 쪽지기

들어왔고 그 쪽지에는 아래와 같은 내용이 쓰여 있었다고 한다.

주제: 저녁식사. 프랑스 파리. 6일 6시 45분

수신: 잉그리드 버그만

1. 이것은 공동의 노력이다. 공동체의 일원은 밥 카파와 어윈 쇼이다.

2. 우리는 오늘 저녁 당신을 초대하는 이 초대장과 함께 꽃을 보내려고 했다. 그러나 의논해본 결과, 꽃값이나 저녁식사 비용을 따로 지불할 수는 있으되 그 둘을 모두 지불할 여력이 안 된다는 결론을 내렸다. 우리는 투표를 했고 근소한 차이로 저녁식사가 선정되었다.

3. 당신이 우리와 저녁식사를 함께할 생각이 없으면 꽃을 보낼 수도 있다는 제안도 있었다. 이 안에 대해서는 아직 견론을 내리지 못했다.

4. 꽃 말고도 우리에게는 어정쩡한 재료들이 많이 있다.

5. 우리의 매력에는 한계가 있기 때문에 더 자세히 쓰면 정작 해야 할 얘깃거리가 떨어질 것 같다.

6. 우리는 6시 15분에 당신에게 전화를 할 것이다.

7. 우리는 잠을 자지 않는다.

당시 카파는 뉴욕에서 온 작가인 어윈 쇼와 함께였다. 훗날 2차 세계대전에서의 경험에 바탕을 둔 『젊은 사자들』을 출간하며 헤밍웨이에 비견되는 미국의 현대 작가의 반열에 오르게 된 어윈 쇼

© Robert Capa

영화 〈개선문〉에 출연한 잉그리드 버그만
당시 영화 스틸사진을 담당했던 카파의 사진이다.

는 카파와 많은 공통점을 가진 가까운 친구였다. 둘은 모두 유대인이었고, 사회주의에 우호적이었으며 무엇보다 밤마다 포커 치기를 좋아한 포커 친구였다. 그날 카파와 어윈쇼는 리츠 호텔의 로비에서 술을 마시던 중 호텔에 도착한 잉그리드 버그만을 보고서 큰 기대 없이 이렇듯 장난스럽게 쪽지를 써서 잉그리드 버그만의 호텔방에 밀어 넣었던 것이다. 그리고 이미 술에 거나하게 취한 두 남자가 잉그리드 버그만에게 전화했을 때 잉그리드 버그만은 리츠 호텔의 지하 바에서 두 사람을 만나겠다고 흔쾌히 이야기했다. 그리고 마치 거짓말처럼 화려한 의상을 입은 할리우드 최고의 여배우가 둘 앞에 나타났다. 당시 카파와 어윈 쇼는 나름 명성을 얻고 있었지만 잉그리드 버그만의 인기에는 감히 견줄 수 없는 것이었다. 잉그리드 버그만 정도라면 파리에서 연합군의 고위 장성들과 고급스러운 식사를 하는 것이 자연스러운 것이지 자신들 같은 기자 나부랭이들과의 만남은 카파와 어윈 쇼에게도 쉽게 상상이 안 되는 조합이었던 것이었다. 스웨덴 출신의 잉그리드 버그만은 175cm의 큰 키와 탐스러운 금발머리 그리고 귀족스러운 아름다운 외모로 1940년대 톱스타의 반열에 오른 여배우였다. 또한 아카데미상, 에미상, 토니상을 수상할 만큼 그 연기력을 인정받는 배우이기도 했다. 시대를 대표했던 여배우였던 잉그리드 버그만은 왜 그날 자신과 급이 맞지 않는 기자들의 초대를 받아들였던 것일까?

그 이유는 바로 '심심했기 때문이다.'

그녀는 후에 호텔방에 앉아 꽃병이나 바라보고 있느니 차라리

밖에 나가 저녁식사를 하는 편이 나을 것 같아서 그 초대를 받아들였다고 이야기했다고 한다.

하지만 심심할 것 같아서 만난 카파와 어윈 쇼와의 만남은 잉그리드 버그만에게 색다른 즐거움을 선사해 주었다. 리츠 호텔의 바에서 서로 이야기를 나눈 뒤 두 남자는 자신들의 주머니를 탈탈 털어 버그만을 '모시고' 파리 최고의 나이트클럽 '푸케'로 데려갔다. 여기에서 식전주로 최고급 샴페인을 마신 뒤에는 또 다른 고급 식당 '맥심'으로 데려가 최고급 저녁식사를 대접했다. 그리고 잉그리드 버그만에게 영화와 같은 인생을 살아온 카파와의 만남은 그동안 영화 시나리오에서만 존재할 것 같던 캐릭터가 세상에 실재할 수도 있겠구나, 하고 느끼게 되는 재미있는 만남을 선사해 주었다고 한다. 그리고 둘 사이에는 공통점도 있었다. 잉그리드 버그만을 불세출의 스타로 자리매김시켜 준 〈누구를 위하여 종은 울리나〉(1943년 작)는 카파에게 최고의 전쟁사진가라는 칭호를 붙여준 스페인 내전을 무대로 하고 있었다. 그리고 카파는 수없이 많은 재미난 이야기와 특유의 유머감각과 허풍으로 곧 세기의 여배우를 무장 해제시켰다고 한다. 카파와 어윈은 식사를 마친 뒤 몽마르트르의 나이트클럽으로 버그만을 데려가 춤을 추었고 나중에는 하룻밤 유흥비로 돈을 모두 다 써버린 두 남자 대신 버그만이 기꺼이 자신의 지갑을 열어 술을 샀다. 그리고 새벽까지 이어진 그날의 첫 만남은 새벽녘에 카파와 버그만이 센강을 함께 거닐며 끝이 났다. 최고의 여배우와 영화보다 더 극적인 삶을 살아온 전쟁사진기의 첫 데이트는 이렇게 끝이 났고 버그만은 공연을

리츠 칼튼 호텔의 헤밍웨이 바

버그만과 카파의 첫 만남은 리츠 호텔의 바bar라고 알려져 있다. 현재 파리의 리츠 호텔에 있는 유일한 바는 헤밍웨이의 이름을 딴 헤밍웨이 바이며 이곳에서 둘은 처음 만났을 가능성이 높다. 헤밍웨이는 1920년대 부터 리츠 호텔의 바를 자신의 아지트 삼아 코냑과 드라이 마티니를 마시며 이곳에서 친구들을 만나고 파티를 열고는 했다. 아마도 이곳에서 카파는 자신과 헤밍웨이의 친분에 대한 이야기를 시작으로 전쟁에서의 모험담과 재미있는 이야기들로 버그만의 환심을 샀을지도 모른다.

ⓒ김경훈

ⓒ김경훈

위해 다음날 파리를 떠났다. 이렇게 하룻밤의 데이트로 끝날 것 같던 둘의 인연은 약 두 달 뒤 베를린에서 다시 이어졌다. 전쟁으로 인해 폐허처럼 변한 베를린을 취재하고 있던 카파는 버그만의 공연단이 베를린에 머물고 있다는 사실을 알고서 연락을 취했고 둘은 다시 재회할 수 있었다.

베를린에서 카파와 재회하게 된 버그만은 그들의 첫 데이트의 여운을 음미하며 급속도로 가까워졌다. 그리고 카파는 버그만을 위해 더 이상 주머니를 탈탈 털어 고급 레스토랑으로 모시고 갈 필요도 없었다. 이미 버그만은 카파에게 푹 빠져버렸기 때문이다. 버그만은 레인코트를 입고 스카프로 얼굴을 가린 채 카파와 함께 폐허가 된 베를린을 함께 돌아다니며 여느 평범한 연인들처럼 데이트를 즐기기도 했다.

몇 번의 데이트를 거치며 연인의 관계로 발전한 두 사람이었지만 둘 사이에는 몇 가지 문제가 있었다. 스크린 속의 순수한 여성의 이미지와는 달리 격정적인 사랑의 감정을 결코 거부하지 않던 잉그리드 버그만은 당시 결혼해서 딸 아이를 가진 30살의 유부녀였던 것이다. 하지만 그녀는 이것을 그다지 심각하게 받아들이지는 않았다. 당시 그의 남편이었던 스웨덴 출신의 치과의사 페테르 린드스트룀과의 결혼은 거의 막바지에 다다르고 있었고 버그만은 이미 이혼을 생각하고 있었기 때문이다. 이러한 그녀의 사랑에 대한 열정은 훗날 이탈리아의 거장 영화감독 로베르트 로셀리니와의 열애가 유부남 감독과 유부녀 여배우의 불륜 스캔들이 되어 할리우드 영화계로부터 한동안 퇴출되기도 했다. 그런데 1945년의 베를린에서의 문제는 훗날 버그만에게 생긴 로셀리니와의 문제보다는 단순하면서도 복잡했다. 당시 버그만은 사랑의 문을 카파에게만 열어놓은 것은 아니었다. 카파와의 짧은 데이트 이후 버그만은 같은 연예인 공연단의 단원이자 전설적인 하모니카 연주자인 래리 애들러와 이미 사귀고 있었던 것이다. 하지만 둘 사이에서 누구를 더 사랑하는지 결정하지 못했거나 아니면 두 남자로부터 동시에 사랑받는 것을 즐기며 행복감을 느꼈는지, 그녀는 대담하게도 둘과 동시에 데이트를 즐기며 아슬아슬한 삼각관계를 즐겼다. 셋이 함께 식사를 하기도 했는데 분위기가 어색해져 애들러가 자리를 먼저 떠난 적도 있었지만 카파와 애들러는 카파가 세상을 떠날 때까지 좋은 친구로 지냈다고 한다. 베를린에서 뜨겁고 열정적인 열흘간의 데이트를 즐긴 후 애들러는 먼저 미국으로 돌아갔고 카파와 버그만은 파리로 돌아와 둘만의 시간을 즐겼다고 한다.

그리고 카파에게 푹 빠진 버그만은 카파와의 새 출발을 꿈꾸며 자신의 이혼 이야기까지 꺼내며 카파에게 할리우드로 와서 그의 드라마틱한 전쟁 경험담을 글로 쓰고 영화로도 제작해 볼 것을 권유했다.

당대 최고의 여배우 버그만은 왜 카파에게 이렇게 빠져들었을까?

가장 큰 이유는 사진사였던 버그만 아버지의 영향일 것이다. 3살 때 어머니가 떠난 뒤 버그만은 사진사였던 아버지의 사랑을 듬뿍 받으며 자랐다. 버그만은 아버지가 자신의 어린 시절 최고의 친구였다고 주변에 이야기하곤 했다. 그녀의 아버지는 곧잘 버그만에게 예쁜 옷을 입혀 사진을 찍어주면서 그녀에게 카메라에 대한 공포를 없애주었고 이것은 훗날 그녀의 배우생활에 큰 도움이 되었다. 아버지의 영향으로 영화촬영 현장에서도 틈틈이 휴식시간에 사진찍기를 즐기던 그녀였으니 어느 날 갑자기 자신의 인생에 나타난 로맨틱한 사진기자에게 무방비의 사랑에 빠지게 된 것은 어쩌면 운명이었을지도 모른다.

또 다른 이유는 카파가 그녀의 삶에 불어넣어 준 새로운 활력 때문이었을 것이다.

할리우드의 영화계에서 대중들에게 보여주기 위한 이미지로만 살아왔던 버그만에게 카파는 그녀가 그의 측근들에게 털어놓은 것처럼 놀랍고, 미친 듯 열정적이며, 아름다운 마인드의 소유자처럼 보이는 독보적인 존재였다. 카파는 그녀에게 할리우드의 영화보다 훨씬 예술적으로 완성된 유럽영화를 소개해 주었고 할리우드의 답답한 규범에 억지로 순응하기보다는 짧고 단 한 번밖에 없는 인생을 보다 멋지게 살라고 충고해 주고는 하였다. 버그만에게 카파는 지금까지 그녀가 만나왔던 남자들과는 달리 그녀를 성공시켜줄 힘도, 그녀의 인생을 지탱해줄 안정적이고 부유한 직업도 가지고 있지 못했지만 버그만은 그와 함께 있는 시간이 너무나도 즐거웠고 그 즐거움을 놓치고 싶지 않았던 것이었으리라.

카파 역시 버그만과 깊은 사랑에 빠졌지만 그는 아직 많은 것을 확신할 수 없었던 것 같다. 무엇보다 전쟁이 끝나면서 자신이 이제는 무엇을 하며 어떻게 살아야 할지, 어디에서 살아야 할지도 정하지 못했고 따라서 자신의 미래에 대해 확신할 수 없었던 것이다.

무엇보다 카파는 자신이 한 여인을 사랑하고 그 사랑에 오랫동안 머무는 것에 자신이 없었는지도 모른다. 카파의 전기 작가들은 카파가 타로의 죽음 이후 사랑을 '상실'하고 상처받는 것을 두려워하게 되었다고 한다. 어쩌면 이러한 로맨틱한 해석보다는 현실적으로 카파는 자신의 여성 편력을 끝내고 한 여자에게 정착할 자신이 없었는지도 모른다. 이유가 어찌 되었든 결과적으로 카파는 현 남편과의 이혼 이야기를 꺼내는 버그만에게 자기 때문에 성급히 결정하지 말라는 이야기밖에 할 수 없었다.

9월이 되자 유럽 공연을 마친 버그만은 미국으로 돌아갔고 카파는 유럽에 남아 계속해서 잡지사의 의뢰를 받아 전쟁이 끝난 뒤의 유럽을 카메라에 담고 있었다. 미국으로 돌아가는 버그만에게 카파는 아무것도 약속할 수 없었다. 그가 이야기할 수 있는 것은 둘은 반드시 다시 만날 것이며, 자신이 할리우드로 갈지도 모른다고 이야기하는 것뿐이었다.

미국으로 돌아간 버그만은 여전히 카파를 그리워했다. 알프레드 히치콕 감독과 가까운 사이였던 버그만은 어느 날 히치콕 감독과 함께 술을 마시던 중 울면서 자신은 카파를 사랑하고 그가 할리우드로 오길 바란다고 이야기할 정도였다. 그리고 1945년 말 그녀의 소망은 현실로 이어졌다. 카파는 유럽을 뒤로하고 할리우드로 왔다. 그의 비밀스러운 여자친구 잉그리드 버그만이 있는 곳으로.

카파, 할리우드에 가다

카파가 할리우드로 오는 것을 결정한 데에는 잉그리드 버그만과 함께 있고 싶었던 것만이 유일한 이유는 아니었을 것이다. 전쟁이 끝난 뒤 카파는 장난으로 자신의 명함에 자신의 직업을 실업자가 된 전쟁사진가라고 써놓곤 했다.

Robert Capa, War Photographer, Unemployed.

이제는 카파도 전쟁이 아닌 새로운 무엇을 자신의 커리어로서 진지하게 생각해봐야 할 때가 온 것이었다. 평소 영화에 관심이 많았으며 스페인 내전과 중일 전쟁을 취재하며 영화 카메라를 잡아보기도 했던 카파는 앞으로 사진의 시대가 가고 보다 많은 사람들이 영화와 같은 동영상을 보게 되는 시대가 오리라고 알고 있었다. 그러한 카파에게 할리우드에서의 영화일은 도전해 볼 만한 일이었다. 잉그리드 버그만 만큼의 인지도는 아니었지만 카파 역시 자신의 분야에서 최고의 경지에 있었으며 전쟁 중 그가 겪었던 모험담은 영화로 만들어도 손색없을 정도의 드라마틱한 이야기들이었다. 그리고 전쟁 때 친분을 쌓아둔 많은 작가와 기자 친구들이 할리우드에서 각본가로 자리를 잡고 있었다.

미국에 도착한 카파는 자신을 보고 싶은 마음에 애태우던 버그만과는 달리 할리우드로 가기까지 제법 여유를 부리고 있었다. 그는 그해 10월 미국에 도착했으나 바로 할리우드로 가지 않고 뉴욕에 들러 어머니와 동생과 시간을 보냈고 옛 친구들과 만나 포커를 치며 시간을 보냈다. 그리고 할리우드에서 자신을 기다리고 있는 버그만의 이야기를 자랑삼아 친구들에게 이야기하곤 했다. 당시 카파의 버그만에 대한 감정이 어땠는지는 쉽게 알 수 없다. 자신과 비밀스러운 연애를 하고 싶어 하던 버그만과의 밀애를 비밀로 하지 않고 떠벌리고 다닌 것을 보면 카파의 버그만에 대한 사랑이 처음보다는 조금 식은 것처럼 보이며 상대방에 대한 배려도 충분치 않았던 것처럼 보인다. 하지만 또 다른 한편으로 짐작할 수 있는 것은 자신과는 너무나도 차이가 나는 둘 사이의 격차, 그리고 한 곳에 머물러 있지 못하는 자신의 보헤미안적인 기질로 인해 그녀와의 사랑에 너무 푹 빠질 경우 언젠가 찾아올 이별에서 오는 슬픔이 두려워 한발을 뒤로 빼고 있었는지도 모른다. 남녀 간의 복잡한 관계의 미음을 알 길을 없지만 세계 최고의 톱스디의 전쟁에서 살아 돌아온 종군사진가의 비밀스러운 연애는 결코 쉽지 않을 것이었으리라.

카파가 버그만과 다시 재회한 것은 그해 12월 크리스마스 직전이었다. 그리고 그 둘은 유럽에서처럼 다시 뜨겁게 불타올랐다. 하지만 유럽과는 달리 그 둘은 더 이상 시내를 활보할 수도, 하루 종일 붙어있을 수도 없었다. 할리우드에서는 대스타의 일거수일투족은 가십거리를 찾아 늑대 같은 눈을 번득거리는 연예기자들의 주된 관심사였으며 더구나 버그만은 청순한 이미지를 내세우고 있는 배우이자 유부녀였기 때문이다. 그리고 버그만은 영화촬영일로 바빴다. 당시 히치콕의 영화 〈오명Notorious〉을 촬영 중이었던 버그만은 쉽게 시간을 낼 수 없었고 주변의 시선 때문에 카파는 버그만을 만나러 가는 것이 쉽지 않았다.

둘은 파리에서 처음 만났을 때 함께 있었고 둘의 관계를 잘 알고 있던 어윈 쇼의 별장을 빌려 주위의 시선을 피해 가며 사랑을 나누었다. 그리고 버그만이 그토록 바라던 카파의 할리우드 정착도 하나둘 진행되기 시작했다. 카파는 게리 쿠퍼 등 유명 배우들과 교우 관계를 넓혔고 그의 2차 세계대전의 경험담의 영화화를 염두에 둔 책 『카파의 손은 떨리고 있었다*Slightly out of focus*』의 집필을 시작했다.

그리고 1946년 카파는 미국 시민권을 획득하면서 파리에서 타로와 앙드레가 함께 만들었던 '미국인 로버트 카파'라는 가공의 인물은 마침내 서류상으로도 완벽히 완성되기에 이르렀다. 헝가리 이민자 출신의 카파가 이처럼 빨리 미국 국적을 획득하게 되는데에는 2차 세계대전 중 미국 매체에 자주 소개된 그의 유명세와 2차 세계대전 취재 중 친분을 쌓은 리지웨이 중장 같은 거물들과의 친밀한 관계도 도움이 되었다. 이로서 카파는 더 이상 헝가리 출신 망명자가 아닌 미국 시민권자라는 안정적인 신분을 얻을 수 있게 된 것이다.

하지만 새롭게 미국인이 된 로버트 카파에게도 할리우드는 결코 만만한 곳은 아니었다. 자신이 관여했던 영화의 성공 여부에 따라 영화인의 '계급'이 결정되는 상업적인 할리우드의 풍토는 자유로운 영혼의 소유자 카파를 금세 지치게 만들었다. 특히 영화의 상업적 성공을 위해 감독보나 제작사가 영화 제작의 선권을 쥐고

영화 〈오명〉 촬영 현장의 버그만과 알프레드 히치콕 감독

당시 히치콕 감독은 버그만과 카파의 열애 사실을 알고 있던 몇 안되는 할리우드 인사 중의
한 명이었다.

© Robert Capa

흔들며 감독에게 지시하는 할리우드의 생리는 영화판에 첫발을 들인 카파에게도 예외는 아니었다. 전쟁터에서 대부분 스스로 내린 임기응변적인 판단에 따라 움직여 왔던 카파에게 수많은 스태프들이 정해진 스케줄에 따라 움직이며 누군가의 지시에 따라야 하는 할리우드의 스튜디오는 좀처럼 적응이 되지 않는 세계였다. 무엇보다 카파는 사무실의 책상에 앉아 할리우드의 스튜디오 시간표에 맞추어 일할 수 있는 남자가 아니었으며 할리우드의 이러한 시스템은 카파에게 견딜 수 없는 따분한 하루하루를 선사해 주었다. 결국 할리우드에 정착하기 위해 시도했던 카파의 진지한 노력은 고작 몇 주 만에 끝이 났고 그는 아침이면 친구들과 테니스를 치며 하루를 시작하고 오후에는 수영을 즐겼으며 저녁이면 바에 가서 영화촬영으로 바쁜 버그만을 대신해 함께 놀아줄 젊고 예쁜 여성들과 시간을 보냈다. 그리고 주말이면 경마장을 찾아 돈과 시간을 허비하곤 했다. 또한 자신의 목숨을 판돈으로 걸고 도박해 왔던 전쟁터가 사라지자 카파는 또 다른 도박판을 찾아다녔다. 카파는 할리우드의 부자 제작자, 감독 배우들과의 포커판을 기웃거렸으며 그들을 쫓아 거액을 베팅하고 도박을 하곤 하다가 대부분 크게 잃고는 하였다. 할리우드의 유명한 사진가 슬림 아론즈Slim Aarons는 2차 세계대전 당시 미 육군의 사진병으로 근무하면서 로버트 카파와 친분을 쌓았으며 카파의 할리우드 정착을 도와주었던 친구 중의 하나였다. 도박판에서 큰돈을 잃은 카파에게 몇 차례 돈을 꾸어주기도 했던 슬림은 당시의 카파를 이렇게 회상하고 있다.

"카파는 인생을 걸고 도박을 하지 않을 때면 포커로 도박을 했다. 그는 모험을 해야만 했다. 전쟁이 일단 끝나자 (인생의) 연료가 다 떨어진 것 같았고 그는 새로운 흥밋거리가 필요해졌다. 그가 내게 항상 돈을 꾸려고 했던 것을 보면 몇 번 크게 도박판에서 돈을 잃은 것 같다."

카파가 이렇게 무절제한 생활을 하고 있는 사이 버그만은 히치콕의 영화 〈오명〉의 촬영을 끝낼 수 있었고 둘은 다시 제대로 된 밀회를 즐길 수 있었다. 둘은 말리부에서 함께 비밀여행을 했고 뉴욕에 가서 재즈를 듣고 카파의 어머니에게 버그만을 소개해주기도 했다. 카파는 버그만에게 유럽의 걸작 영화를 소개해주었으며 버그만이 인생에서 자신이 원하는 자아를 실현할 수 있도록 북돋아주었다. 하지만 모든 것이 그들의 뜻대로 되지는 않았다. 무엇보다 버그만의 측근들은 전쟁에서 돌아온 이 집시 같은 사내와의 관계가 그들이 포장해온 '순수한 여인' 이미지의 잉그리드 버그만이라는 상품에 치명적인 위험이 될까 봐 걱정했다. 그녀의 측근들은 카파가 빈털터리에 여자 꽁무니나 쫓아다니는 난봉꾼이라고 경고했지만 버그만의 마음을 바꾸는 것은 쉽지 않았다. 오히려 사랑에 빠진 버그만의 마음을 조금씩 원상태로 돌려놓은 것은 카파 자신이었다. 여전히 카파를 사랑하고 카파와 새롭게 인생을 출발해보고 싶어하던 버그만은 어느 날 카파에게 결혼에 대해 물었다. 그러자 카파는 자신은 결혼할 부류가 남자가 아니라고 하며 이렇게 이야기했다.

"나는 어딘가에 매여 살 수 있는 사람이 아냐. (잡지사에서 나에게 일을 의뢰하며) '내일은 한국'이라고 하는데 내가 만일 결혼해서 아이가 있다면 나는 한국에 갈 수 없겠지. 그건 있을 수 없는 일이야."

훗날 버그만은 자신의 회고록에서 그때 카파가 결혼에 동의했다면 자신은 이혼을 하고 카파의 곁에 있었을 것이라고 회상했다. 하지만 이렇게 서로 다른 인생의 방향성을 품고 있던 두 사람은 결국 더 이상의 접점을 찾지 못한 채 각자의 인생을 향해 갔다. 버그만이 2차 세계대전의 전운이 감도는 30년대 파리를 배경으로 〈개선문*Arch of Triumph*〉이라는 영화에 출연하게 되자 카파는 이 영화의 스틸촬영을 맡게 된다. 카파는 당시로서는 획기적으로 영화 촬영 중 스틸촬영을 동시에 하는 새로운 방식으로 이 영화의 스틸을 촬영했다. 이것은 마치 다큐멘터리 사진처럼 영화를 사진으로 기록하는 것과 마찬가지였다. 둘은 비로소 함께 일하며 주변의 눈치를 보지 않고 하루종일 함께 있을 수 있었지만 이즈음부터 둘의 관계는 점점 예전 같지 않았다. 무엇보다도 카파의 과도한 음주가 그 원인이었다. 2차 세계대전 당시에도 카파는 거의 언제나 술병을 차고 다니며 아침부터 술을 마셨다. 술은 전쟁이라는 극한 환경에서 그에게 진통제와 같은 역할을 해주었고, 생과 사의 갈림길에서 가파르게 서 있던 카파의 몸에서 분출되던 아드레날린과 흥분과 긴장은 그가 술을 마셔도 쉽게 취하지 않게 해주었다. 총알이 날아다니는 전쟁터에서 살아남기 위해 그의 몸은 본능적으로 술에 취하는 것을 거부했으며 그의 몸은 술을 흥분제이자 안정제로 바꾸어 흡수했던 것이다. 하지만 더 이상 전투가 벌어지지 않는 1946년의 힐리우드 스튜디오에서도 카파는 유럽의 전선에서와 마찬가지로 아침부터 저녁까지 술을 마시곤 했으며 그의 몸은 이제 쉽게 술에 취하곤 했다. 그리고 술에서 깬 아침이면 카파는 버그만에게도 퉁명스러웠고 점점 카파는 전쟁에서 살아 돌아온 사람들이 겪는 권태, 불안, 우울 같은 PSTD의 증후를 보이곤 했다.

하지만 시간이 흘러 오후쯤 되어 다시 정신이 맑아지면 카파는 쾌활하고 유머러스한 모습으로 본래의 자신으로 돌아오곤 했다. 어쩌면 카파는 숙취에서 깨어나는 오후가 되면 전쟁에서 겪은 상처에서 벗어나기 위해 유쾌한 남자의 모습이라는 가면을 쓰고 있었는지도 모른다. 전쟁이 끝나 실업자가 된 전쟁사진가에게 평온한 현실은 어쩌면 전쟁보다 더 힘든 것이었을지도 모른다.

한편 할리우드 시절의 카파는 영화계의 거장 히치콕 감독에게 영감을 주기도 하였다. 카파와 버그만이 비밀스러운 관계를 잘 알고 있던 히치콕은 그의 영화 〈이창Rear Window〉의 주인공의 캐릭터를 로버트 카파로부터 영감을 얻어 캐릭터로 창조했다. 이 영화에서 제임스 스튜어트가 맡은 주인공은 촬영 도중 다리가 부러지는 바람에 다리에 깁스를 하고 있는 사진작가 제프리인데 이 캐릭터는 당시 스키를 타다가 다리가 부러져서 한동안 깁스를 하고 있던 로버트 카파에게서 착안하여 만든 캐릭터로 알려져 있다. 영화 속에서 주인공 제프리는 무료함을 달래기 위해 창문으로 이웃 사람들의 일상을 관찰하며 시간을 보내던 도중 우연히 이웃에서 벌어진 살인사건을 접하게 되고 이를 해결하게 된다는 이야기인데, 여기에 히치콕은 카파와 버그만의 관계를 살짝 집어넣기도 했다. 극중에서 여주인공 리사(그레이스 켈리)는 제프리와 결혼을 원하지만 제프리는 리사를 사랑하지만 결혼을 하면 서로 다른 두 사람이 한쪽에 맞추는 것이 불가능해 관계가 오래 지속되지 못하리라고 생각해서 결혼에 부정적인 인식을 가지고 있는 것으로 묘사된다. 극중에서는 이 둘이 결국은 이러한 차이를 극복하고 결혼에 골인하는 것으로 묘사되며 해피엔딩으로 끝을 맺게 된다. 하지만 영화의 모티브가 되었던 현실 속의 카파와 버그만의 사랑은 해피엔딩과는 거리가 있었다.

둘이 처음이자 마지막으로 공동작업을 했던 영화 〈개선문〉은 처참한 흥행 실패를 맛보게 되었다. 카파가 남긴 사진 속에서 버그만은 여전히 아름답고 사랑스럽게 보였고 영화 〈개선문〉은 베스트셀러 원작 소설을 바탕으로 했음에도 세간의 무관심 속에 막을 내렸다. 그리고 그 둘의 사랑도 그렇게 막을 내렸다. 할리우드에서의 정착에 실패한 카파는 파리로 돌아갔고 버그만은 뉴욕으로 가서 연극 〈잔다르크〉를 성공리에 공연했다. 몸이 멀어지면 마음도 멀어지듯 대서양을 사이에 두고서 그 둘의 마음은 천천히 식어갔다. 하지만 멀어져 버린 연인들이 그렇듯 따로 떨어지게 된 그들은 서로를 다시 그리워하기 시작했다. 떠나가 버린 사랑의 빈자리를 아쉬워했고, 혹시 자신들에게 아직 또 한 번의 기회가 남아있지 않을까 하는 기대 속에 편지로 서로의 마음을 주고받기 시작했다. 여느 평범한 연인들처럼 할리우드의 대스타와 전쟁사진가도 사랑하는 마음을 정리하는 것은 쉽지 않은 일이었던 것이다. 그 둘은 각자의 사리로 돌아가려고 노력했지만 그와 동시에 끝난 것 같던 사랑이 아직 끝나지 않고 있음을 느낄 수 있었다. 그리고 몇 번의 엇갈림 뒤 카파는 가족들과 아이다호의 선밸리에서 스키 여행을 하고 있는 버그만을 찾아갔다. 이곳에서 그 둘은 버그만의 남편의 눈을 피해 대담하게 마지막 사랑을 나누었다. 얼마 뒤 둘의 관계를 눈치챈 버그만의 남편에게 버그만은 외도 사실을 시인했지만 대신 카파와의 관계는 끝났다고 이야기하며 자신의 위치로 돌아가는 것을 택했다. 보수적인 당시의 미국 사회에서 간통죄로 인해 그동안 쌓아 올린 영화배우로서의 커리어와 자신의 아이를 잃고 싶지 않았던 버그만은 선밸리에서의 만남이 카파와의 관계를 좋게 끝낼 마지막 기회임을 알고 있었던 것이다.

그리고 카파는 선밸리를 떠나기 전날 밤 다시 포커 테이블에 앉아 밤새 도박을 하면서 당시 가지고 있던 전 재산 2천 달러를 모두 잃었다. 인생이라는 도박판에서 이번에 그는 처음으로 자신의 사랑을 판돈으로 걸었지만 그 판돈은 다시는 그의 주머니로 돌아오지 않았다.

그리고 이별이었다.

다행이라면 그 둘의 사랑은 한쪽이 일방적으로 식어버려 누군가의 나쁜 기억으로 남아있거나, 불륜이라는 이름으로 세간에 오르내리며 추잡한 추문이 되기 전에 마무리되었다는 것이다. 버그만은 카파를 통해 할리우드 세트장 밖의 또 다른 세상에 눈을 뜰수 있었다. 카파는 그녀를 온실 속의 화초처럼 대했던 남편이나 다른 남자친구들과는 달리 그녀에게 틀을 깨고 더 큰 세상을 보도록 격려하고 충고했다. 이런 카파의 말에 귀 기울이고 그의 충고에 따르면서 버그만은 사랑과 안정감을 동시에 느꼈던 것 같다. 훗날 잉그리드 버그만의 딸이며 여배우였던 이사벨라 로셀리니는 이렇게 회상했다.

"엄마는 카파의 한없는 매력과 그가 주는 즐거움에 빠졌어요. 그리고 그와 사랑에 빠졌지요. 엄마는 이혼을 하고 카파와 결혼할 준비를 했답니다. 하지만 카파는 '나는 당신과 결혼할 수 없소, 나는 나를 한군데 묶어 둘 수가 없소. 나는 결혼할 수 있는 타입의 남자가 아니요.'라고 했다고 하네요."

이렇게 둘의 사랑은 끝이 났다. 그리고 그 둘은 각자의 길을 걸어갔고 이후 다시는 그들의 인생은 교차되지 않았다.

이후 카파는 파리와 뉴욕을 오가면 생활했고 더 이상 할리우드를 기웃거리지 않았다.

사랑도 끝이 나고 그의 할리우드 드림도 끝이 난 것이다.

카파와 이별 뒤의 잉그리드 버그만

카파와의 관계가 끝나고 몇 년 뒤, 버그만은 카파가 소개해주었던 이탈리아 영화 〈무방비 도시〉를 연출한 거장 '로베르트 로셀리니'를 만나기 위해 로마로 가게 된다. 카파와 함께 영화 〈무방비 도시〉를 보고 큰 감동을 받은 버그만이 로셀리니에게 한 장의 편지를 보내게 되었고 이에 로셀리니가 화답하면서 시작된 인연으로 이탈리아에서 영화 〈스트롬볼리〉를 촬영하게 된 것이다. 그리고 함께 영화를 찍으며 둘은 사랑에 빠지게 되고 버그만은 임신까지 하게 된다. 하지만 당시 버그만은 아직 남편 피터 린드스트롬과 결혼 생활을 이어가고 있었고 로셀리니 역시 유부남이었다. 그녀의 이러한 불륜 스캔들은 할리우

로셀리니 감독과 얻은 세 자녀와 잉그리드 버그만
사진 속 두 자매는 인공수정으로 얻은 이란성 쌍둥이이다. 오른쪽이 후에 모델로 데뷔한 뒤 영화배우로 활동한 이사벨라 로셀리니이며, 쌍둥이 이소타 잉그리드는 후에 이탈리아 문학으로 박사학위를 따고 하버드와 프린스턴 대학의 교수가 되었다.

드뿐 아니라 미국의 종교계로부터도 심한 비난을 받았고 결국 할리우드로부터 '축출'당하게 되었다. 버그만은 재산과 딸까지 전남편에게 빼앗길 형편이었으나 결국 사랑을 택했고 이탈리아에 정착하여 로셀리니와 함께 가정을 이루며 살게 된다. 둘은 1950년 정식으로 결혼하였고 함께 여러 편의 영화를 만들고 세 명의 아이를 가지게 되었다.

하지만 여느 사랑처럼 그 둘의 격정적인 사랑도 영원하지 못했다. 둘이 함께 만든 영화는 비평가들에게도 외면을 받았으며 상업적으로도 연이어 실패하면서 경제적으로 어려움을 겪게 되었다. 하지만 로셀리니는 버그만이 다른 감독과 일하는 것을 반대했기에 버그만은 다른 영화에도 출연할 수 없었고, 버그만이 어머니의 역할에 충실한 동안 로셀리니는 다른 여배우들과 바람을 피우며 염문을 뿌리곤 했다. 결국 버그만은 남편 로셀리니가 영화 촬영을 위해 인도로 간 사이에 할리우드로 돌아오게 되었다. 세기의 불륜 스캔들로 인해 대중들을 분노하게 했던 그녀의 컴백은 쉽지 않았다. 1956년 아나톨 리트박 감독이 제작 단계에서부터 화제를 모은 대작 〈아나스타시아〉에 잉그리드 버그만을 주연 여배우로 기용할 것을 고집하면서 버그만은 가까스로 다시 한번 할리우드에서 일할 수 있는 기회를 잡게 된다. 러시아 로마노프 왕조의 마지막 공주로 러시아 혁명 당시 처형되지 않고 살아남았다는 생존설이 돌고 있는 비운의 공주 아나스타시아의 이야기를 바탕으로 한 이 영화에서 버그만은 40이 넘은 나이에도 불구하고 여전히 청순한 미모와 발군의 연기력을 보이며 아카데미 여우주연상을 수상하게 되었고 비로소 대중의 용서를 받으며 영화계로 복귀하게 되었다.

버그만과 헤어진 뒤 또 다른 인생의 드라마 속에서 표류했던 카파만큼이나 버그만 역시 평범하지 않은 인생을 살았던 것이다.

몸에 맞지 않은
옷을 입은 남자

나는 내 인생이 끝날 때 까지 전쟁사진가로서 실직 상태이길 바랍니다.

— 로버트 카파

매그넘의 탄생

잉그리드 버그만과의 관계를 정리하고 할리우드가 자신에게 걸맞지 않은 곳이란 것을 절감하게 된 카파는 이후 뉴욕과 파리를 오가며 살았다. 2차 세계대전 때 전쟁을 취재하던 중 조우했던 소설가 존 스타인벡을 뉴욕에서 다시 만나게 된 카파는 그와 거의 매일 술잔을 기울였고 여러 가지 의견을 나누던 중 러시아에 대한 생생한 취재를 함께하기로 의기투합하게 되었다.

2차 세계대전 당시 나치 독일을 제압하기 위해 연합군과 힘을 합쳤던 러시아는 히틀러라는 공동의 적이 사라지자 미국을 필두로 한 연합군과 서로에 대한 의심과 견제를 본격적으로 드러내기 시작했다. 미국과 서유럽 국가들은 러시아의 팽창이 자신들의 정치 체제를 위협하는 치명적인 위험이 되리라고 보았다. 2차 세계대전 후 총리직에서 물러난 영국의 윈스턴 처칠은 미국의 해리 트루먼 대통령의 모교인 웨스트민스터 대학을 방문해서 연설을 하며 그 유명한 '철의 장막'이라는 단어로 러시아를 위시한 공산주의 국가들의 폐쇄성과 비밀주의, 그리고 공산주의의 팽창을 경고했다. '철의 장막'은 이후 반세기 가까이 세계를 사상의 지형도로 양분한 동서 냉전의 시작을 정의하는 단어였고 카파 역시 이러한 새로운 시대의 양상에 많은 관심을 가지고 있었다. 이러한 시대에 카파와 존 스타인벡은 러시아에 살고 있는 평범한 사람들에 대한 진솔한 다큐멘터리를 통해 서구 미디어의 편향적인 보도가 아닌 러시아의 '진짜' 모습을 보여주자는 구상에 의기투합하게 된 것이다.

『분노의 포도』, 『생쥐와 인간』 등 대공황기의 이주노동자들의 삶을 통해 프롤레타리아 문학의 대표적인 작가가 된 45살의 스타인벡과 34살의 카파의 이러한 구상은 처음에는 무모한 계획처럼 보였다. 왜냐하면 '철의 장막'의 국가가 그들의 입국을 허가해줄 가능성이 없어 보였기 때문이다. 하지만 의외로 러시아는 이 둘의 기획을 자신들의 긍정적인 이미지를 서구사회에 보여줄 수 있는 좋은 프로파간다의 기회로 여겼고 덕분에 예상보다 쉽게 취재 허가와 비자를 받을 수 있었다.

2차 세계대전이 끝난 뒤 처음으로 카파는 비로소 진지한 스토리를 취재할 기회를 만들 수 있게 되었다. 하지만 출국 예정일을 며칠 앞두고 스타인벡이 자신의 집 발코니에서 떨어져 다리를 다치면서 러시아로 출국하는 일은 몇 주일 뒤로 연기되었다.

스타인벡의 예기치 못한 부상으로 인해 뜻하지 않은 여유 시간이 주어지자 카파는 오랜 시간 동안 자신의 머릿속에서 가다듬어 온 사진 비즈니스 아이디어를 세상에 내놓게 되었다. 그것은 바로 오늘날에도 그 명성을 이어오고 있는 사진 에이전시 〈매그넘 Magnum〉에 대한 것이었다. 〈매그넘〉은 사진가들이 중심이 되어 사진 보도의 자율성을 확립하고 사진가들의 저작권과 권익을 보장받기 위해 탄생된 사진 에이전시였다. 카파가 이러한 '독립적인 사진가들의 에이전시'를 설립할 구상을 처음 하게 된 것은 1938년 그가 중국을 취재할 무렵으로 거슬러 올라간다. 당시 그는 치열한 중일전쟁의 와중에서 파죽지세로 중국을 침략 중인 일본군에 맞서고 있던 장개석의 국민당군을 취재하고 있었다. 스페인 내전에서 타로를 잃었던 직후, 그가 중국에서 목도한 또 다른 전쟁은 스페인 내전보다 더욱 잔인하고 참혹했다. 카파가 국민당 지도부와 머물고 있던 한커우는 일본에 함락되기 일보 직전이었다. 얼마 전 사랑하던 여인을 잃었으며, 자신의 목숨과 안전을 보장받을 수 없는 전쟁 지역을 찾아다니고 있는 프리랜서 사진기자였던 카파는 이곳에서 자신의 일과 미래에 대해 진지하게 고민해보게 되었다. '과연 나는 이런 일을 평생 하면서 살 수 있을까' 하는 고민이 자연스럽게 그를 사로잡았던 것이다.

이때부터 카파는 젊은 사진가들로 구성된 사진 에이전시에 대한 구상을 시작하게 되었던 것으로 알려져 있다. 그리고 사진가로 일하면서 자신이 겪었던 여러 가지 불합리한 경험과 기억들은 카파가 '사진가의, 사진가에 의한, 사진가를 위한' 사진 에이전시에 대한 구상을 더욱더 구체화하게 되는 계기가 되었다. 베를린에서 사진기자일을 막 시작할 무렵 그는 파리의 증권시장을 취재한 적이 있었다. 그런데 나치가 운영하는 잡지가 카파의 사진을 구입해서 보도하면서 원래의 사진이 촬영된 의도와는 전혀 다르게 '프랑스의 유대인들은 프랑스의 금융시장과 프랑화를 불안정하게 만든다'는 허위의 사진 캡션을 달아 사용한 것을 보고 카파는 분노했던 적이 있었다. 이후에도 자신의 취재 의도와는 다르게 사진이 사용되고 사진의 캡션이 바뀌는 것을 수없이 보아왔다. 이러한 행태는 펜 대신 카메라를 가지고 뉴스를 취재해서 보도하는 사진기자의 정체성을 위협하는 심각한 왜곡이었다.

한국의 사진기자들은 일을 할 때 '사진을 찍는다'는 표현 보다는 '취재'한다는 단어를 사용한다. 외국의 사진기자들 역시 shoot 혹은 take photos란 표현 보다는 news를 cover한다는 표현을 주로 사용한다. 이러한 단어의 선택은 보도사진가의 일은 단순히 뉴스 현장을 찾아 사진기의 셔터를 누르는 행위 이상임을 의미한다. 포토저널리스트들이 촬영하는 사진은 단순히 대상을 사진에 기록하는 것이 아니라 뉴스의 여러 가지 정보를 한 장 혹은 여러 장의 사진에 담아 전달하는 행위이다. 이를 위해 사진기자들은 취재를 하기 전 다양한 방법으로 정보를 파악하고 촬영 현장에서는 가장 중요하고 임팩트 있는 정보를 시각적인 정보로 바꾸어 프레임에 담는다. 그리고 이렇게 촬영된 수많은 사진들 중 현장의 정보와 뉴스를 전달하는 데 가장 적합한 사진을 고르고 사진 속의 시각적 정보를 설명하고 보충하기 위한 사진 설명(캡션)을 달게 되는 것이다. 보도사진은 이렇듯 사진과 사진 설명이 하나로 합쳐져 뉴스를 전달하는 특성을 가지고 있다. 현대 철학과 미학의 선구자이자 사진의 가능성과 미래의 가치에 대한 식견을 보여주었던 발터 벤야민(1892~1940)은 사진 설명은 사진에 혁명적 사용 가치를 만들 수 있다고 이야기했으며 사진가들에게는 자기가 찍은 사진에 사진 설명을 붙일 수 있는 능력이 필요하다고 이야기 했었다. 이처럼 사진, 특히 보도사진에 있어서는 정확하고 충실한 사진 설명이 작성되어 함께 독자에게 제공되는 것이 매우 중요한 요소였던 것이다.

하지만 카파가 활동하였던 1930~40년대 많은 신문과 잡지는 사진기자들이 사진과 함께 송고한 사진에 자신들의 입맛에 맞게 써넣은 캡션을 붙여 게재하곤 했다. 그리고 이 중에는 카파가 겪었던 것처럼 원래의 사실과는 전혀 다르거나 심지어는 사실을 왜곡한 사진 설명을 붙여 게재하는 일이 적지 않았다. 이것은 당시 대부분의 언론 매체들의 관행이었고, 전 세계적으로 가장 큰 영향력을 가지고 있던 『라이프』지 역시 예외는 아니었다. 『라이프』 외에도 『타임』, 『포춘』, 『스포츠 일러스트레이티드』 등을 간행하여 '잡지왕'이라고 불렸던 『라이프』지의 창업주 헨리 루스는 전성기에는 『라이프』지만 4백만 부를 발행하고 평생 2억 불 이상을 번 것으로 알려질 정도로 성공한 언론사의 오너였다. 그는 『라이프』

의 창간호에서 '사진은 세상을 보여주는 객관적인 수단이며, 놀랍도록 강력한 새로운 언어'라고 일갈하며 사진 중심의 획기적인 편집으로 보도사진 분야에 커다란 족적을 남겼지만 그는 자신의 보수적이며 독실한 기독교인 백인 남성의 세계관이 객관적인 세상이라고 생각하는 한계를 가지고 있었다. 그래서 『라이프』의 편집자들은 종종 그들 사주의 세계관에 호응하기 위해 카파를 비롯한 사진기자들의 사진들에 원래의 사실과는 전혀 다른 사진 설명들을 덧붙여 보도하기도 했던 것이다. 또한 당시 매체와 사진기자, 특히 프리랜서 사진기자의 관계는 철저한 갑과 을의 관계였다. 사진기자들이 목숨을 걸고 취재한 사진들은 소모품처럼 취급되었기에, 그 사진이 게재되고 난 뒤에는 그 원본 필름이 원주인인 사진기자들에게 돌려보내지지 않고 폐기되거나 관리 소홀로 사라져버리는 일이 비일비재했다. 사진이 저작권과 보존 가치에 대한 개념이 없던 당시에는 사진기자들이 보내온 필름은 잡지사의 암실에서 현상된 뒤 필요한 사진만 골라 에디터들이 가위로 잘라갔다. 난도질이 된 필름은 인화와 인쇄의 과정 중 어딘가로 사라져 결국 사진기자들의 손에 돌아오지 않는 경우가 대부분이었다. 오늘날 우리가 볼 수 있는 〈쓰러지는 병사〉는 이미 필름이 사라져버린 지 오래이며 오리지널 필름으로 인화한 사진은 뉴욕 현대 미술관the museum of modern art이 소장한 사진을 비롯하여 단 두 장만이 남아있을 뿐이다. 이 두 장을 제외하고 오늘날 우리가 볼 수 있는 프린트는 이 두 장의 프린트를 다시 사진으로 촬영한 복사본에 불과한 것이다.

그리고 좋은 사진이 만들어내는 영광과 이득은 매체가 가져가고, 만족스럽지 않은 취재에 대한 비난은 오롯이 사진기자의 몫이었다. 카파와 같은 극소수의 스타 사진가를 제외하고는 금전적으로 충분한 보상을 받지 못하는 경우도 많았다. 카파의 노르망디 상륙작전 사진을 현상 후 건조 과정에서 망쳐 놓은 『라이프』의 편집부는 자신들의 실수는 은폐한 채 처음에는 카파에게는 필름에 물이 들어가서 사진이 모두 엉망이 되었다고 거짓말을 했다. 그리고 암실 기사의 실수로 원본 필름이 고온에서 훼손되어 초점이 나간 것처럼 보이게 된 사진을 게재하면서 '매우 흥분되는 순간, 사진기자 카파의 손이 흔들려 사진의 초점이 흐려졌다'라는 소설 같은 사진 설명을 붙이기까지 했다.

〈매그넘〉을 구상하며 카파가 무엇보다 중요한 것은 바로 사진가의 저작권을 보호하는 것이었다. 사진이 역사의 기록이며 숙성된 시간이 사진에 담길수록 그 사진이 훗날 막대한 가치를 가질 것을 간파한 카파는 사진가들이 사진에 대한 저작권을 영구적으로 확보해야 한다고 생각하고 있었다.

카파는 이러한 뜻을 같이하는 사진가들과 동업 집단을 만들고, 매체와 편집부의 간섭과 편견에서 벗어나 자유롭고 독립적인 취재를 하며 보도사진과 보도사진가에 대한 제대로 된 가치를 인정받고 싶어했다. 이러한 구상을 현실화하기 위해 그는 사진기자들의 협동조합을 기획했던 것이다.

1947년 4월 중순 카파와 그가 불러 모은 사진가들은 뉴욕현대미술관의 2층에서 첫 모임을 가졌다. 여기에는 카파의 오랜 친구들이자 이미 세계적인 명성을 얻은 친구들이 참여했다. '결정적 순간'의 미학을 정립한 앙리 카르티에 브레송, 전쟁으로 고통받는 전쟁고아들과 아이들의 사진을 찍으며 훗날 유니세프 소속의 사진가로도 활동했던 데이비드 시모어, 2차 세계대전 말기 독일의 강제 수용소의 끔찍한 참상을 취재한 것으로 유명한 조지 로저 등 당시의 쟁쟁한 사진가들이 참여했다.

그리고 카파는 〈매그넘〉의 4인방이라 부를 수 있는 위의 네 명의 사진가들에게 각자의 활동 영역을 정해주었다. 데이비드 시모어는 유럽을, 브레송은 인도와 극동 지방을, 로저는 아프리카와 중동, 그리고 카파는 자신이 원하는 곳을 자유롭게 여행하며 사진을 촬영하는 계획을 만들었다. 이것은 〈매그넘〉을 대표하는 네 명의 사진가 각자의 관심 분야에 따라 담당 지역을 나누어 〈매그넘〉을 국제적인 취재가 가능한 조직으로 만들기 위한 포석이었다.

한편 이러한 사진 협동조합이 '매그넘'의 이름을 갖게 된 유래에는 여러 가지 설이 있다.

'커다랗다'라는 뜻의 라틴어에서 따왔다는 이야기와 파리 해방 직후 해방을 축하하는 파티에서 〈매그넘〉 창립에 대한 아이디어를 나누던 중 샴페인이 담긴 커다란 술병인 '매그넘'의 코르크 마개가 터지지 않자 누군가가 '매그넘'하고 소리를 외쳤고 이것이 계기가 되었다는 설도 있다. 당시 세계 최고 수준의 보도사진가들이 함께 모인 보도사진계의 어벤져스와도 같았던 〈매그넘〉은 그 탄생과 함께 보도사진계에서 많은 주목을 받았다. 이미 TV의 시

〈매그넘〉파리 오피스

〈매그넘〉은 런던, 뉴욕, 파리에 오피스가 있으며 오늘날에도 예전과 같은 명성을 유지하고
있다. 파리 오피스는 소박한 옛날 건물에 위치하고 있으며, 상설 전시장이 있지만 필자가 찾
았을 때는 코로나의 여파로 휴관 중이었다.

대를 넘어 유튜브가 주요 플랫폼이 된 지금은 상상하기 어렵지만 2차 세계대전과 전후 미디어 사업에서 『라이프』지와 같이 생생한 사진으로 세상의 다양한 모습을 보여주는 잡지가 차지하는 비중은 절대적이었다. TV가 아직 안방을 점령하기 전이었던 당시 미국인과 유럽인들은 귀가하면 저녁식사 후 잡지를 읽으며 세상의 흐름을 파악했고 잡지 속에서 오락거리를 찾았다. 마치 지금 방송들의 시청률 경쟁처럼 당시의 잡지사들은 치열한 부수 판매경쟁을 벌이고 있었고 잡지에 게재되는 표지사진은 가판대에서 독자들의 눈길을 끌 수 있는 가장 중요한 수단이었다. 잡지 안에 배치된 수준 높은 사진들로 구성된 기사들은 마치 오늘날 TV에서 시청자들을 끌어들이는 명품 드라마와 예능 프로그램 같은 역할을 했던 것이다. 이러한 〈매그넘〉의 탄생에 카파만큼 중요한 역할을 한 또 한 사람은 데이비드 시모어였다. 〈매그넘〉은 카파의 아이디어로 시작을 했지만 카파의 즉흥적이고 과장된 성격을 잘 알고 있던 동료 사진가들은 시모어가 〈매그넘〉 창설에 동의한 뒤에야 안심하고 참여하게 되었다고 한다. 사려 깊고 철두철미한 성격이었던 시모어가 조직의 안살림을 책임졌으며 주먹구구식으로 시작했던 〈매그넘〉이 자리를 잡는데 가장 큰 역할을 했다. 시모어가 안살림을 책임지며 내실을 다지고 있을 때 카파는 〈매그넘〉의 얼굴이 되었고 '영업'을 책임졌다. 그는 능란한 화술과 매너로 편집자들을 자기편으로 만든 뒤 고액의 원고료의 일을 따오거나 높은 가격을 받고 사진을 판매하는 등 사업에 타고난 재주가 있었다. 초창기의 〈매그넘〉이 제대로 자리를 잡기 전 경제적인 어려움에 빠질 때면 회원들은 모두 카파를 쳐다볼 뿐이었고, 이런 기대에 부응하며 카파는 대형 출판사의 편집자들로부터 커다란 계약을 따와 〈매그넘〉의 경제적 문제를 해결했다.

또한 카파는 동료와 후배 사진가들을 북돋아 그들이 더욱 발전할 수 있도록 도움을 주었고 이는 궁극적으로 보도사진계의 지평을 한 단계 올리는 데에도 일조했다. 브레송은 〈매그넘〉 출범 즈음, 카파가 자신에게 해준 충고를 생생히 기억하고 있었다.

"카파는 나에게 이야기해주었지요. '초현실주의 사진가로 남지 말게. 포토저널리스트가 되어야 해, 그렇지 않으면 매너리즘에 빠질 거야. 초현실주의는 당신 안에 담아둬. 마음 졸이지 말아. 계속 앞으로 나아가야 해.' 카파의 이러한 충고가 나의 안목을 넓혀주었습니다."

훗날 그는 카파에 대해 '그는 본능적으로 사진을 찍는 사진가이며 사진에 있어 위대한 모험가의 한 사람'이라고 이야기할 정도로 카파를 친구 이상으로 존경해왔음을 표현하고는 했다.

사회주의의 낙원으로

〈매그넘〉의 창립 뒤 존 스타인벡이 다리 부상에서 회복되자 둘은 예정대로 러시아로 향했다. 휴대하기 간편한 최소한의 장비로 전쟁터를 누비고 다녔던 카파는 러시아에서 지금까지와는 다른 스타일의 사진을 촬영하려고 했다. 그는 여러 대의 카메라와 수백 통의 필름을 준비했으며 또한 다양한 조명 장비도 준비했다. 당시 그의 카메라 장비는 무려 10개의 가방에 나누어 실릴 정도로 막대한 양이었다. 아마도 이 시기의 카파는 자신의 사진을 기술적인 면에서 한 단계 업그레이드시키려고 했던 것으로 보인다. 전쟁터에서는 한정된 수의 사진기자들과 경쟁을 했고 급박하고 위험한 전투의 현장에서는 화려하고 기술적으로 완성된 사진보다는 카파의 본능적이면서도 직관적인 사진이 어울렸다. 하지만 평화의 시기, 화려하고 매혹적인 사진을 촬영하는 사진가들과 경쟁하기 위해서는 그 역시 스타일의 변화가 필요했다고 느꼈던 것 같다. 이처럼 커다란 기대를 품고 러시아로 향했으나 모스크바에서는 모든 것이 카파의 뜻대로 진행되지 않았다. 러시아의 공산당 간부들이 카파와 스타인벡에게서 기대했던 것은 러시아에 우호적인 프로파간다였지 진실된 다큐멘터리가 아니었다.

독일과의 전쟁으로 천만 명 가까이 희생되었으며 스탈린주의의 후유증으로 경제적으로도 황폐해진 모스크바의 모습이 카파의 사진에 사실적으로 기록되어 서구에 공개되는 것이 탐탁하지 않았던 러시아의 공보부 관리들은 카파에게 거리에서 공개적으로 사진을 찍을 수 있는 허가를 주지 않아서 카파를 애태우게 했다. 카파와 스타인벡은 정부가 제공하는 공식적인 관광 같은 일정을 통해서 그들이 보여주고 싶은 소련의 모습밖에 볼 수 없었고, 카파는 카메라를 들고서 자유롭게 길거리로 나갈 수도 없었다. 존 스타인벡은 자신이 본 것을 잘 기억해두었다가 후에 글로 적어 생생한 기록으로 남길 수 있었지만 카파는 눈에 보이는 수많은 장면들을 카메라의 필름이 아닌 자신의 뇌리에 저장하며 아쉬워할 따름이었다.

그리고 씁쓸한 표정으로 "사진 두 장이면 수천 개의 단어들로 표현할 수 있는 것보다 훨씬 더 많은 것을 보여줄 수 있을 텐데." 하고 존 스타인벡에게 조용히 말할 뿐이었다. 러시아에서의 여정이 계속될수록 둘은 점점 그들의 러시아 여행이 자신들의 원래의 계획에 훨씬 못 미치는 실패라고 생각했다. 게다가 미국으로 돌아오기 직전 카파의 사진들은 예정에 없던 러시아의 검열을 받아야 했다.

40여 일 가까이 러시아를 여행하는 동안 촬영했던 약 4천 장 가까운 사진들을 필름째 러시아 측에 넘겨주어야 했던 것이다. 카파는 러시아 당국이 검열을 이유로 그의 사진들을 훼손할까 봐 크게 우려했으나 다행히도 몇 장의 사진들만 검열에서 사라진 채 그는 사진들을 다시 찾을 수 있었다.

하지만 결과적으로 그의 사진은 그가 당초 원했던 러시아의 속살을 보여줄 수 있는 진솔하며 화제를 불러일으킬 수 있는 사진들에는 미치지 못했다. 그의 사진과 스타인벡의 글은 『러시아 저널』이라는 제목으로 출간되었으나 동서 양 진영으로부터 모두 좋은 평가를 받지 못했다. 책이 출간되자 러시아는 카파와 존 스타인벡을 러시아의 좋지 않은 모습을 억지로 찾아내어 책에 담은 하이에나, 갱스터 같은 사람들이라고 비난했다. 반면 보수적인 미국의 언론들은 이 책이 스탈린의 러시아에 대한 헌사라며 비난했다. 카파와 스타인벡은 중립적인 입장에서 러시아의 모습을 보여주고

옷의 판매를 위한 패션쇼를 검열하고 있는 러시아의 공산당 위원회

벽에 걸려 있는 스탈린의 초상화와 패션 모델이 대조를 이루고 있는 사진이다. 러시아의 속살을 사진으로 보여주고 싶었던 카파의 당초의 계획은 러시아 당국의 비협조로 이루어지지 못했다.

© Robert Capa

자 했으나 동서냉전의 양측으로부터 비난을 받게 된 것이다.

무엇보다 카파의 사진은 많은 사람들이 기대했던 사진들이 아니었다. 사람들은 카파의 러시아 사진에서 카파가 그의 전쟁 사진들에서 보여주었던 강렬함을 기대했지만 카파의 사진들은 그의 전쟁 사진들이 보여주었던 다이나믹함과는 거리가 멀었다. 물론 카파는 러시아 측의 감시와 견제로 원하는 사진을 찍지는 못했지만 대부분의 사진 한 장 한 장의 사진 미학적인 완성도는 매우 높은 수준이었다. 어려운 상황에서도 최선을 다한 카파의 노력은 사진 속에서도 쉽게 드러났으며 그의 사진들은 철의 장막 속에 살고 있는 러시아인들의 속살을 최대한 잘 보여주고 있었다. 하지만 딱 거기까지였다. 전쟁이 주는 강렬한 액션과 드라마가 주었던 카파의 사진에 익숙한 사람들에게 카파의 러시아 사진은 뭔가 허전하고 덜 채워진 느낌이었다.

아무런 드라마도 벌어지지 않고 있는 것처럼 보이는 러시아인들의 평범한 일상 속에서 미묘하면서도 복잡한 의미를 찾아내어 사진 속에 담아 이야기를 전달하는 것이 카파에게는 어쩌면 쉽지 않은 일이 아닐까 하는 의구심을 자아내게 했다. 2차 세계대전이 끝난 후 그의 가장 첫 번째 야심만만했던 계획은 이처럼 절반의 실패로 끝나게 되었다.

그리고 카파의 러시아 기행은 그에게 새로운 골칫거리를 안겨주었다. 당시 미국의 FBI는 미국 사회의 공산주의자들에 대한 감시의 끈을 한층 조이고 있었다. 특히 1930년대 헝가리에서 공산주의 활동을 했다는 의심을 받아온 카파에게 그의 러시아에 대해 우

© Robert Capa

모스크바의 호텔방에서 거울에 비친 자신과 존 스타인벡의 모습을 촬영하고 있는 카파

둘의 러시아 기행 이후에도 친밀한 관계를 유지하였으며 이 사진은 두 사람의 관계를 보여주
는 상징적인 이미지가 되었다.

호적인 시선을 담은 것처럼 보이는『러시아 저널』의 출간은 한층 그의 사상에 대한 의구심을 더했고 그의 이름은 FBI의 리스트에 오르게 되었다. 당시는 1950년대부터 시작된 미국을 휩쓴 공산주의자 색출 열풍이었던 메카시즘의 광풍이 불기 직전이었고 매우 위험한 리스트에 카파는 자신의 이름을 올리게 된 것이다.

패션 사진가 로버트 카파

한편 로버트 카파는 계속해서 새로운 사업 거리를 찾고 있었다. 어쩌면 당대 최고의 전쟁사진가로 불리며 최고의 지위를 누려왔던 카파에게 전쟁이 끝난 평화의 시대에는 새로운 영역에서 세계 최고로 불리고 싶은 조급한 마음이 있었는지도 모른다. 이러한 그의 눈에 들어온 것은 TV 프로덕션 사업이었다. 러시아에 함께 다녀왔던 스타인벡은 앞으로 다가오는 시대에는 TV가 책과 영화 그리고 신문을 대체할 것이라고 전망하면서 월드 비디오라는 텔레비전 프로덕션 사업에 참여하고 있었다. 비슷한 생각을 가지고 있던 카파는 스타인벡의 소개로 당시로서는 거금인 2천 달러를 투자하면서 자신도 월드 비디오의 사업에 발을 담그게 되었다. 카파와 동업자들의 아이디어는 러시아 저널의 기획과 비슷했다. 스타인벡이 방송 원고를 쓰고 카파가 사진과 동영상을 촬영하는 것이었다. 대신 전쟁이나 러시아 같은 딱딱한 소재가 아닌 많은 사람들이 관심을 가질 수 있는 소재를 TV용 동영상으로 제삭하는 섯이었다. 이 사업의 첫 아이디어는 카파의 머리에서 나왔다. 파리와 뉴욕을 오가던 카파는 전쟁이 끝난 유럽에서 그동안 전쟁 때문에 억눌려 왔던 여성들의 패션에 대한 욕구가 다시 꿈틀거리고 있는 것을 간파하고 있었다. 그래서 유럽의 럭셔리한 패션 사업의 부흥에 대한 다큐멘터리를 사진과 동영상으로 제작하는 '파리: 패션의 행렬'이라는 콘텐츠를 기획하게 된 것이다. 기획을 마친 카파는 배를 타고 유럽으로 건너가 6주 동안 파리에 머물며 크리스찬 디오르 같은 디자이너들의 작품을 아름다운 모델들에게 입힌 뒤 파리에서 영상과 사진에 담았다. 불과 몇 년 전까지 유럽의 전쟁터의 참호를 누비고 낙하산을 타고 뛰어내리던 로버트 카파가 아름다운 모델들과 디자이너 그리고 그들의 패션쇼를 촬영하게 된 것이다.

하지만 그가 뉴욕으로 돌아왔을 때 스타인벡과 월드 비디오의 관계자들은 카파의 사진보다 그가 파리에서 가져온 청구서에 더욱 놀라게 되었다. 카파는 파리에 머물며 아름다운 모델들을 고급 식당에 데려가 거의 매일 저녁 값비싼 와인과 요리를 먹고 마시며 놀았고 파리의 옛 친구들을 만나며 제작비를 다 써버렸던 것이다. 이것이 문제가 되어 결국 카파는 자신이 투자했던 2천 달러로 그 돈을 물어내야 했고 의욕적으로 시작하였던 그의 새로운 사업은 이렇게 싱겁게 끝이 나버렸다.

최고의 전쟁사진가에게 전쟁이 끝난 뒤 평화의 시기는 전쟁 때보다 더 살기 어려운 시대가 되고 있었고, 카파는 마치 몸에 맞지 않은 옷을 입은 사람처럼 새롭게 하는 일에서 계속된 고배를 마시

© Robert Capa

센 강변에서 크리스찬 디올의 의상을 입고 있는 모델, 1948년

전쟁 중 거의 대부분 흑백으로 사진을 촬영했던 카파는 패션 사진 분야에서는 컬러필름으로 주로 촬영했다. 그의 패션 사진은 기존의 패션 사진가들의 사진과는 달리 다큐멘터리풍의 느낌을 주는 것이 특징이다.

고 있었다.

　어쩌면 카파가 전쟁에서 겪은 트라우마도 그의 이러한 실패에 일조를 했는지도 모른다. 당시 파리에서 카파와 친분을 나누었던 모델 중 한 명인 베티나 그라지아니Bettina Graziani는 당시의 카파에 대해서 이렇게 이야기했다.

　"그처럼 위험한 삶을 살다 보면, 그리고 항상 목숨을 잃을지도 모른다는 것을 안다면 인생을 꽉 차게 살고 싶어지겠죠. 진정으로 삶을 소중히 여기게 되고요. 카파는 인생, 친구, 술, 좋은 음식, 그리고 특히 아름다운 여성을 사랑했습니다."

　20세기의 최초의 슈퍼모델이라고 불렸으며 크리스찬 디올의 뮤즈로도 유명했던 그녀가 카파에게서 발견했던 것은 전쟁이 끝난 뒤 마치 보상이라도 받으려는 듯 인생의 즐거움과 향락에 탐닉하고 있는 모습이었다. 실은 이러한 모습은 카파에게는 전쟁 중에도 마찬가지였다. 하지만 전쟁 중에는 격렬한 전쟁터에서 짧은 시간에 돈과 명예를 쥘 수 있었고 거친 전쟁터에서 살아 돌아온 뒤 이러한 즐거움에 빠져드는 카파를 이상하게 보는 사람들은 없었다. 때가 되면 그는 다시 전쟁터로 향했고, 전쟁에서 살아남은 그가 다시 인생의 즐거움을 탐닉할 때는 그의 주머니에는 두둑한 원고료가 있었다. 그는 전쟁이 생산하는 뉴스에 따라 전쟁터와 후방을 오가며 죽음과 쾌락을 적절히 즐겼지만 전쟁이 끝난 뒤 더 이상 이러한 인생의 시스템은 작동하지 않고 있었다. 그의 방탕하고 낭비적인 삶을 정당화해주고 그에게 많은 수입을 안겨 주었던 전쟁은 더 이상 존재하지 않고 있었다. 평화의 시기는 전쟁사진가에게는 맞지 않은 옷과도 같았다.

유대인의 전쟁

1948년 5월 팔레스타인에 유대인 국가가 선포된다는 보도를 접한 카파는 중동으로 향했다. 5월 14일 훗날 이스라엘의 초대 총리가 된 벤 구리온은 이스라엘의 독립을 선언했고 카파는 유대인들이 수천 년 동안 기다려온 이 순간을 사진으로 기록했다. 수천년을 떠돌이로 지내며 온갖 박해를 받아왔으며 2차 세계대전 당시 홀로코스트라는 이름으로 조직적인 학살을 당했던 유대인들에게 비로소 조국과 보금자리가 생기게 된 것이었다. 하지만 한쪽의 승리와 행복은 또 다른 쪽의 패배와 불행을 야기하는 것이 국제정치였다. 그 땅에 대대로 살고 있던 팔레스타인인들에게 이것은 침략이었으며 삶의 보금자리를 빼앗기는 것을 의미했다. 이스라엘 건국의 다음날 이집트를 비롯한 아랍 국가들이 이스라엘을 공격하면서 제1차 중동 전쟁이 시작되었다. 다시금 전쟁사진가 카파를 필요로 하는 전쟁의 시대가 시작된 것이다. 2차 세계대전이 끝날 무렵 자신은 더 이상 전쟁 사진을 찍지 않겠다고 이야기했던 카파였지만 그는 자신 앞에서 다시 벌어지고 있는 전쟁을 결코 피하지 않았다.

다시 전쟁의 포화 속으로 뛰어든 카파는 마치 물을 만난 물고기와도 같았다. 카파는 언제나 그렇듯 죽음을 두려워하지 않고 전쟁터를 뛰어다니며 전쟁의 '액션'을 기록했다. 미국의 잡지 『일러스트』지는 당시 20여 장의 카파의 사진들이 실린 이스라엘 특집 기사를 게재하며 "다시 한번 전쟁의 폭력이 로버트 카파를 빠져들게 했다……. 로버트 카파는 또 다른 전쟁을 찾았다." 라는 기사를 게재했다. 당시 이미 세계적으로 유명한 사진가였던 로버트 카파는 이스라엘의 취재 현장에서 언제나 유대인 동포들의 열렬한 환영을 받았다.

당시 이스라엘의 전력은 주변 아랍국에 비해 매우 열악했다. 투지로 충만한 군대를 보유하고 있었으나 총기가 부족해서 군 병력의 30% 정도는 개인 화기도 소지하지 못하고 있었으며 전쟁 초기에는 장갑차량, 대전차, 대공무기 같은 화기는 찾아볼 수도 없었다. 반면 영국의 식민지 치하에서 영국식 군대로 편제되어 훈련받은 아랍 연합군(요르단, 이라크왕국, 이집트왕국, 시리아, 레바논과 팔레스타인)등은 식민지의 주인이었던 영국과 프랑스가 남겨 놓고 간 기갑 장비와 공군 항공기로 무장하고 있었기에 양측의 전력 차이는 하늘과 땅 차이였다. 그러나 전쟁 초기에는 아랍 연합군에 의해 한 줌의 흙으로 돌아갈 것으로 예상되던 이스라엘이 20여 일간 이어진 공방전에서 예루살렘과 텔아비브를 중심으로 치열한 공방전을 벌이며 두 도시를 지켜내는 데 성공했다. 훗날 이스라엘의 총리가 된 골다 메이어가 이스라엘의 운명에 대해 이야기한 것처럼 물러설 곳이 없다는 절박감이 전력의 차이에도 불구하고 이스라엘을 승리로 이끌었던 것이다. "아랍 국가들은 싸우다 질 수도 있습니다. 그러면 다시 나와 싸우면 되니까요. 그러나 이스라엘은

1948년 1차 중동전쟁 중 자신들이 살고 있는 공동체인 키부츠를 방어하기 위해 전선으로 향하고 있는 이스라엘군 병사들.

© Robert Capa

몸에 맞지 않은 옷을 입은 남자

감염성 질환으로 실명한 시각 장애인들을 위해 설립된 공동체에서 앞이 보이지 않는 남성들이 소녀의 손을 잡고 공동식당으로 향하고 있다.

1차 중동전쟁 이후 카파는 2년 동안 이스라엘을 여러 차례 방문하며 새롭게 건국된 유대인의 국가가 직면한 불확실성과 유대인 이민자들의 정착 과정을 따뜻하고 친밀한 시선으로 사진에 담았다. 유대인으로서의 정체성과 헝가리를 떠나 베를린, 파리, 그리고 뉴욕을 떠돌아야 했던 자신과의 동질감이 유대인의 디아스포라에 더욱 관심을 갖게 했던 것으로 보인다.

오직 한 번만 질 수 있습니다."

전쟁 당시 이스라엘 정부는 모든 언론을 검열하고 있었고, 유대인 자본이 주도권을 가지고 있던 서구의 언론들은 당시의 전쟁을 '다윗과 골리앗'의 싸움에 비유하며 이스라엘에게 우호적인 기사들을 게재했다. 카파 역시 이스라엘 당국의 이러한 검열에 반대하는 행동을 하지 않았던 것으로 보아 같은 유대인으로서의 동질감 속에 유대인들을 지지했던 것으로 보인다.

이스라엘에 체류하는 동안 그는 정부 관료들과의 기자회견에서 자신이 팔레스타인 지역에 유대인 국가 건설을 지지하는 시오니스트가 아님을 분명히 밝히면서도 자신이 이스라엘을 지지함을 밝히기도 했다.

"나는 시오니스트가 아닙니다. 하지만 나는 이스라엘에 대한 나의 관점을 바꾸었습니다. 나는 이 세상의 유대인들에게 이스라엘을 대신할 그 어떤 해결책도 없음을 알게 되었습니다. 그리고 이러한 나의 의견에 반대하는 사람들은 나의 의견이 윤리적이지 못하다는 것에 대해서도 그 이유를 알려주고 있습니다."

즉 그는 자신이 이스라엘의 건국이 팔레스타인과 아랍인들의 입장에서는 윤리적이지 못하며 환영받지 못하고 있음을 인지하고 있으며 자신이 적극적인 시오니스트가 아님을 명백히 하면서도 유대인들에게 이스라엘 건국이 유일한 대안임을 분명히 한 것이다.

이스라엘에서의 카파는 저널리스트로서의 객관성보다는 유대인으로서의 편향적인 시각을 가지고 있었음은 명확하다. 단지 서구의 언론 역시 카파와 같이 이스라엘에 대한 동조적인 논조를 가지고 있었기에 카파의 편향성은 별문제 없이 독자들에게 받아들여졌다. 그리고 카파는 이스라엘의 전쟁터에서 여전히 용감했으며, 그의 전쟁 사진은 더할 나위 없이 훌륭했다. 카파가 다시 찾은 전쟁에서 그의 주변 사람들은 전쟁의 긴장과 고통을 잊게 해주는 카파의 유머 감각을 사랑했다. 이스라엘의 전쟁터에서는 오전부터 술을 마시기 시작하는 카파를 아무도 이상한 눈으로 쳐다보지 않았으며 전쟁의 긴장감은 그를 쉽게 술에 취하게 만들지도 않았다. 전쟁의 긴장과 공포 속에서 그는 더 이상 알코올 중독자가 아닌 용감하고 매력적인 전쟁사진가일 뿐이었다. 그리고 저녁이면 오늘을 살아남은 이들과 포커판을 벌이면서 자신들이 아직 살아남아 있음을 축하하고 다가오는 내일을 잊기 위해 판돈을 올렸다. 평화로운 파리와 뉴욕에서 전쟁이 트리우미에 빠져 있는 듯이 보였던 카파의 일상은 이스라엘의 전쟁터에서는 모두 정상으로 보였고, 카파는 다시 세계 최고의 전쟁사진가의 모습으로 돌아와 있었다.

하지만 그 전쟁은 짧았다. 6월 11일 이스라엘과 아랍연맹군은 유엔의 중재로 30일 동안의 휴전에 들어갔고 양쪽은 숨 고르기에 들어갔다.

상황은 이스라엘에 유리하게 돌아가기 시작했다. 미국은 이스라엘을 공식적인 신생국가로서 인정했으며 미국의 대대적인 군사 및 금융 지원이 이스라엘에 제공되기 시작했다. 그런데 카파가 다시 유럽으로 돌아올 준비를 하고 있을 무렵 이스라엘에서는 아랍과의 전쟁 대신 국내의 정치 파벌 간의 알력이 수면 위로 드러나고 있었다. 이러한 역학 관계 속에서 벤 구리온의 정부군과 우익 군사 단체인 이르군Irgun 사이의 교전이 발생했다. 알탈레나 사건이라고 불린 이 사건은 이스라엘이 건국 초기의 혼란기에 내전의 위기에 빠질 뻔했던 사건이었다. 이스라엘의 건국 직후 벤 구리온은 이스라엘 방위군을 구성하며 그때까지 여러 정치 세력들이 유지해온 독자적인 군사 조직들의 해체를 명령했다. 하지만 우파 군사 조직인 이르군은 이 명령에 따르지 않았으며 독자적으로 구입한 무기를 화물선 알탈레나Altalena호에 선적하여 무장 상태를 유지하려고 했다. 이 과정에서 정부군과 이르군 사이에 교전이 발생하면서 같은 유대인끼리 서로 죽고 죽이는 사태가 발생했던 것이다. 결국 전투에서 승리한 정부군은 반역의 상징인 알타레나호를 폭파해 수장시켜 버렸고 이 사건은 '알타레나 사건'으로 불리게 된 것이다. 그런데 이 사건을 취재하면서 카파는 하마터면 큰 부상을 입을 뻔했다. 가장 치열했던 노르망디 상륙작전에서도 그 어떤 작은 부상도 입지 않았던 카파였지만 이 교전을 취재하던 중 어딘가에서 날아온 총알이 그의 사타구니를 스쳤고 그는 하마터면 그의 성기를 잃을 뻔했다. 다행히 사타구니 쪽의 끔찍한 통증을 느끼며 몇 시간 동안 다리를 절뚝거려야 하는 고통으로 끝났지만 이것은 어쩌면 전쟁터에서 그의 운이 점점 다해가고 있다는 징조였을지도 모른다.

알타레나 사건을 끝으로 카파는 파리로 돌아왔고 그는 다시는 전쟁을 취재하지 않겠다고 수위 사람들에게 나심했나.

아마도 로버트 카파는 2차 세계대전 이후 전쟁에서 더 이상 선과 악의 명확한 구분이 어려워졌다는 것을 절감하였을 것이다. 2차 세계대전은 나치 독일을 위시한 동맹군과 연합군의 전쟁이었다. 히틀러를 악의 구심점으로, 미군을 위시한 연합군을 십자군으로 투사할 수 있는 단순한 도덕적 잣대의 투사가 가능했다. 하지만 2차 세계대전 이후 동서 냉전이 시작되었고, 식민지 제국주의가 끝나며 수많은 신생 독립국들이 생겨났다. 이제 국제 정세는 단순히 선과 악의 대결이 아닌 이념과 체제, 그리고 민족 간의 전쟁이 되고 있었다. 그리고 이렇듯 급변한 국제 정세 속에서 카파는 자신이 목숨을 걸고 취재해야 하는 전쟁의 당위성에 대해 의문을 갖기 시작한 것처럼 보인다.

이스라엘 전쟁 취재 후 더 이상 전쟁을 취재하지 않겠다는 스스로에 대한 약속을 지키듯 카파는 전쟁이 아닌 평화의 시기 속 인간들의 모습을 카메라에 담았다. 전쟁이 끝난 뒤 폐허에서 재건의 길로 가고 있는 서유럽과 소련의 위성국이 되어 철의 장막 속에 편입된 동유럽의 모습을 사진에 담았다. 또한 다시 이스라엘이 찾아 이스라엘의 건국 후 매일같이 유럽 각지로부터 수천 명씩 도착하고 있는 유대인들의 모습과 그들이 머무는 난민 캠프와 정착지를 카메라에 담았다.

또한 전쟁이 끝난 뒤 그의 대표작이 된 피카소와 마티스의 사진을 찍었다. 당시 카파가 촬영한 사진은 이미 거장의 반열에 올라선 두 예술가의 대표적인 이미지가 되었으며 카파의 후기 대표작이 되기도 했다.

© Robert Capa

강렬한 색의 표현으로 현대 예술의 거장이 된 마티스는 카파가 니스의 그의 거처를 방문했을 때는 대장암 수술 뒤에 각종 합병증으로 시달리며 일상 대부분을 침대에서 보내고 있었다. 관절염이 심해 붓을 드는 것도 힘들어서 긴 막대기 끝에 붓을 달아 사용했다. 하지만 그는 로자리오 예배당의 디자인을 위해 노년의 예술혼을 불태우고 있었고 카파는 거장의 일상과 그 속에서 엿볼 수 있는 예술가의 의지를 사진 속에 담았다.

몸에 맞지 않은 옷을 입은 남자

1948년 여름 코트다쥐로에서 자신의 여섯 번째 뮤즈였던 프랑수아즈 질로와 그들의 한 살배기 아들 클로드와 여름 휴가를 보내고 있던 피카소는 카파의 방문을 받는다. 40세의 나이 차(당시 피카소는 67세, 질로는 27세였다)라는 아버지와 딸 같은 나이 차이를 극복하고 사랑에 빠진 두 사람은 피카소의 다섯 번째 연인이자 사진가였던 도라 마르를 피해 남프랑스에 머물고 있었다. 수년 전부터 질로와 알고 지내던 카파는 휴양 중인 피카소의 가족들과 함께 시간을 보내며 많은 사진을 촬영할 수 있었다. 특히 피카소 가족과 시간을 보내며 친밀한 관계를 유지하게 된 카파는 여느 사진가들도 포착하지 못한 피카소의 인간적인 모습을 사진에 담을 수 있었다.

맨발로 질로에게 파라솔을 씌워주고 있는 피카소의 모습에서 우리는 인생의 소소한 행복을 즐기고 있는 남편과 가장으로서의 거장 화가의 모습을 볼 수 있으며 이 사진은 피카소의 대표적인 이미지 중 하나가 되었다. 이 사진과 함께 촬영된 다른 사진들에서도 피카소는 발가벗고 있는 한 살짜리 아들과 즐거운 시간을 보내고 있는데 이처럼 예술계 거장의 내밀한 인간적인 면모를 보여줄 수 있는 사진은 많은 예술가들과 폭넓은 교우 관계를 가졌으며 특유의 친화력을 가지고 있던 카파만이 남길 수 있는 사진이었다.

한편 사진 속에서 이처럼 다정하고 사랑스러웠던 이 커플은 얼마 뒤 둘째 아이를 낳은 뒤 몇 년 더 관계를 이어갔지만 1954년 결국 질로가 피카소를 떠나며 관계의 종말을 맞게 된다. 예술 사학

© Robert Capa

피카소와 질로 모두와 친분이 있었던 카파는 피카소 가족의 자연스러운 모습을 포착할 수 있었고 미술의 거장이 아닌 다정한 가장의 모습을 사진으로 남기며 피카소의 대표적인 이미지중의 하나를 남길 수 있었다.

자들에 의하면 피카소의 폭력성이 둘 관계를 악화시켰으며, 자신의 곁을 떠난 질로에게 격분한 피카소는 화단에서 자신의 영향력을 이용해서 아트 딜러(미술상)들이 질로의 작품의 구매하지 못하도록 하여 화가로서의 질로의 앞날을 방해하는 속 좁은 행동을 보였다는 이야기도 있다. 이에 대한 복수였을까? 질로 역시 1964년 피카소가 아직 생존해 있을 당시 피카소와의 회고록을 출간하여 피카소를 격분하게 하기도 했다. 피카소의 큰아들보다도 나이가 어렸던 질로는 피카소가 사망한 후에는 법정 다툼을 벌여 피카소와의 사이에서 낳았던 자신의 아들과 딸을 피카소의 자식으로 입적시켜 많은 유산을 물려받도록 하기도 했다. 카파가 사진으로 포착했던 두 사람의 사랑은 그 순간에는 진실이었지만 그 사랑의 지속된 시간은 한 장의 사진만큼 길지 못했던 것이다.

그리고 카파는 〈매그넘〉이 자리를 잡고 발전해 가는 데에도 많은 힘을 쏟았다. 아직도 수많은 독자들은 일류 사진가들이 보여주는 사진을 통해 생생한 세상 이야기를 보고 싶어했으며, 〈매그넘〉에게는 좋은 기회였다. 카파는 계속해서 재능 있는 젊은 사진가들을 영입해 왔고 그들 대부분은 카파의 명성과 그의 인간적인 매력에 끌려 〈매그넘〉에 발을 담게 되었다. 카파는 그들을 위해 비싸고 좋은 일거리를 찾아다 주었으며 동료들에게 끊임없는 영감을 주었다.

하지만 그의 알코올과 도박 그리고 여자들에 대한 집착은 쉽게 나아지지 않았다. 그는 고객들과의 미팅을 핑계로 일류 레스토랑에서 거의 매일 비싼 식사를 하며 고급 샴페인을 마셨다. 실제로 그는 제법 좋은 일거리를 따오는 좋은 사업가의 역할에는 충실했지만 조직의 관리와 운영은 미숙했다. 오히려 그런 쪽에는 관심도 없었으며, 〈매그넘〉의 직원들은 〈매그넘〉의 공금을 가져가 도박을 하기까지 하는 카파를 위태롭게 바라보고 때로는 그러한 돈 문제로 인해 언쟁을 벌이고는 했다.

이제 그의 인생에서 전쟁을 취재하는 전쟁사진가의 몸에 분출되던 아드레날린은 좀처럼 찾아볼 수 없게 되었다. 전쟁터에서 군용 시레이션을 먹고 포탄 소리를 들으며 잠이 드는 대신 그는 파리에서 갓 구운 바게트와 크로와상으로 아침을 시작했고, 저녁과 주말에는 친구들과 판돈 높은 포커판을 벌이거나 경마를 보며 샴페인을 즐겼다. 뉴욕과 파리를 오가면서 생활하던 그에게 파리는 집과 같은 곳이었다. 전쟁의 시기에는 몇 벌의 양복과 카메라 장비가 들어가 있는 가방을 던져 놓은 곳이 그의 집이었지만, 전쟁이 끝난 뒤 그는 완벽한 파리지앵이 되어갔다. 파리의 고급 호텔 랭카스터의 방이 그의 집이 되었고 저녁이면 파리의 리츠 호텔의 바에 가서 술을 마셨다. 물론 그의 주머니 사정은 이를 감당하지 못했고 나중에는 호텔비를 지불할 능력이 없자 호텔 측이 강제로 그의 방을 빼고 짐을 종업원들의 숙소로 옮겨 놓기까지 했다.

어쩌면 당시 카파의 복잡한 머리와 마음속에는 자신의 거친 인생에 대한 보상심리가 자리잡고 있었을지도 모른다. 위험한 환경에서 살아남은 자기 자신에게 주고 싶은 안락과 나태함이라는 보상.

하지만 이것은 바쁜 일과를 보낸 평범한 직장인들이 주말을 보내며 월요일로 돌아가기 전 잠시 자신들의 태엽을 풀어 놓는 정기적인 주말의 나태함과는 달랐다. 게다가 카파의 이러한 생활은 많은 비용을 필요로 했다. 더 이상 전쟁은 없었고 전쟁을 취재하고 싶지도 않았던 카파는 영업을 빙자하여 〈매그넘〉의 많은 돈을 개인적으로 사용하고 있었다. 지금의 기준으로 본다면 카파는 공금 횡령 혹은 갑질 문제로 사회적 혹은 법적으로 커다란 문제가 되었을 것이다. 하지만 50년대의 사회적 기준은 지금과 달랐고 당시 그의 동료들은 카파를 사랑했고 그를 이해하려고 했다. 카파는 미국과 영국의 대형 잡지사와 미국 정부(마샬 플랜 보도국)를 상대로 계속해서 일거리를 받아와서 동료들에게 나누어 주었으며 이는 〈매그넘〉이 자리를 잡아가는 데 큰 역할을 했다. 그리고 무엇보다도 카파는 언제나 주변 사람들에게 매력적이었으며 영감을 나누는 사람이었다. 따라서 그의 주변 사람들은 카파가 평범한 사람들이 사는 것과는 '다른 세상'에서 온 사람인 것은 인정했다.

　카파는 더 이상 전쟁터로 향하지 않았지만 그의 하루하루는 전쟁사진가 시절과 별다른 점이 없었다. 마치 내일이 오지 않을 것처럼 오늘만을 사랑하고 즐겼다. 한 여자에 정착해서 가족을 이루고, 은행의 돈을 빌려 집을 구입하고, 정상적인 직업을 가지면서 아침부터 저녁까지 일하는 생활. 그리고 여유 있는 주말의 휴식으로 재충전하고 다시 다음 주 월요일을 준비하는 삶을 사는 것은 이미 카파에게는 불가능한 것처럼 보였다. 카파는 어느 한

곳에 정착하는 대신 호텔에 머물기를 좋아했다. 집에서 밥을 먹기 보다는 레스토랑이나 카페 혹은 바에서 밤새 술을 마시며 새로운 사람들을 만나는 것을 좋아했다. 사무실의 책상에 앉아 일을 하기보다는 카페에서 담배를 피우고 와인을 들이켜며 사업 파트너들을 만나기를 좋아했다. 그리고 와인이 혈관을 돌기 시작하면 그들과 사업 이야기를 나누기보다는 도박과 경마 이야기하기를 좋아했다. 초저녁이 되면 자신과 함께 밤을 보낼 여성들을 찾아 외상으로 머무는 고급 호텔방에 데려가 잠자리에 들기를 좋아했다.

지금의 시각으로 본다면 전쟁이 끝난 뒤 카파는 심각한 PTSD를 겪고 있던 것으로 보이며 알코올 중독, 도박 중독, 섹스 중독과 같은 다양한 중독의 형태로 나타났던 것처럼 보인다. 하지만 1950년대 그의 주변 사람들은 그를 병원에 데려가거나 걱정해주는 대신 전쟁이라는 긴장과 공포의 드라마가 주던 흥분과 긴장감이 사라지자 카파가 평범한 일상에 지루해하는 것이라고 생각했다. 그리고 카파는 자신만의 방식으로 삶의 재미를 찾아가고 있는 것이라고 생각하고 이해해주려고 했다.

전쟁사진가로서 명성을 쌓은 카파가 그 명성을 유지하기 위해서는 다시 전쟁터로 나가야 했지만 그는 더 이상 전쟁터로 나가고 싶지 않았다. 1950년 한국 전쟁이 발발했고 『라이프』지는 유럽이 아닌 극동지역에서 벌어지고 있는 동서냉전의 대리전을 열심히 보도했다. 하지만 카파는 한국 전쟁에 종군하지 않았다.

어쩌면 그는 더 이상 전쟁에서 자신의 운을 시험해 보고 싶지 않았을지도 모른다.

어쩌면 그는 그동안 자신의 목숨을 지켜주었던 전쟁터에서의 행운의 여신이 이제는 더 이상 자신과 함께하고 있지 않다고 생각하고 있었을지도 모른다.

어쩌면 지난 몇 년간의 세월을 방탕하게 보낸 뒤 배와 허벅지에 살이 올라 말도 탈 수 없게 된 비육지탄을 한탄한 삼국지의 유비처럼 술과 도박에 중독되고 편안한 생활에 젖은 자신이 더 이상 전쟁터에서 살아나갈 자신이 없다는 것을 절감했기 때문일지도 모른다.

전쟁으로 실직을 하게 된 세계 최고의 전쟁사진가 카파는 이렇듯 수많은 실패를 겪고 문제를 일으키면서 예전의 명성을 밑천으로 하루하루를 살아가고 있었다. 카파가 그동안 만들어온 신화들은 더 이상 현재 진행형이 아닌 과거에 남아버린 것 같았고 그는 매일매일 과거의 영광을 씨앗 삼아 열린 과일을 따먹고 있었던 것이다. 그런데 그 과실들이 언제인가는 나무에서 모두 사라져버릴 것을 영리했던 카파가 몰랐을 리는 없다.

하지만 왜 카파는 더 이상 전쟁에 가고 싶지 않았던 것일까?

가장 큰 이유는 아마도 그는 전쟁에 대해서 너무나도 잘 알고 있었기 때문일 것이다. 어쩌면 그는 모든 전쟁의 본질은 추악하고 수많은 이들의 의미 없는 희생을 필요로 한다는 깨달음을 얻었는지 모른다. 그리고 그 의미 없는 희생을 계속해서 사진으로 기록하며 하루하루를 살아가는 것을 더 이상 감당하고 싶지 않았을지도 모른다.

어쩌면 카파는 그가 지금까지 살아남을 수 있었지만 동시에 많은 사람들이 목숨을 잃었던 비극적인 전쟁으로부터의 청구서를 전쟁이 끝난 뒤에야 받고 있었는지도 모른다. 그는 전쟁에서 너무 많은 비극과 슬픔을 보았고 이것은 서서히 카파를 갉아 먹고 있었다.

〈매그넘〉 회원들과의 점심 모임에서 루스 오킨Ruth Orkin이 촬영한
로버트 카파의 모습과 에펠탑

난민에 가까운 모습으로 파리를 찾았던 로버트 카파는 이십여 년 만에 사진가로서 대성공

을 거두고 말쑥한 남성이 되어 있었다. 제2의 고향으로 사랑했던 파리에서 자신을 좋아하고 추앙하는 사람들에 둘러싸여 있었지만 그의 미소 뒤에는 우리가 짐작할 수 없는 전쟁의 상처가 숨겨져 있었는지도 모른다.

그의 손에는
카메라가 쥐어 있었다

이건 아름다운 이야기가 될 것 같아.

— 마지막으로 기획했던 베트남의 농부들에 대한 기사에 대해 이야기 하며,
　　　로버트 카파

불혹의 사나이

1953년. 카파는 불혹의 나이가 되어가고 있었다.

그리고 그는 삶에서 지쳐가고 있으며 나이 들어가고 있음을 외적 내적으로 주변에 보여주기 시작했다. 그와 가깝게 지냈던 많은 이들은 카파에게서 지쳐가는 중년남성의 모습을 엿볼 수 있었다.

"비틀거리며 침대에서 일어난 아침이면 카파는 비로소 자신이 통과해온 비극과 슬픔이 그에게 흔적을 남겼다는 사실을 보여준다. 창백한 얼굴, 불길한 꿈에 쫓겼던 나른한 눈, 카메라를 통해 그토록 많은 죽음과 악을 들여다봤던 남자가 마침내 여기에 있다.

카파는 거품이 이는 진한 술을 들이켜고 몸을 부르르 떨며 실험을 하듯 오후의 미소를 지어본다. 괜찮다.

빛나는 언덕을 오를 힘이 남아있다는 것을 확인한 후 옷을 입고, 무감한 채 공들여 쾌활한 표정을 지으며 바 21이나 스크라이브 혹은 도체스터로 향한다. 떠돌이 남자가 집이라고 부를 만한 곳, 친구들을 발견하고 그들을 즐겁게 해줄 수 있는 곳, 친구들이 있었기에 겪어왔고 앞으로도 겪어 나가야 할 쓰라리고 외로운 밤을 잊게 해 줄 수 있는 그곳으로 발길을 옮긴다."*

카파의 절친 어윈 쇼가 카파의 일상을 문학적으로 묘사하여 잡지에 게재한 위 글은 그 제목이 'A man haunted by all he has seen(그가 보아온 모든 것들에 사로잡힌 남자)'였던 것처럼 당시의 카파가 전쟁의 취재 이후 심각한 심리적이고 정신적인 문제를 가지고 있었음을 보여준다. 하지만 이 글을 쓴 어윈 쇼도 카파도 이 문제가 치료를 요하는 병이라고는 생각하지 못했다. 그들뿐 아니라 당시의 대부분의 사람들이 그렇게 생각했다. 지금이야 초등학생들도 PTSD(외상후 스트레스장애)라는 단어를 알고 있지만 수많은 사람들이 전쟁을 직접 겪어야 했던 2차 세계대전은 그렇지 못했다. 전쟁과 같이 생명이나 신체를 위협할 정도의 극심한 스트레스를 경험한 후의 정신적 고통이 신체적인 외상만큼이나 고통스럽고 괴로운 정신적 증후군을 야기시킬 수 있다는 PTSD에 대한 본격적인 연구와 대중들의 인식의 전환은 월남전 이후에나 시작되었다.

* A man huadnted by all he has seen, 47 Magazine, 1947, Irwin Shaw

2차 세계대전 이후 이러한 증상을 겪던 군인들에게 전투 피로증, 작전상 탈진상태 같은 명칭을 붙였을 뿐 오늘날처럼 적극적으로 치료를 해야 하는 정신적 증상이라고는 많은 사람들이 생각하지 못했다.

카파 역시 이러한 자신의 문제를 감춘 채 알코올의 힘으로 우울함에서 깨어나는 오후가 되면 쾌활함의 가면을 쓴 채 사람들을 즐겁게 해주려고 해왔다. 어쩌면 카파는 용감한 전쟁사진가이자 인생을 즐기는 방법을 아는 보헤미안이라는 자신이 만들어온 두 개의 이미지를 그대로 유지하고 싶은 강박 관념에 시달리고 있었는지도 모른다. 그리고 그의 겉모습은 여전히 멋있고 건재해 보였다.

카메라를 메고 세계 곳곳을 돌아다니면서 최고 수준의 원고료를 받는 사진가. 여전히 그를 세계 최고의 전쟁사진가로 기억해주는 대중들. 뉴욕과 파리를 오가며 호텔에 머물고, 고급 레스토랑에서 값비싼 저녁 식사를 하는 일상. 〈매그넘〉이라는 세계적으로 유명한 사진가 에이전시의 회장. 가끔씩 자신들의 품으로 돌아오는 그를 기다려 주는 아름다운 여자친구들. 할리우드 스타와 세계적인 작가와 같은 쟁쟁한 친구들.

하지만 카파의 내면은 결핍을 겪고 있었다. 그는 자신의 몸과 마음을 편하게 해줄 자신만의 집도 외로움을 달래줄 가족도 없었다.

하룻밤을 함께 즐길 여성들은 많았지만 그 누구도 카파의 아픔을 치유해 수지 못했다. 당시 카파는 대학생이던 수디스 손Judith

Thorne과 두 자녀를 가진 이혼녀였던 제레미 하몬드Jemmy Hammond 라는 두 여자친구와 지속적인 관계를 가졌다. 그러면서 계속해서 다른 여성들을 찾았다. 비비안 리, 헤디 라마르와 같은 할리우드의 여배우, 처칠 수상의 며느리였고 영국 사교계의 유명 인사인 파멜라 해리먼과도 가벼운 관계를 가졌고 주변에 아무도 없을 때면 매춘부와 잠을 잤다. 50년대의 마초들의 자유분방한 성생활처럼 들리는 이러한 사생활이 당시에는 용납되었을지도 모르지만 지금의 시각에서 보면 정신적 문제에서 오는 섹스 중독으로 볼 수 있는 정신장애였을지도 모른다. 그리고 카파가 이러한 이성 관계를 가지게 된 데에는 그의 첫 연인 게르다 타로의 죽음이 큰 역할을 한 것으로 보인다. 할리우드의 유명 극작가였으며 여배우 데보라 카의 남편이기도 했던 피터 바이텔Peter Viertel은 말년의 카파와 매우 기깝게 지내며 여름휴가를 함께 보내기도 했다. 카파는 피터에게 자신의 두 명의 여자친구를 이야기하면서 주디스와 함께 있으면 제이미가 생각이 나고 제이미와 함께 있으며 주디스가 생각난다고 털어놓기도 했다. 예전에 헤밍웨이로부터 게르다 타로에 대한 이야기를 들어 알고 있었던 피터는 "카파는 타로의 죽음에 대한 상처를 극복하지 못했고, 아마 그래서 다른 여성과의 관계에서 완전히 자신을 맡기지 못했는지도 모른다"라고 회상했다. 이처럼 타로의 죽음은 카파가 한 사람과의 사랑에 모든 것을 맡기는 것에 대해 확신을 가지지 못하게 만들었고 이것은 더욱 그를 '정착'이라는 불리는, 많은 사람들이 택하는 평범한 생활에서 멀어지게 했는지도 모른다. 어쩌면 이 시절의 카파는 타로가 자신을 앙드레에서 카파로 다시 태어나게 만들어주었듯이 지치고 힘든 자신을 새롭게 태어나게 만들어 줄 수 있는 그런 힘을 가진 여성을 필요로 하고 있었는지도 모른다.

이러한 내적 문제만이 그를 괴롭혔던 것은 아니었다.

미국에 불고 있던 매카시즘의 광풍 속에서 카파 역시 자유롭지 못했다. 1950년 미국에서 활동하는 공산주의자들의 명단을 가지고 있다고 주장하는 조지프 매카시 공화당 상원의원에서 촉발된 매카시즘은 미국 전역에 공산주의자 색출 열풍을 불러일으켰다.

그리고 이로 인해 많은 지식인과 문화계 인사들이 공산주의자라는 누명을 쓰고 공산주의 혐의로 체포되거나 심문을 받았고 생활과 일에 제약을 받게 되었다.

카파 역시 과거의 좌파적 성향과 러시안 저널의 출간으로 FBI로부터 공산주의자라는 의심을 받게 되었다. 공산주의자 혐의를 받게 되자 카파는 미국에서 여권을 갱신할 수 없게 되었고, 이것은 수시로 해외로 나가서 사진을 촬영해야 하는 그의 발목을 잡는 중대한 문제였다. 다행히 그는 변호사를 통해 자신이 공산주의자가 아님을 강변하고 친구들의 도움을 받아 여권을 다시 발급받을 수 있었지만 당시 매카시즘에 의해서 수많은 영화인, 작가, 저널리스트들이 수년 동안 어려움을 겪거나 심지어 결국은 대중들의 시야에서 사라졌던 것을 보면 카파에게도 가슴을 쓸어내리는 경험이었다.

그리고 마흔 살이 되기 몇 달 전 그는 카메라 장비를 들고 가다가 허리를 나쳐서 고생하게 되었다. 그는 상한 진통제에 의지해야 했고, 그 고통이 너무 심해서 〈매그넘〉의 사무실에 앉아 고통으로 눈물을 글썽이기까지 했다. 그리고 친구들과 어울릴 때도 바닥에 누워 신음하거나 바닥에 엎드린 채 친구의 아내들에게 자신의 허리를 밟아 달라고 간청하기도 했다. 이 모습은 용감한 전쟁사진가 로버트 카파를 기억하는 친구들을 씁쓸하게 만들었다.

몇 달 뒤 마침내 40이 된 카파의 삶은 이미 점점 엉망이 되어 있었다. 그는 최고의 전쟁사진가라는 과거의 업적에 의지하며 오늘을 살고 있었지만 카메라의 파인더를 통해 '공포를 바라보는 데도 지쳤다'고 말할 정도로 다시 또 전쟁으로 돌아가는 것을 주저하고 있었다. 허리 부상은 그를 괴롭혔고, 술, 고급 호텔, 여자들과의 데이트와 같은 과소비와 도박으로 날린 돈들은 재정적으로 그를 파산 상태로 몰고 갔다.

마흔 살이 된 카파는 그의 생일날 사람들에게 이렇게 이야기했다.

"나는 마흔 살이 될 수 없어. 누가 마흔 살이나 먹는 거야? 나는 어떻게 마흔 살이 되는 줄도 모른다고."

그즈음 전쟁 취재에 대해 그는 이렇게 이야기했다고 한다.

"내가 만약 전쟁터에 다시 가야 한다면, 난 날 총으로 쏠 거야. 왜냐하면 나는 너무 많은 것들을 보았거든."

전쟁은 젊은 날의 카파에게 성공의 백지 수표를 주었지만, 불혹의 나이가 된 카파는 전쟁이 그에게 뒤늦은 전해준 청구서를 받고서 허둥대고 있었던 것이다.

이러한 상황 속의 카파에게 일본의 언론사인 마이니치 신문사로부터 초청장이 날아온다. 당시 한국 전쟁이 만들어준 특수를 맛보며 고도 경제 성장의 길로 들어선 일본의 카메라 산업은 급속도로 발전하고 있었다. 전쟁에서 적을 찾아내 살상하기 위해 발전되어온 망원경 렌즈를 만들기 위해 발달 되었던 일본의 광학 기술은 평화의 시기가 되면서 카메라 기술로 자연스럽게 이식되었다. 오늘날 세계 카메라 시장을 선도하고 있는 캐논과 니콘뿐만 아니라 야시카, 미놀타, 리코 등 다양한 일본의 카메라 브랜드들이 좋은 품질과 가격 경쟁력을 가지고 기존의 광학 기기를 선도했던 독일 등의 유럽 브랜드를 누르고 전 세계적으로 인기를 얻기 시작하고 있었다. 또한 경제가 발전하면서 문화와 레저에 대한 욕구가 팽창하면서 사진을 취미로 하는 인구가 급속도로 늘고 출판 시장이 성장하면서 당시 저명한 신문사들은 사진 전문 잡지를 자매지로 창간하여 새로운 독자들을 끌어들이려고 하였다.

당시 일본에는 아사히 신문사가 일본에서 가장 오래된 카메라 잡지인 『카메라 아사히』를 1926년부터 발행해 오고 있었는데 마이니치 신문은 신생 잡지인 『카메라 마이니치』를 발간하면서 독자들의 시선을 확 끌어당길 수 있는 멋진 이벤트가 필요했다. 그리고 그들은 창간호 특집으로 로버트 카파를 초청하는 이벤트를 생각해 낸 것이다. 마이니치신문사 측은 카파에게 6주간 일본에 머물며 독자들을 만나고 일본의 다양한 모습을 사진으로 찍어줄 것을 요청했다. 이를 위해 일급 호텔과 고급 식사 등 모든 체제경비와 두둑한 사례비도 약속했다. 그리고 여러 대의 최신 일본제 카메라와 렌즈들을 선물하겠다는 달콤한 제안도 함께 했다. 당시 밀린 호텔비도 내지 못할 정도로 경제적인 어려움에 처해 있던 카파에게 이는 거절할 수 없는 제안이었다. 또한 카파에게 일본은 젊은 시절부터 맺어 온 인연의 끈이 있는 낯설지 않은 나라였다. 프랑스에서 타로와 함께 사진기자 일을 본격적으로 시작했을 때 그는 파트타임으로 마이니치 신문의 포토 에디터로 일했던 경력이 있다. 또한 프랑스에서 난민에 가까운 유학생이던 시절 그는 현지에서 사귄 일본인 예술가 친구들에게 경제적으로 도움을 받으며 친근한 관계를 가져 왔었다. 이런 그에게 일본에서의 초대는 매력적인 제안으로 들렸다.

하지만 카파의 친구들은 카파가 아시아 저편의 먼 나라 일본으로 떠나는 것을 달갑게 여기지 않았다. 이상한 예감이라도 들었던지 어윈 쇼는 일본행을 준비하는 카파에게서 더 이상 전쟁을 취재하지 않을 것이란 다짐을 받아 냈다. 카파를 위한 송별회가 〈매그넘〉의 사무실 아래 카페에서 열렸을 때 마지막으로 핀볼 게임을 하며 카파는 낮은 목소리로 이렇게 이야기했다고 한다.

"나이가 들면 무엇을 해야 할까?"

카파의 친구들의 불길한 예감과는 달리 카파의 일본 방문의 시작은 매우 성공적이었고 카파를 기쁘게 해주었다. 그의 얼굴을 보고 그의 이야기를 듣기 위해 많은 일본인들이 몰려들었다. 고급 백화점에서 개최된 그의 사진전을 보기 위해 수많은 인파가 줄을 섰다. 어쩌면 그는 당시 일본인들의 입맛에 가장 잘 맞는 미국의 전쟁사진가였을지도 모른다. 영웅적인 무용담을 가진 세계적인 전쟁사진가. 특히 카파는 태평양 전쟁이 아닌 유럽 전선에서의

2차 세계대전을 취재했기에 그의 사진 속에는 당시 전후 일본인들이 그다지 상기하고 싶지 않던 태평양 전쟁의 이미지도 일본이 미국의 적이었던 이미지도 없었다. 도쿄에서 카파는 일본은 '사진가들의 천국'이라고 할 정도로 매우 만족스러운 하루하루를 보냈다. 어디를 가나 그는 진귀한 손님 대접을 받았고 유럽과는 사뭇 다른 거리의 풍경과 풍습, 그리고 사람들의 모습에 그는 오래간만에 사진 찍는 재미를 다시 찾았던 것 같다. 2차 세계대전이 끝난 후 신에서 인간의 자리로 내려온 일본 천황의 생일날에 모여 여전히 천황 만세를 외치는 일본의 국민들을 시작으로 일본의 노동절 행사, 신사神社 등 이국적인 일본의 모습과 아이들과 도쿄역 등 일본의 일상을 사진 속에 담았다.

카파를 둘러싼 모든 것이 오래간만에 제대로 돌아가는 것처럼 보였다. 그의 예정되어 있던 6주간의 일정이 모두 끝나가기 전, 당시 카파를 일본에 초대한 장본인 중의 한 명이며 일본인 최초의 『라이프』지 정식 스탭 사진기자였던 미키 준은 카파 앞으로 온 한 장의 전보를 받아 전달하게 되었다. 『라이프』지가 인도차이나 전쟁에서 벌어지고 있는 전쟁의 취재를 카파에게 의뢰하는 전보였다.

당시 베트남에서는 인도차이나 전쟁이 벌어지고 있었다. 프랑스의 식민지였던 베트남에서는 꾸준한 투쟁의 결과로 1945년 9월 베트남 민주 공화국이 선포되었다. 하지만 인도차이나에서 자신들의 지배권을 잃고 싶지 않았던 프랑스와 베트남 간에는 긴장감이 고조 되었으며 마침내 1946년 12월 1차 인도차이나 전쟁이 시작되었다. 인도차이나 전쟁은 그동안의 전투와는 사뭇 그 양

도쿄의 하네다 공항에 도착하며 화동들의 환영을 받고 있는 로버트 카파

1954년 도쿄역의 풍경

한때 미국과 전쟁을 치르던 일본은 패전 직후 급속히 친미 국가로 바뀌었으며 한국 전쟁 덕분에 급속한 경제 성장을 이룰 수 있었다. 카메라를 든 이방인에게 일본인들은 친절했고, 그의 일정은 그를 존경하고 그와 만나고 싶은 유력인사들과 사진계의 거물들과의 만남으로 가득 차 있었다. 카파는 일본에서 모처럼 인생의 활기와 재미를 되찾았던 것 같다고 했다. 그의 일본 사진들 역시 일본이라는 이국적인 풍경을 매우 밝고 긍정적인 톤으로 기록한 사진들이 대부분이다.

상이 달랐다. 복잡한 국제 관계와 동서 냉전이 함께 얽혀 있었으며 또한 19세기부터 시작된 서구 열강의 식민지 체제가 정치적 정체성을 자각한 피식민지 국민들의 저항에 부딪히며 그 종말을 향해 가는 단계에서 발생한 전쟁이기도 했다. 이러한 구 식민지 체제와 이에 대항하는 민족주의 세력의 전쟁에 1949년 10월 중화인민공화국이 성립되면서 동서냉전이 개입되기 시작했다. 중국 대륙의 공산화와 한반도에서의 분단과 전쟁을 목도한 미국은 공산주의의 확산을 막기 위해 베트남의 17도선 이남을 자유세계의 보루로서 공산주의와 맞서 싸우도록 지원했다. 결국 식민지와 반식민지의 대립으로 시작된 인도차이나 전쟁은 동서 냉전으로 변질되어 외세가 개입된 민족 간의 전쟁이 되어가고 있었다. 아직 베트남 전쟁이 시작되기 훨씬 전이었지만 인도차이나에 대한 미국 언론의 관심은 이미 시작되어 있었다.

당시 『라이프』지에는 하워드 소슈렉이라는 사진기자가 인도차이나 전쟁을 취재하고 있었는데 그가 휴가를 가게 되면서 잠시 그의 '대타'가 될 사진기자가 필요했다.

『라이프』의 전보를 전하면서 미키는 카파를 말렸다고 한다. '동족 간의 전쟁이고 적과 아군을 구별할 수 없는 위험한 전쟁'이라는 것이 미키가 카파를 말리는 이유였다. 다시는 전쟁 취재를 하고 싶지 않다고 여러 차례 주변에 말해왔던 카파에게 온 『라이프』지의 갑작스러운 제안을 말린 것은 미키뿐만이 아니었다. 그의 절친한 동생 '코넬 카파'와 〈매그넘〉의 책임자였던 짐 모리슨도 카파가 전쟁터로 다시 가는 것을 만류했다. 짐 모리슨은 노르망디 상륙작전 당시 카파의 사진을 망쳐 놓은 장본인이었으나 후에 카파와 친구가 되었으며 훗날 역사적으로 가장 유명한 포토 에디터 중 한 명이 되었던 인물이었는데 당시 그다지 서구 언론의 관심이 높지 않은 베트남에 카파가 취재를 가는 것이 탐탁하지 않았다.

그리고 무엇보다 한 때 파시스트에 대한 저항의 방식으로 카메라를 들고서 스페인으로 향했던 카파에게 제국주의의 영토와 영향력을 유지하기 위해 안간힘을 쓰고 있는 프랑스가 벌이고 있는 당시의 인도차이나 전쟁은 어울리지 않는 행선지처럼 보였다.

하지만 일본에서 다시 몸과 마음을 추스르고 사진에 대한 열정을 회복하기 시작한 카파는 『라이프』지의 제안을 수락했다. 당시 카파는 '다시 한번 진짜 일다운 일을 맡게 되었다'는 생각에 일을 맡고 싶다고 말했다고 하는데 어쩌면 일본에서의 경험은 그에게 다시 사진기자로서 제자리로 돌아가고 싶은 농기부여를 해주었는지도 모른다.

훗날 주변 사람들은 아직까지 당대 최고의 전쟁사진가로 불렸던 그가, 더 이상 파인더로 전쟁의 참혹함을 기록하고 싶지 않다고 수차례 이야기하며 한국 전쟁도 취재하지 않았던 카파가, 그의 명성에 걸맞지 않게 누군가의 '대타'로 전쟁터를 다시 찾은 것에 의문을 표하며 당시 카파의 결정에 다양한 의견을 제시했다.

어윈 쇼는 당시 그가 공산주의자의 동조자라는 주변의 시선이 틀렸다는 것을 증명하기 위해 인도차이나를 갔을 것이라고 생각했다. 2차 세계대전 이후 중국 대륙의 공산화와 한국 전쟁을 거치며 『라이프』지를 위시한 미국의 언론 매체에서 히틀러라는 절대

악은 공산주의로 대체 되어 있었다. 어윈은 인도차이나 반도의 전쟁을 취재하여 『라이프』지에 게재하는 것이 그가 공산주의의 동조자가 아님을 어필할 수 있는 기회로 여겼을지도 모른다고 생각했다.

카파의 또 다른 친구 하이 비어텔은 카파가 돈 때문에 이러한 결정을 내렸다고 단언했다. 당시 『라이프』가 '대타 사진가' 로버트 카파에게 한 달 동안의 취재에 대한 대가로 제안한 2천 달러의 급여와 2만 5천 달러짜리 보험은 거액이었다. 밀린 숙박비를 지불하지 못해 오랫동안 머물던 파리의 고급 호텔에서도 쫓겨나기까지 했던 카파에게는 거부하기 힘든 유혹이었다는 것이다.

카파는 어쩌면 일본에서 모처럼 다시 한번 일과 인생에 대한 에너지를 얻어 전쟁사진가로서의 일을 시작해 보고 싶었는지도 모른다. 아니면 정말 돈이 궁했거나 혹은 매카시즘이 극성을 부리던 미국에서 공산주의자라는 꼬리표를 떼기 위해 인도차이나로 향했는지도 모른다. 어쩌면 이 모든 것이 이유가 되었을지도 모르고 혹은 우리가 생각지도 못한 이유로 카파는 이러한 결정을 했는지도 모른다. 정답은 오직 카파만이 알고 있을 것이다.

1954년 4월 30일 카파는 방콕으로 향했고 방콕에서 하노이행 비자를 기다리고 있었다. 카파가 도쿄에서 『라이프』의 제안을 받고 하노이로 향하게 되는 몇 주간 인도차이나 전쟁은 새로운 양상으로 발전하고 있었다. 당시 베트남의 총공세에 고전하고 있던 프랑스는 반전의 기회를 찾기 위해 베트남의 교통의 요충지인 디엔비엔푸를 선점하여 요새를 건설했고 이는 호치민이 이끄는 베트민Viet Minh(베트남 독립동맹회로 한자로는 월맹이라고 불렀다. 1941년 결성된 베트민은 프랑스와 일본으로부터 독립을 쟁취하는 것을 목표로 하였다) 군의 보급로를 차단한 뒤 베트민에 결정적인 공격을 가하기 위한 작전을 위한 것이었다. 정글과 협곡으로 둘러싸인 디엔비엔푸에 난공불락의 요새를 구축한 뒤 프랑스군 스스로가 미끼가 되어 정글에 숨어 있던 게릴라들이 개활지에 집결하게 한 뒤 압도적인 화력과 공군력으로 베트민 군대를 일거에 박살 낸다는 전략이었다. 당시 유용 가능한 모든 병력과 장비를 총동원하고 대규모 공수부대를 동원한 프랑스는 디엔비엔푸를 점령하고 탄탄한 요새를 건설했으며 초기에는 계획대로 전쟁의 승기를 잡는 듯했다. 하지만 이것은 프랑스의 오판이었고 프랑스군은 사방이 정글이 우거진 산으로 둘러싸인 분지인 디엔비엔푸에서 사실상 고립이 된 상태가 되었다. 그리고 베트남의 몬순 기후를 비티 변수에 넣지 못한 것 역시 프랑스군의 커다란 패착이 되었다. 폭우와 불안정한 대기로 인해 항공 지원은 불가능해지면서 결국 공군을 이용한 보급이 끊어지며 프랑스군은 고립된 상태가 되었다. 이러한 호기를 놓치지 않고 베트민군은 민간인까지 총동원되어 무기와 물자를 디엔비엔푸로 집결시켜 총공세를 벌렸다. 그리고 두 달여에 걸쳐 서로가 공격과 소강상태를 거듭하던 끝에 결국 프랑스는 베트민군으로부터 괴멸적인 패배를 당하게 되었다. 5월 7일 저녁 모든 프랑스군의 진지가 함락되었고 하노이의 프랑스군 사령부는 모든 무기와 물자를 파괴하고 항복하라는 명령을 디엔비엔푸로 하달했다. 이로 인해 최소 2천 명 이상의 프랑스군이 사망했고, 약 8천 명이 베트민군의 포로가 되었다. 그리고 이들 중 많은 포로들은 계속된 전쟁에서 프랑스군의 폭격을 막기 위한 인간 방패로 이용되기도 했다. 베트민군 역시 2만 명이 넘는 사상자가 발생했으나 결과적으로 베트남이 프랑스를 몰아내고 독립을 쟁취하게 되는 결정적인 승리였으며 반대로 프랑스에게 디엔비엔푸의 패배는 프랑스령 인도차이나가 붕괴되는 뼈아픈 패배였다.

이렇게 프랑스와 베트남의 1차 인도차이나 전쟁은 그 막을 내리고 있었고, 카파가 하노이에 도착했을 때는 이미 프랑스의 디엔비엔푸에서의 패전 이틀 뒤였다. 하지만 당시의 서구 사회는 아직 프랑스가 패배하고 있다는 사실을 믿고 싶지 않았다. 프랑스군 자신들은 전투에서 패했을 뿐이지 전쟁에서는 아직 패하지 않았으며 아직 승산이 있다고 믿고 싶어했다.『라이프』지 역시 인도차이나에서 벌어지고 이 전쟁을 제국주의와 이에서 벗어나고 싶어하는 피식민지 국가의 대립이 아닌 서방 세계와 공산주의자들과의 대립으로 보았으며 프랑스군의 승리의 이미지를 게재하고 싶어했다. 하노이에서 디엔비엔푸로부터 후송되어온 부상병을 카메라에 담고 있던 카파에게 프랑스군은 새로운 전투의 취재 기회를 제안했다. 도아이탄과 탄티네라는 두 개의 작은 요새를 접수하는 작전을 취재할 것을 제안한 것이다. 1945년 2차 세계대전과 1948년 1차 중동 전쟁 이후 몇 년만의 종군 취재였다. 그리고 이 전쟁은 카파가 그동안 취재해 왔던 전쟁들과 사뭇 달랐다. 15여 년 전 스페인에서 처음 전쟁을 취재했을 때는 자신의 신념과 같이하는 스페인 공화군 병사들을 시시하며 총 대신 카메라를 잡았던 카파였지만 공산주의에 대한 프랑스로 대표되는 서구의 승리로 보여주기를 원하는 헨리 루스의 『라이프』지를 위해 거액의 돈을 받고 이곳에 온 것이다. 최소한 연합군의 입장에 서 있던 사람들에게는 선과 악의 구분이 분명했던 2차 세계대전이나 같은 유대인으로 심정적으로 조금은 이스라엘에게 동조하고 있었던 중동 전쟁과는 달리 이번 전쟁은 지배자와 피지배자, 서구 제국주의와 자신의 나라를 되찾아 독립을 원하는 민족주의자들의 전쟁이었다. 이것은 젊은 시절부터 그가 지지해 왔고 한때 그에게 총 대신 카메라를 들게 만들었던 스페인 내전을 취재할 당시의 이념적 순수함과는 거리가 먼 전쟁이었다.

하지만 변하지 않은 것은 그는 또다시 전쟁이 주는 흥분을 가라앉히기 위해 새벽까지 동료 기자들과 코냑을 마셨어야 했고, 이른 아침 코냑이 가득 들어 있는 물통과 카메라를 들고 전쟁을 취재하기 위해 나섰다는 것이다.

카파 최후의 날

5월 25일 오전 8시 40분 총성이 울리며 전쟁이 시작되었고 프랑스군 탱크가 포격을 가하기 시작했다. 하지만 아직 적들의 모습은 보이지 않고 있었고 오랜 전쟁에 익숙해진 탓인지 주변의 농부들은 포격에도 아랑곳하지 않고 논에서 일을 하고 있었다. 그는 『라이프』의 기자였던 존 맥클린과 짐 루카스가 함께 타고 있던 지 전쟁 중 목숨을 잃은 베트남 군인과 프랑스 군인이 함께 묻혀 있는 군인 묘지에서 베트남 여성이 울고 있다.

© Robert Capa

프차에서 뛰어내려 농부들의 모습을 사진에 담았다. 당시 그에게는 '쓰디쓴 쌀'이라는 포토 에세이 아이디어가 있었다. 그는 전쟁의 포화 속에서도 아랑곳하지 않고 먹고 살기 위해 쌀 농사를 짓고 살아가는 농부들의 모습을 통해 전쟁 속 인간의 얼굴, 침략자도 투사도 아닌 그곳에서 살아가는 보통 사람들인 그들의 얼굴을 담고 싶었다.

시간이 흘러 오후가 되었다. 반나절 사이에 다시 전장의 분위기에 빠르게 익숙해진 듯 그는 점심시간 때는 뜨거운 태양 빛을 피해 트럭 밑에서 낮잠을 자며 체력을 비축했다. 오후가 되어 전투는 더욱 치열해졌지만 카파와 다른 기자들은 아직 전투가 벌어지고 있는 곳에서 몇 킬로미터 떨어져 있었고 프랑스군 역시 기자들이 교전 현장에 너무 가까이 접근하는 것이 부담되었던지 차를 멈춰 세웠다. 몇 년 만에 돌아온 전쟁이 예상외로 지루했기 때문일까? 기자들과 함께 지프차에 타고 있던 카파는 조금 더 위쪽으로 걸어 올라가 보겠다며 차에서 내렸다. 그리고 다시 차가 출발할 때 알려달라고 이야기했다.

현지 시각으로 오후 2시 50분경이었다.

이윽고 카파는 도로에서 벗어나 높게 자란 풀숲 사이로 진군하고 있는 소대를 촬영하기 시작했다. 군인들과 카파는 차에 남아있는 기자들의 시야에서 곧 사라졌다.

5분 정도가 지난 오후 2시 55분. 땅이 흔들릴 정도로 큰 폭발음이 났다. 카파가 떠난 뒤 남아있던 존 맥클린과 짐 루카스의 지프차 뒤쪽으로 엄청난 폭발음이 났고 연기와 불꽃이 보였다. 프랑스군이 작전 지역인 도아이탄에 폭격을 때려 붓고 있었다.

차에 남아있던 기자들과 근처에 있던 프랑스 중위는 농담을 주고받았다.

"원자폭탄이 터지면 저런 걸까요? 젠장, 저게 바로 카파가 원하는 사진일 텐데."

이윽고 지프차의 뒤쪽에 있던 탱크도 멀리 떨어진 적들을 향해 포격을 시작했다.

오후 3시 5분경 헬멧을 쓴 베트남 군인이 다가와 중위에게 보고를 했고 중위가 차에 남아있던 기자에게 이야기했다.

"그 사진기자가 죽었답니다."

존 맥클린과 짐 루카스는 처음 그 말을 듣고 자신들의 귀를 의심했고 농담이라고 생각했다고 한다. 그들은 카파만큼이나 전쟁터에서 잔뼈가 굵었으며 카파가 어떤 사람인지도 역시 잘 알고 있었기 때문이다. 그들이 알고 있는 카파는 그들의 시야에서 사라지고 몇 분 만에 목숨을 잃을 그럴 사람이 아니었다. 무엇보다 그들 앞에 벌어진 상황은 노르망디에서도 살아 돌아온 카파에게는 너무나도 시시한 상황일 것이기 때문이다.

"뭐라고요?"

"죽었다고요."

믿기지 않는 보고에 우왕좌왕하는 사이 또 다른 병사가 다가와 중위에게 새로운 보고를 했고 중위는 기자들에게 이야기했다.

"어쩌면 죽지 않았을지도 모릅니다. 하지만 심하게 부상당한 것 같아요."

카파의 마지막 사진

카파의 카메라에 남아 있던 흑백 필름의 마지막 컷. 이 사진을 촬영하고 얼마 뒤 카파는 지뢰를 밟고 사망했다. 그의 죽음에 대해 그의 절친한 친구이며 편집자였던 존 모리스John Morris는 다음과 같은 말을 남겼다. "카파가 죽음 뒤에 남긴 것은 코냑 보온병, 몇 벌의 좋은 양복, 그의 죽음을 슬퍼하는 유족과 친구들 그리고 현대 역사상 중요한 순간들이 기록되어 있는 위대한 사진들입니다."

카파의 마지막 사진

당시 카파는 두 개의 카메라를 가지고 있었다. 콘탁스 카메라에는 흑백 필름이 니콘에는 컬러 필름이 장전되어 있었고 둘 다 모두 병사들의 뒷모습을 촬영한 사진들이다. 이 사진은 흔히 카파가 남긴 마지막 순간으로 알려져 있다. 당시 목격자들의 증언에 따르면 그가 오른손에 쥐고 있던 니콘 S 카메라는 지뢰의 폭발과 함께 몇 미터 멀리 날아가 버렸고, 그의 왼손에는 여전히 Contax IIa 카메라가 쥐여 있었다고 한다. 사진기자는 왼손으로 카메라를 쥐고 오른손으로 셔터를 누른다. 따라서 그가 마지막으로 촬영했던 사진은 Contax IIa의 흑백 필름의 마지막 컷인 이 사진일 가능성이 높다고 생각된다.

한편 현장에서 수습된 카파의 니콘 S 카메라는 그가 일본을 방문했을 당시 니콘 측으로부터 선물 받은 것이었으며 현재 일본의 카메라 협회에서 보관 중이다.

맥클린과 루카스는 황급히 병사들이 알려준 곳으로 향했다. 카파는 피에 흥건히 젖은 채 똑바로 누워 있었고, 그의 왼쪽 다리는 지뢰가 터진 구멍에서 삼십 센티미터 정도 떨어져 나가 있었다. 심장 쪽에도 심각한 부상을 입은 것 같았다. 그는 대인 지뢰를 밟은 것이었다.

맥클린과 루카스가 카파의 이름을 여러 차례 불렀지만 카파는 마치 잠결에 움직이는 것처럼 두세 번 그의 입술을 움직였다. 이것이 '세계 최고의 전쟁사진가'의 미지막이었다고 한다.

2024년 일본에서 열린 로버트 카파 사진전에서 전시된
로버트 카파가 사용했던 니콘 S 카메라
지뢰의 폭발로 날아 가며 생긴 렌즈 부분의 상처가 그대로 남아 있다.

뜨거운 베트남의 햇살이 내리쬐는 오후 3시 10분이었다.

그리고 그의 왼쪽 손에는 콘탁스 카메라가 꼬옥 쥐어져 있었다.

카파의 죽음은 전 세계로 타전되었다. 그리고 그는 인도차이나에서 사망한 최초의 종군 기자가 되었다.

지뢰가 폭발하며 엉망이 된 카파의 시체는 C-47 군용기로 하노이로 이송이 되었고, 가족들이 기다리고 있는 뉴욕으로 이송될 일정이 잡힐 때까지 일단 가매장되었다. 짧은 시간 동안의 만남이었지만 카파의 인간적인 매력에 반해 친구가 되었던 프랑스군의 지휘관 르네 코니 장군과 동료 기자들, 군인들이 하노이에서 거행된 카파를 위한 추모식에 참석했다. 성조기로 덮힌 카파의 관 위에 프랑스 최고의 훈장인 은성 무공 십자 훈장이 놓여졌다. 코니 장군은 짧은 연설에서 "카파는 군인 중의 군인으로 운명했다."라는 말로 카파를 추모했다.

사망하고 3주 가까운 시간이 흐른 뒤 뉴욕으로 운구된 카파는 어머니 율리아의 오열 속에서 뉴욕의 아마워크 묘지에 묻혔다. 카파가 타로를 얼마나 사랑했는지를 기억하고 있는 카파의 친구들은 카파를 타로가 잠들어 있는 파리의 공동묘지에 안장할 생각도 했었으나 이것은 카파의 어머니가 살고 있는 뉴욕에서 너무 멀었다. 그리고 카파와 타로의 사랑은 주변의 많은 사람들에게도 이미 먼 옛 추억과 같은 이야기가 되어 있었고, 타로의 죽음 이후 너무 많은 여성들이 카파의 옆자리를 지켜 왔던 것도 사실이었다. 그의 죽음 이후에도 영원히 카파의 가까운 자리를 지킬 여인은 그의 어머니밖에 없다는 것을 카파의 지인들은 모두 알고 있었다. 카파를 알링턴 국립묘지에 안장시키자는 제안도 있었으나 자신의 아들이 결코 전쟁을 좋아하지 않았음을 기억하고 있는 카파의 어머니 율리아의 적극적인 반대로 이루어지지 않았다.

1954년 6월 7일자『라이프』지는 카파의 죽음에 대한 특집 기사 '위대한 전쟁사진가와 그의 마지막 전투A great war reporters and his last battle'를 게재했다. 카메라를 목에 맨 채 모자를 쓰고 바지에 손을 넣은 채 걷고 있는 카파의 사진으로 시작된 이 기사는 앙드레 프리드먼이라는 이름의 헝가리 소년이 로버트 카파라는 전설적인 전쟁사진가로 성장하는 40년에 걸친 카파의 인생이 그의 대표작인 〈쓰러지는 병사〉와 〈노르망디 상륙작전〉의 사진과 함께 자세히 묘사되었다. 카파의 마지막 취재를 함께했던 존 맥클린John Mecklin은 마치 돋보기로 들여다보듯 그의 마지막 순간을 촘촘하고 세밀하게 재구성했다. 그리고 이 기사의 소제목은 '그(카파)가 말했다, "이것은 아름다운 스토리가 될거야."'이다.

카파의 죽음을 애도하며 보도한 이 기사 바로 앞 페이지에는 당시 미국의 중산층들에게 인기 있던 RCA 에어컨의 전면 광고가 게재되어 있었다. 에어컨이 행복한 가정의 필수품이라고 어필하고 싶었는지 광고의 일러스트 속에서 엄마와 딸이 다가오는 여름에 그들 가정에 시원한 바람을 선사할 네모난 박스형 에어컨 앞에서 함께 동화책을 읽고 있었다. 그리고『라이프』지의 표지에는 툰드라 지역에 사는 순록들의 커다란 눈망울을 특징적으로 보여주는 삽화가 게재되어 있었다. 한 시대를 풍미했던 전쟁사진가는 지뢰를 밟으며 유명을 달리했지만 그 시대의 사람들은 이미 전쟁과는

뉴욕 웨처스터 카운티의 애머위크 묘지Amawalk Hill Cemetery에서 거행된 카파의 장례식에서 오열하고 있는 카파의 어머니 율리아.

거리가 먼 안락과 평화에 살고 있음을 당시 『라이프』지의 지면들은 여실히 보여주고 있었다. 이제 전쟁은 사람들의 관심에서 멀어져 있었다. 특히나 지구의 어디에 위치해 있는지도 모를 아시아 변방에서 숨진 카파의 죽음은 한때 카파의 사진이 가장 중요하게 취급되어 게재되었던 『라이프』지에서 조차 시원한 바람이 나오는 에어컨과 등가의 가치를 가지는 뉴스에 지나지 않는 것처럼 보인다. 그리고 이제는 지구 반대편 전쟁에서 서로 싸우고 죽이고 죽어가는 인간들의 이야기보다 북극에 사는 순록의 이야기가 더 사람들의 관심을 끄는 세상이 되어 있었다.

이렇게 사진으로 전쟁의 생생한 모습을 보는 것에 사람들의 관심이 식어가고 있을 무렵, 위대한 전쟁사진가 로버트 카파는 세상을 떠난 것이다.

노르망디 상륙작전 뒤에 그는 종군 기자와 군인의 차이에 대해서 다음과 같이 적었다.

"(종군기자는) 전투가 벌어지고 있을 때는 자신의 위치를 자신이 정할 수 있고, 겁쟁이가 되는 것이 허용되며, 이러한 이유로 벌을 받지 않는다. 종군 기자는 자신의 운명을 스스로 결정할 수 있다. (경마처럼) 이 말에 걸 수도 있고, 저 말에 걸 수도 있다. 아니면 마지막 순간에 경마를 포기하고 돈을 다시 주머니에 넣을 수도 있다. 하지만 나는 갬블러이다."

인생이라는 판돈으로 끊임없이 수많은 도박판을 오갔던 카파는 이렇게 그의 마지막 도박을 죽음으로 끝마쳤다.

뉴욕과 로버트 카파

2차 세계대전 이후 로버트 카파는 파리와 뉴욕을 거점으로 활동했다. 뉴욕에서 카파의 숨결을 느껴 볼 수 있는 대표적인 공간은 1974년 뉴욕 맨해튼에 설립된 국제사진센터 International Center of Photography, ICP이다. 로버트 카파의 동생 코넬 카파Cornell Capa가 주도하여 설립한 이곳은 1950년대에 사망한 그의 형과 〈매그넘〉의 동료들이었던 데이비드 시모어, 베르너 비숍 등을 함께 추모하고 그들이 추구했던 사진의 의미를 이어가기 위한 곳이었다. 또한 사진에 대한 대중의 관심을 높이고 사진계의 새로운 인재를 발굴하기 위한 교육연구기관이자 전시공간이기도 하다. 코넬은 로버트 카파로부터 사진을 배웠고 카파라는 성을 물려받았으며 30여 년 동안 『라이프』 사진기자, 〈매그넘〉 사진가, 뉴욕주립대학교 사진학과의 교수로 활동하였다. 코넬은 ICP를 중심으로 평생을 카파의 업적을 지키기 위해 바쳤다. 2007년에는 그동안 사라졌다고 알려진 카파와 타로 그리고 시모어가 촬영한 약 사천 오백통의 필름들을 발굴하여 멕시칸 슈트케이스Mexican Suitcase라는 기획전을 ICP에서 개최하여 세계적인 관심을 모았다. 또한 설립 이후부터 코넬의 진두지휘 아래 지속적으로 카파와 관련된 다양한 사진, 필름, 각종 자료들을 발굴하고 연구하여 대중들에게 선보여 왔다. 뉴욕을 대표하는 사진공간이기도 한 ICP는 사진에 관심이 있는 사람들이라면 반드시 찾아야할 곳중의 하나이다.

또 다른 대표적인 공간은 카파가 잠들어 있는 아마워크 힐 묘지Amawalk Hill Cemetery이다. 카파가 사망한 뒤 카파의 가족들과 친구들은 전쟁을 반대하고 평화를 사랑하는 비폭력주의로 유명한 퀘이커 교도의 무덤을 카파의 안식처로 골랐다. 유대인이었지만 종교적 색채가 적었던 카파에게 퀘이커 교도들의 영혼의 안식처가 전쟁사진들을 통해 역설적으로 평화를 기원했던 카파의 염원에 잘 어울린다고 생각했기 때문이다. 뉴욕 시내에서 자동차로 한 시간 남짓 걸리는 이곳에는 카파와 그의 어머니 율리아, 동생 코넬, 코넬의 이네이며 로버트 카파는 물론 〈매그넘〉의 사진가들을 물심양면으로 후원했던 에디 카파Edie Capa가 함께 잠들어 있다.

뉴욕을 대표하는 대표적인 사진 전시 공간인 ICP에서는 다양한 사진전이 개최되며, 카파의 사진들도 자주 전시되기에 운이 좋으면 이곳에서 카파의 사진들을 젤라틴 실버 프린트로 감상할 수 있다.

평화를 원했던 전쟁사진가

사람들이 전쟁의 실상을 본다면, 세상에 전쟁은 사라질거야.

— 로버트 카파

전쟁의 시기, 카파는 용감했다.

그 용감함은 카메라를 목에 메고 무작정 전쟁터를 이리저리 뛰어다닌 것만은 아니었다. 그는 언제 그가 목숨을 걸어야 하는지, 대중들이 어떤 이야기를 사진을 통해 보고 싶어하는지를 끊임없이 연구하며 영리하게 위험을 무릅쓰는 '용기의 강도'를 높여갔을 뿐이다. 그는 단순히 언론사의 원고료로 돈을 받기 위해 전쟁터에서 사진을 찍은 것은 아니다. 사진으로 돈을 벌 수 있는 일 중에는 안전하게 더 많은 돈을 벌 수 있는 일이 세상에 얼마든지 있었다. 카파는 타로와 함께 스페인으로 향했을 때처럼 사진으로 세상의 이야기를 기록하고 카메라를 무기로 세상을 변화시키고 싶어했다. 무엇보다 사람들의 마음에 남을 수 있는 사진을 찍고, 사진이 할 수 있는 것이 무엇인지를 세상에 보여주기 위해 그는 목숨을 걸고 전쟁터를 누빈 것이다. 이것이 오늘날 그 누구도 부정할 수 없는 카파의 인생과 사진이 우리에게 전해주고 있는 이야기이다.

카파는 때로는 전쟁을 영웅들의 서사로, 때로는 시니컬한 시선으로, 때로는 전쟁이 주는 파괴를, 때로는 그 속에 감춰진 인간의 얼굴을, 때로는 적의 얼굴마저도 인간의 시각으로 보고 사진으로 기록했다.

그가 수많은 사진 속에서 보여주었던 이야기는 진실 그 자체였으며 사진 속의 인물들은 모두 현실 속의 인물들이었다. 카파는 직접 모든 것을 목격하고 자신만의 언어로 기록하여 우리에게 전달해 주었다. 카파가 사진을 통해 우리에게 보여주고 있는 것은 매우 불편한 진실이었으며 카파 역시 그러한 불편한 현실의 한가운데 발을 딛지 않고서는 그러한 불편한 진실을 사진 속에 담을 수 없었다.

동시대의 사진가들과 비교한다면 카파를 최고의 실력을 가진 사진가라고 이야기하는 것은 쉽지 않다. 가까운 예로 그의 멘토와도 같았던 앙드레 케르테츠, 절친이었던 앙리 카르티에 브레송 등과 비교하면 카파는 사진의 '기교'면에서는 그들보다 뛰어나다고 할 수 없다. 하지만 카파에게는 직관의 힘이 있었다. 피사체도, 조명도, 배경도 사진가가 마음대로 고를 수 없는 치열한 전쟁터에서 그는 직관적으로 그 전쟁의 거친 아우라를 한 장의 사진으로 담아내는 능력이 있었던 것이다. 그리고 단순히 순간을 포착하는 데 그치지 않고 대상에 대한 깊은 관심, 연민 혹은 애정을 보여준 것이 카파의 사진들이 가진 특징이었다. 이 점에 있어서는 피사체에 대한 철저한 관찰자의 입장에 머물렀던 브레송과 큰 차이를 보여주고 있다.

훗날 평론가들이 브레송의 사진이 '지적인 무아'인 반면 카파의 사진에서는 '열정적인 당파성'이 엿보인다고 하는 것은 두 사람의 피사체에 대한 근본적으로 다른 접근 방법이 큰 영향을 끼쳤을 것이다.

카파가 목도한 전쟁은 오늘날과 같은 대량 살상 무기가 본격적으로 시작된 최초의 전쟁이었다. 전쟁은 더 이상 낭만이 아니었으며 옆 나라의 전쟁의 화마는 언제든지 나의 마당으로 옮겨붙을지 모르는 것이었다. 이러한 전쟁을 사진으로 기록하고 보도함에 있어 그는 작열하는 포탄과 자욱한 연기와 쏟아지는 총탄을 기록하는 한편 그곳에서 고통받는 평범한 사람들의 얼굴에 주목했다.

사진 〈쓰러지는 병사〉에 대해 이야기한 그의 말을 곱씹어 보면 그의 사진 세계를 관통하는 것은 바로 고통받는 '민중(사람)의 얼굴human face'을 있는 그대로 보여주는 것에 방점을 찍고 있었다.

"스페인에서 사진을 찍기 위해 속임수를 쓸 필요는 없다. 사진 거리가 엄청 많기 때문에 그냥 찍기만 하면 된다. 진실만이 최고의 사진이다."라는 그의 말처럼 말이다.

카파의 사진들의 공통점은 전쟁을 기록한 것이 아닌 전쟁이란 상황에 내몰린 인간을 기록한 것이다. 그리고 이러한 사진을 촬영하기 위해 가장 중요한 덕목은 사람에 대한 애정이라고 이야기했다. 카파는 어느 사진 잡지로부터 아마추어 사진가들에 대한 어드바이스를 부탁받고 다음과 같은 이야기를 한 적이 있다.

"(피사체가 되는) 사람들을 사랑할 것, 그리고 그것을 그들이 알게 할 것."

카파는 20세기의 가장 잔인했으며 야만적인 전쟁과 그것을 둘러싼 사회의 여러 모습들이 보여준 광기, 폭력, 아픔, 위험 등 여러 감정들을 날것 그대로 생생하게 사진으로 캡쳐해 낸 뛰어난 능력이 있었다.

존 스타인벡은 카파의 죽음 뒤 다음과 같은 말을 남겼다.

"카파는 자신이 사진으로 전쟁을 기록할 수 없다는 것을 알고 있었다. 왜냐하면 전쟁의 본질은 감정적이고 복잡한 것이기 때문이다. 그럼에도 불구하고 카파는 그러한 감정이 표현된 전쟁의 양상을 사진에 담아냈다. 그는 어린 아이의 얼굴 한 컷에 전쟁을 마주한 공포에 질린 수많은 사람들의 얼굴들을 담아내었다. 그에게 카메라는 인간의 감정을 포착하여 보여주는 도구였다."

카파의 인생을 훑어보면 그의 삶은 극단으로 나누어진 명암에 의해 균형을 잃은 불안정한 인생이었다. 따라서 모범적인 위인전의 이야기가 될 수 없는 것은 너무나도 자명하다. 수많은 전설을 남긴 이 사진가는 반세기가 넘는 시간 동안 수많은 이들의 관심을 불러일으켰고 사람들의 평가는 언제나 둘로 나누어졌다. 한쪽은 그를 전설 속의 인물로 만들어 그에게 신화를 부여했고, 또 다른 한쪽은 그의 삶에 점철된 불안정과 모순을 찾아 그에게 거짓과 허풍과 속임수의 꼬리표를 붙이기도 했다. 지금도 끝나지 않고 있는 〈쓰러지는 병사〉에 대한 진실 공방은 어쩌면 그에 대한 지대한 관심이 두 개의 평행 축으로 나누어진 것을 보여주는 좋은 예일 것이다. 냉철하게 사실을 보도해야 하는 보도사진가였으나 역설적으로 로버트 카파라는 허구의 인물이 되었던 카파는 이러한 아이러니를 그대로 보여주는 자신의 인생의 감독이자 배우였다.

이처럼 극적이고 영화 같은 인생을 살았던 카파에게 어떤 이들은 카파를 전설적인 사진기자, 스토리텔러, 로맨티스트와 같이 명예로운 헌사를 바친다. 또 다른 이들은 카파가 남긴 사진과 그의 이야기들에 의구심을 제기한다. 어떤 사람들은 카파에게 도박꾼, 호색한, 허풍쟁이, 알코올 중독자 같은 결코 영예롭지 않은 꼬리표를 붙이기도 한다.

이처럼 그에 대한 평가는 수없이 다양하거나 극단적일 수 있다. 하지만 한 가지 누구나 부인할 수 없는 사실이 있다. 그는 사진을 통해 전쟁 속 인간의 얼굴들을 기록하고 보여주어 왔다. 다양한 인간군상들이 겪는 전쟁의 참화를 보여줌으로써 그는 전쟁이 결코 영웅적인 권력의 투쟁이 아닌 처절한 인간의 희생을 동반한다는 것을 보여주었다.

카파의 동생 코넬은 다음과 같이 이야기했다. "카파는 실제로는 전쟁사진가War Photographer가 아닌 평화를 담은 사진가Peace Photographer였습니다. 그의 사진들은 전쟁이 아니라 거기에 연루되었던 평범한 사람들에 대한 기록들입니다."

전쟁에 연루되어 결코 평범하지 않은 삶을 살았던 로버트 카파.

군인이 아니었지만 5번이나 전쟁터를 찾았던 그가 사망했을 때 알링턴 국립묘지에 안장할 것을 권유하는 미국 정부에 대해 그의 어머니 율리아는 "우리 아들은 군인이 아니었습니다."라며 그 제안을 거부했다. 그녀는 알고 있었다. 자신의 아들이 얼마나 평화를 갈구하고 사랑했는지를.

그리고 카파는 알았을 것이다. 정작 평화가 찾아왔을 때 그의 몸과 정신은 이미 전쟁으로 피폐해져 버렸다는 것을.

이것이 카파의 인생과 그의 사진들이 오늘날 우리에게 전해주는 가장 큰 울림일 것이다.

로버트 카파의 키워드

01 유대인

로버트 카파가 만약 유대인이 아니었다면 그의 인생은 사뭇 달라졌을지도 모른다. 유대인이라는 이유로 받게 되는 차별과 박해는 그에게 사회문제와 저널리즘에 관심을 갖게 만들었다. 유대인에 대한 박해가 없었다면 그는 고향땅에 남아 부모님을 도와 재단사가 되었을지도 모른다. 또한 카파는 당시 유럽과 미국의 사진계와 언론계에서 강력한 커뮤니티를 형성하고 있던 유대계의 지인들의 많은 도움을 통해 사진을 배우고 사진기자로 자리를 잡을 수 있었다.

02 35mm 카메라

독일에서 카파가 사진기자일을 시작할 무렵 오늘날도 명품 카메라로 손꼽히는 라이카는 휴대가 간편하고 해상도가 좋은 35mm 카메라를 선보였다. 콘탁스 역시 우수한 품질의 35mm 카메라를 양산했으며 이 두 회사의 카메라를 사용했던 로버트 카파는 35mm 카메라의 장점을 극대화 하여 기동성 있게 생생한 전쟁 사진을 기록할 수 있었다. 35mm 카메라는 역사의 중요한 현장에서 현대사를 기록하는데 있어 사진기자들의 필수품이 되어왔다.

03 라이프

독일에서 꽃피웠던 르포르타주 사진은 히틀러의 박해를 피해 미국으로 이주한 독일계 유대인 사진가와 편집자를 수용한 『라이프』지를 거치며 포토저널리즘으로 발전하게 되었다. 사진 중심의 획기적인 편집을 선보인 『라이프』지는 전성기 때는 주간 1,350만부를 발행하며 포토저널리즘의 확산과 대중화에 기여하였다. 로버트 카파의 사진은 『라이프』지를 통해 전 세계의 독자들에게 소개되었고 카파가 대중적인 인지도를 얻는데 커다란 기여를 하였다.

04 게르다 타로

유대인 이주자라는 공통점을 가지고 있던 둘은 파리에서 처음 만나 사랑에 빠졌다. 카파는 타로에게 사진을 가르쳤고 타로는 카파의 가능성을 발견하고 함께 로버트 카파라는 가공의 인물을 함께 만들어내었다. 스페인 내전에서 사망한 타로는 전쟁터에서 목숨을 잃은 세계 최초의 여성 전쟁사진가가 되었으며 타로의 죽음 이후 헝가리에서 온 가난뱅이 청년 앙드레 프리드먼은 후에 진짜 로버트 카파가 될 수 있었다.

05 스페인 내전

1936년 스페인령 북아프리카 주둔군이 사회주의 공화정부에 맞서 쿠데타를 일으키면서 시작된 스페인 내전은 3년간 스페인을 철저하게 파괴하였으며 제2차 세계대전의 전초전으로 여겨진다. 이곳에서 카파는 그의 대표작 중의 하나인 총에 맞아 쓰러지는 공화군 병사의 사진을 촬영하여 세계적인 명성의 사진기자가 되는 초석을 다지게 되나 결국 사랑하는 게르다 타로를 잃는 슬픔을 맛보아야 했다

06 2차 세계대전

1939년 9월 1일부터 1945년 9월 2일 까지 일어났던 연합국과 추축국이라는 두 적대적인 군사동맹들의 전쟁. 인류 역사상 사망자가 가장 많은 전쟁이었으며 이후 연합국의 승리, 초강대국 미국과 소련의 등장, 냉전 체제의 수립과 식민제국의 쇠퇴로 이어지게 되며 이는 카파의 기자로서의 일과 인생 모두에 커다란 영향을 끼쳤다.

07 노르망디 상륙작전

1944년 6월 6일 D-day에 실시된 노르망디 상륙작전은 프랑스 해방과 독일 본토 진격, 그리고 결과적으로 2차 세계대전에서 연합군이 승리하는 결정적인 계기를 미련헤준 전쟁이다. 카파는 쏟아지는 총탄 속에서 오마하 해변에 착륙하는 미군 부대를 카메라에 담

앉고 당시의 긴박한 상황을 담은 그의 사진은 그의 전쟁사진가로서의 커리어에 화룡정점의 위치를 차지하고 있다.

08 매그넘 포토스

세계적으로 유명한 포토저널리스트들로 구성된 사진가들의 협동조합과 같은 그룹이다. 1947년 카파의 아이디어로 시작되어 카파의 절친인 데이비드 시모어와 앙리 카르티에 브레송을 위시한 당대 최고의 사진가들이 함께 참여하였다. 회원들의 저작권을 지키고 사진의 자율성을 보장 받기 위한 것이 설립 취지였으며 까다로운 회원 가입 기준을 가지고 있는 〈매그넘〉은 지금도 그 명성을 유지하고 있다.

09 제1차 인도차이나 전쟁

2차 세계내선 이후 베트남의 독립 과정에서 벌어진 프랑스와 베트남의 전쟁. 2차 세계대전 직후 대부분의 식민국가이 독립하는 국제 정세 속에서 프랑스를 상대로 한 베트남의 독립전쟁이었다. 베트남의 북쪽과 남쪽을 장악한 베트민과 프랑스의 8년동안 이어진 이 전쟁은 결국 1954년 프랑스군이 디엔비엔푸에서 궤멸에 가까운 패배를 당하며 막을 내리게 되었다. 그리고 이 전쟁의 막바지에 카파는 지뢰를 밟아 사망하게 된다.

로버트 카파 생애의 결정적 장면

1913   10월 22일 헝가리 부다페스트에서 출생. 유대인 재단사 부모 데죄와 율리아의
        둘째 아들로 태어났으며 부모는 그에게 앙드레 프리드먼Endre Ernő Friedmann이
        라는 이름을 지어 주었다.

1929   십대의 앙드레는 좌파 학생 운동에 가담하며, 저널리스트가 되는 꿈을 가지 시작
        한다.

1931   18살의 청년 앙드레는 공산당과 접촉한 사실로 인해 헝가리 비밀경찰에게 체포
        되고 이 일로 인해 헝가리를 쫓기듯 떠나 그해 9월 베를린으로 이주한다.

가운데 하얀 옷을 입고 있는 소년이 4살 무렵의 로버트 카파이며, 뒤쪽이 그의 부모 율리아와 데죄이다.

1931   베를린에서 사진과 처음으로 조우하다

저널리스트를 꿈꾸던 앙드레는 사진과 처음으로 조우하게 된다. 그리고 독일의 발달된 광
학산업과 인쇄기술의 발달의 영향 속에서 새로운 직종으로 떠오르는 사진기자라는 직업
에 관심을 갖게 된다. 사진 에이전시 〈데포트Dephot〉에서 암실 조수로 일하며 사진기자의
길에 첫걸음을 내딛게 된다.

1932 사진기자로서의 첫 번째 취재였던 트로츠키 연설을 촬영하다

앙드레가 라이카 카메라로 촬영한 총 28장의 사진들은 당시 독일의 유력 시사주간지 『벨트슈피겔』지에 게재되었고, 앙드레는 사진기자로서 성공적인 데뷔를 하게 된다.

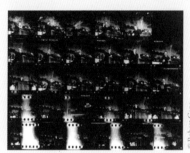

앙드레가 촬영한 트로츠키 사진들의 밀착인화

1933 나치의 박해를 피해 파리로 이주하다

파리로 이주한 앙드레는 궁핍한 생활 속에서도 몽파르나스의 카페 골목에서 젊은 예술가들과 교류하며 사진가의 꿈을 포기하지 않았다. 이곳에서 훗날 세계적인 사진가가 되는 데이비드 시모어, 앙리 카르티에 브레송 등을 만나 우정을 나누기 시작한다.

1934 게르다 타로를 만나 사랑에 빠지다

앙드레와 타로는 앙드레가 촬영한 사진을 언론사에 좀 더 비싼 원고류를 받고 판매하기 위해 로버트 카파라는 가공의 미국인 사진가를 창조하게 된다. 타로의 비즈니스 능력과 카파의 사진 실력이 합쳐져 만들어진 로버트 카파는 두 사람의 공동의 창조물이었다.

1936년 초반, 파리의 르 돔 카페에서 망중한을 보내고 있는 카파와 타로.

1936 스페인 내전 취재

좌파적 사상을 가지고 있던 카파와 타로는 스페인 내전의 공화군 측을 지지하며 전쟁을
취재하기 위해 스페인으로 향한다. 그해 9월 카파는 어느 공화군 병사의 죽음을 촬영하며
훗날 세계적인 전쟁사진가가 되는 발판을 마련하게 된다.

1937 7월 26일 게르다 타로 사망

카파는 잠시 파리로 돌아가 있는 사이 홀로 남아 스페인 내전을 취재하던 게르다가 공화
군 측 탱크에 치어 사망하게 된다. 이로 인해 카파는 심한 자책감에 빠지게 되고 타로의 사
망은 카파의 인생과 사진에 커다란 변화를 주는 계기가 된다.

타로의 죽음을 추모하기 위해 만들어진 그림 카드. 1937년 미국의 제과회사가 '평화를 위해서는 전쟁의 공포를 알아야 한다'는 주제로 제작한 그림 카드 시리즈의 하나이다.

1938 다시 전쟁터로 돌아가 중일 전쟁과 스페인 내전을 취재하다

타로를 잃은 슬픔으로 괴로워하던 카파는 다시 카메라를 들고 전쟁터로 돌아간다. 중국에서 중일 전쟁을 취재한 카파는 이후 스페인으로 돌아가 공화파 측의 패색이 짙어가던 스페인 내전의 막바지를 취재한다.

1939   10월 전쟁의 기운이 높아지고 있는 프랑스에서 불안감을 느낀 카파는 어머니와 동생이 머물고 있는 뉴욕으로 이주한다.

1940   『라이프』지의 사진기자로 일하며 작가 헤밍웨이, 멕시코의 선거 등을 취재한다.

© Robert Capa

스페인 내전 당시 처음 만나 우정을 나누었던 작가 헤밍웨이. 당시 헤밍웨이는 그의 대표작 『누구를 위하여 종은 울리나』를 출간한 뒤였고, 절친한 사이였던 카파는 헤밍웨이의 자연스러운 모습을 카메라에 담았다.

1941   12월 6일 일본의 진주만 기습.

1942   1월 1일 미국의 2차 세계대전 참전. 일본의 진주만 기습을 계기로 미국은 고립주의를 끝내고 제2차 세계대전의 주요 동맹국 세력인 이탈리아, 독일, 일본과 전쟁을 시작하다. 당시 미국의 적성국이었던 헝가리 출신의 카파는 우여곡절 끝에 취재 허가를 얻어 유럽으로 향하게 된다.
5월 런던에서 독일군의 공습 등 2차 세계대전을 겪고 있는 영국의 모습을 취재하며 2차 세계대전의 취재를 시작하다.

1943   북아프리카 전선의 연합군을 취재 하였으며 그해 여름 연합군의 이탈리아의 시칠리아 수복을 취재하며 전쟁의 승기를 잡은 연합군의 모습을 보도하다.

1944   6월 6일 노르망디의 오마하 해변에서 D-day를 취재

2차 세계대전 당시 지상 최대의 작전으로 불리었던 노르망디 상륙작전에서 카파는 상륙부대와 함께 LST에 탑승하여 제1진으로 상륙하는 위험한 취재를 자원한다. 독일군의 기관총 세례 속에 수많은 병사들이 목숨을 잃는 아수라장 속에서 카파는 겨우 목숨을 부지하고 취재를 마칠 수 있었다. 하지만 『라이프』의 런던 사무실로 보내진 카파의 필름은 현상 과정에서 실수로 대부분 녹아 없어지고 그중 11장만이 살아남아 보도될 수 있었다.

© Robert Capa

오마하 해변에서 상륙작전을 감행하고 있는 병사들의 모습. 카파의 남겨진 사진 11장은 훗날 스티븐 스필버그가 감독한 영화 〈라이언 일병 구하기〉의 사실적인 전투 장면의 모티브가 되었다.

1944 8월 25일 자유 프랑스군의 파리 수복을 취재. 제2의 고향으로 여겼던 파리로 돌아와 감격에 찼던 카파는 데이비드 시모어, 앙리 카르티에 브레송 등 옛 친구들과도 재회하게 된다.

1945 4월 18일 독일의 라이프치히에서 저격병의 총에 맞고 쓰러진 미군 병사의 모습을 사진으로 기록하였으며 이 사진은 2차 세계대전에서 그의 마지막 전쟁 사진이 된다.

1945 잉그리드 버그만과의 사랑

6월 6일 미군 기지 순회공연에 참가하기 위해 당시 할리우드의 톱스타였던 잉그리드 버그만이 파리를 방문한다. 카파는 버그만을 초대하여 함께 즐거운 저녁 시간을 보내고 둘은 곧 사랑에 빠지게 된다. 그해 말 버그만의 간곡한 권유로 카파는 할리우드로 향한다. 할리우드에서 카파는 버그만과 비밀리에 교제하며 영화 산업에 관심을 가지게 된다. 영화화를 목표로 자신의 자전적 에세이 『카파의 손은 떨리고 있었다 Slightly out of focus』의 집필을 시작하고 버그만의 새 영화 〈개선문 Arch of Triumph〉의 스틸사진을 촬영하였다. 그러나 할리우드의 상업적인 풍토와 평범하고 안정된 삶에 적응하지 못했으며 버그만과도 이별하게 된다.

영화 〈개선문〉에서 연기중인 잉그리드 버그만의 모습을 촬영한 카파의 사진. 둘의 사랑은 끝내 이루어지지 못했다.

1946 미국 시민권을 획득하며 카파와 타로가 함께 창조한 가공의 인물이었던 미국인 사진가 로버트 카파는 실존의 인물로 완성된다.

1947 매그넘 포토스 결성

데이비드 시모어, 앙리 카르티에 브레송, 조지 로저등과 함께 사진가들의 권익을 보호하기 위한 사진가들의 협동조합 매그넘 포토스Magnum Photos를 결성하게 된다.

그해 7월 존 스타인벡과 함께 러시아를 취재하였고 카파의 사진과 스타인벡의 글로 구성된 『러시안 저널』이 출간 되었다. 그리고 자신의 자전적 에세이 『카파의 손은 떨리고 있었다』를 출간하였다.

1948 이스라엘의 건국과 제1차 중동 전쟁을 취재. 중동 전쟁을 마지막으로 카파는 더 이상 전쟁 사진을 취재하지 않기로 결심한다. 이후 피카소와 앙리 마티스 등 세계적인 예술가들의 초상사진을 취재하였으며 패션 사진과 사교계 명사들의 삶과 휴양지의 풍경 등을 카메라에 담았다.

1954 마이니치 신문사의 초청으로 일본을 방문. 전쟁으로 인한 정신적 후유증을 겪는 것처럼 알코올과 도박에 의존하며 점점 피폐해 지는 인생을 살고 있던 카파는 일본 언론사의 초대로 일본을 방문하게 된다. 이곳에서 카파는 스타 사진가 대접을 받고, 일본의 다양한 모습을 사진으로 남기며 모처럼 활력을 찾게 된다.

1954 지뢰를 밟아 사망하다

『라이프』지로부터 인도차이나 전쟁을 취재해 달라는 의뢰를 받은 뒤 주변의 만류를 뿌리치고 전쟁터로 향하게 된다. 5월 25일 베트남에서 타이빈에서 취재 도중 지뢰를 밟아 사망하며 40세로 타계한다.

© Robert Capa

베트남 남 딘Nam Dinh의 강변에서 휴식을 즐기며 강아지와 놀고 있는 프랑스 병사. 카파가 지뢰를 밟아 사망하기 하루 전에 촬영한 사진이다. 평생 동안 다섯 번의 전쟁을 취재하였지만 평화를 원했던 카파의 마지막 사진들 중 한 장이다.

참고 문헌

Kershaw, Alex, *Blood and Champagne: The Life and Times of Robert Capa*, Thomas Dunne Books, 2003.

Aronson, Marc · Budhos, Marina, *Eyes of the World: Robert Capa, Gerda Taro, and the Invention of Modern Photojournalism*, Henry Holt, 2017.

Lebrun, Bernard · Lefebvre, Michel, *Robert Capa: The Paris Years 1933-54*, Harry N. Abrams, 2012.

ロバート・キャパ(著), ちょっとピンぼけ, 川添浩史(翻訳), 井上清一(翻訳), 文春文庫, 1979.

ロバート・キャパ(著), フォトグラフス ロバート・キャパ写真集, 沢木耕太郎(翻訳), 文藝春秋, 1988.

沢木耕太郎(著), キャパの十字架, 文藝春秋, 2015.

노왁, 피터, 『섹스, 폭탄, 그리고 햄버거』, 이은진 옮김, 문학동네, 2012.

카파, 로버트, 『카파의 손은 떨리고 있었다』, 민영식 옮김, 해뜸, 1997.

커쇼, 알렉스, 『로버트 카파』, 윤미경 옮김, 강, 2006.

트로츠키, 레온, 『10월 혁명을 옹호하며』, 논객넷 출판사, 2017.

핑커, 스티븐, 『우리 본성의 선한 천사』, 김명남 옮김, 사이언스북스, 2014.